STRENG GEHEIM!

Lost Places
rund um Wien

Robert Bouchal
Johannes Sachslehner

STRENG GEHEIM!

Lost Places
rund um Wien

Styria
VERLAG

INHALT

EINE BESICHTIGUNG DER
IN DIESEM BUCH
VORGESTELLTEN ORTE UND AREALE
ERFOLGT AUF EIGENE GEFAHR –
AUTOREN UND VERLAG ÜBERNEHMEN
KEINERLEI VERANTWORTUNG
FÜR EVENTUELL DARAUS
RESULTIERENDE FOLGEN.

Space without time is as improbable as time without space.

Mike Crang und Nigel Thrift, Thinking Space

Wer aber erst gelernt hat, vor der „Macht der Geschichte“ den Rücken zu krümmen und den Kopf zu beugen, der nickt zuletzt chinesenhaft-mechanisch sein „Ja“ zu jeder Macht …

Friedrich Nietzsche, Vom Nutzen und Nachteil der Historie für das Leben

Wir sind dort, wo sonst niemand mehr ist

Was zeichnet die Orte und Räume aus, die wir besuchen? Sie sind verlassen worden, haben ihre Funktion verloren. Aus den Orten, an denen einst das Leben pulsierte, Lachen und Weinen, Glück und Verzweiflung zu Hause waren, sind vereinsamte Plätze geworden. Das Vertraute verwandelte sich in das Fremde, das Nützliche in das Nutzlose, das Laute in das Stille. Einst Teil des Alltags tragen sie nun das Signum des Anachronistischen, Deplatzierten. Abgeschnitten vom tätigen Fluss der Zeit ragen die *Lost Places* wie seltsame Dinosaurier in die Landschaft der Gegenwart oder sie sind überhaupt unsichtbar geworden, überwuchert von der Natur, überbaut von späteren Generationen, abgesperrt, zugeschüttet, zugesprengt, vergessen, verborgen, oft kaum mehr zugänglich, tatsächlich „streng geheim“. Es gilt, was der Philosoph Georg Simmel in seinem Essay über die Ruine sagte: Sie sei eine „Stätte des Lebens, aus der das Leben geschieden ist“ – eine Definition, die auch die *Lost Places,* die verlassenen Orte, *per se* zu Gegenwelten alles Lebendigen macht.

Mit dem Verlust der Lebendigkeit sind sie aus der Zeit gefallen. Sich selbst überlassen, entwickeln sie einen bemerkenswerten Widerstand gegen den Vorübergang der Zeit. Gleichzeitig werden diese Orte zu nachdrücklichen Zeugen des Wandels: Ihr seltsamer Reiz liegt in der Differenz zum Heute, in der erstaunlichen Kraft, mit der sie eine vergangene Wirklichkeit in sich einschließen und zu einzigartigen Zeitkapseln werden – ein Phänomen, das Georg Simmel veranlasste, von der „äußersten Steigerung und Erfüllung der Gegenwartsform der Vergangenheit“ zu sprechen: ein Urteil, das jeder nachvollziehen kann, der sich jemals auf die eigenartige, unvergleichliche Aura verlassener Orte eingelassen hat. Nichts spiegelt die Vergänglichkeit eindringlicher als die Morbidität des hier aufgefundenen Materials: Der Patina der Zeit – Moder und Rost, Verwitterung und Zerfall – wohnt ein tiefes Moment der Trauer inne, ein mahnendes *Memento mori!,* das uns alle angeht.

Ein Ort der Stille, die Vergangenheit in sich einschließend: der Maitalkeller, auch „Franzosenkeller“ genannt, in Bad Vöslau.

Seite 2: „Stätte des Lebens, aus der das Leben geschieden ist“ (Georg Simmel): Eingangstor im Ehrenhof von Schloss Trautmannsdorf.

Seite 4/5: Inzwischen bereits verschwunden: Löwenkopf in Schloss Pottendorf.

Reisen in die Vergangenheit

Der Verfall entwickelt eine eigentümliche Art von Schönheit. Georg Simmel sprach von der „Einheit ästhetischen Genießens", da das Erlebnis der Ruine die „ganze Spannweite des körperlichen und des geistigen Sehens" ermögliche – wir möchten ein Stück weiter differenzieren und ergänzend feststellen: Die ästhetische „Erschütterung" beim Besuch eines *Lost Place* ist ein Aspekt, gleichzeitig aber sehen wir uns mit spannenden anderen Eigenschaften dieser Orte und Räume konfrontiert: *Lost Places* können wichtige „Gedächtnisorte" sein, Monumente von Tragödien und Katastrophen, aber auch Zeugen verschwundener Arbeitswelten und Technologien. Sie berichten von vergessenen Plänen und Visionen, von ehrgeizigen Unternehmungen und Konzepten, sie erzählen von den Mächtigen und Reichen vergangener Zeiten oder auch nur vom Alltag, der sich von unserer modernen Lebenswelt so deutlich unterschied. Sie sind – um mit dem bedeutenden Historiker Gustav Droysen zu sprechen – „Denkmäler aus der Zeit", sie erinnern und erzählen, mahnen und berichten zugleich.

Die Ausflüge zu den *Lost Places* im Umkreis der Metropole Wien geraten so zu faszinierenden Zeitreisen zurück in die Wirklichkeit, die einmal war. Die Begegnungen mit der Vergangenheit bieten uns die Möglichkeit, der Sehnsucht nach dem Erfahren einer „anderen" Welt nachzugeben, das Alltägliche, Bekannte und damit schon etwas Langweilige zu verlassen und einzutauchen in das Neue, Unbekannte. Aber: „Zeitreisen", so sagt kritisch der Philosoph Konrad Paul Liessmann, „spielen sich dort ab, wo sich jede Zeiterfahrung zuträgt: im Inneren des Menschen" – das ist wohl richtig, wir meinen jedoch, dass Vorstellungskraft und Fantasie des Menschen es ein-

Ein verlassener Planet der Arbeitswelt: die Energiezentrale der ehemaligen Kammgarnfabrik Bad Vöslau.

facher haben, wenn sie beflügelt werden von Eindrücken und Bildern, von Objekten und Relikten, von Räumen und Orten, in denen sich die Vergangenheit eindrucksvoll verdichtet hat. Das Erlebnis der „schönen Fossilien der Dauer", wie sie Gaston Bachelard in der *Poetik des Raumes* genannt hat, kann daher bewirken, dass bestimmte Momente des Vergangenen in unserem Kopf wieder überraschend lebendig werden, *ghostly glimpses*, „geisterhafte Blicke" (Tim Edensor), tun sich auf in das, was einmal ganz und lebendig war. Sie berühren und erschüttern, ja schockieren uns, denn letztlich erkennen wir in diesen Momenten inmitten von Moder und Rost so deutlich wie nie sonst: Unser gemeinsames Schicksal – oder anders gesagt unsere gemeinsame Zukunft – ist der Tod. In der Endlichkeit, die dem vermoderten Holzbalken, dem rostigen Stahlträger, der zerbröselnden Mauer so manifest eingeschrieben ist, spiegelt sich unsere eigene Endlichkeit. Tim Edensors Fazit: *The ruin marks an end, a sudden fatality, which can be a shock …*

Den verlassenen Orten eine Stimme geben

Die Orte und Räume, die wir besuchen, sind authentisch. Sie beziehen ihre kraftvolle Aura aus der Unmittelbarkeit, in der sie Vergangenheit als gegenwärtig präsentieren. Sie sind nicht museal aufbereitet und nicht für das neugierige Publikum kulturindustriell „nachbearbeitet", sondern stellen die unverfälschte Materialisation einer vergangenen Wirklichkeit dar. Die Erfahrung dieser Materialität, die letztlich wie geschildert immer eine Begegnung mit Vergänglichkeit und Tod ist, ist ein besonderes Erlebnis – dies ist uns jedoch nicht genug: Wir möchten diesen Orten wieder ein Stück ihrer Lebendigkeit zurückgeben. Mit der Geschichte, die wir über sie erzählen, wollen wir ihre Bedeutung vergegenwärtigen, dem verlassenen Ort eine Stimme geben: Wir erinnern an die Menschen, die ihre Erbauung planten, an die Pläne und Erwartungen, die mit ihnen verknüpft waren, an die Umstände, die zu ihrer Aufgabe und zu ihrem Verlassen führten. Und Negatives soll nicht verschwiegen werden. Man könnte auch sagen: Der aus der Zeit gefallene Ort erhält seine Historizität, seine raumzeitliche Einordnung in die wechselvolle Geschichte unseres Landes zurück. Freilich kann dies nicht immer eine geschlossene große Erzählung sein, denn vieles ist komplex: In der eigentümlichen „Verräumlichung" von Vergangenheit, die wir hier vorfinden, verschränken sich oft sehr unterschiedliche Zeitebenen, es sind dann nur einzelne Lichtblitze, die das Dunkel des Geschehenen durchdringen, wie Nadelstiche setzen sich diese fest, geben Anlass, weitere Fragen zu stellen, weiter zu forschen.

Im besten Fall könnte sich dann so mancher *Lost Place* noch verwandeln: Er könnte tatsächlich zum „Gedächtnisort" werden, zu einem Ort, der Teil unserer kollektiven Erinnerung wird, zu einem Kristallisationspunkt unserer Gedenkkultur. Das Leben hat, so meint Friedrich Nietzsche in seiner Schrift *Vom Nutzen und Nachteil der Historie für das Leben,* keinen „historischen Sinn", das heißt, es zwingt uns letztlich zum Vergessen und wir

Steinerner Widerstand gegen den Vorübergang der Zeit: letzte Mauern am ehemaligen Flugplatz Strasshof.

nehmen das meist auch ohne große Gegenwehr hin. Unsere Reise zu den *Lost Places* ist der Versuch einer bewussten Gegensteuerung: Getrieben von der Macht der Fantasie und der Sehnsucht nach der „Anderswelt", lassen wir uns ein auf Räume und Orte, von denen wir glauben, dass sie es wert sind, aus dem Dunkel des Vergessens geholt zu werden.

Von allen Lebewesen, die sich auf dieser Erde tummeln, sind wir Menschen wohl diejenigen, welche die meisten Veränderungen in ihren Lebensräumen bewirken. Wir schaffen Orte, Gebäude und Zonen, die wir im Augenblick ihrer Planung und Errichtung für unser Fortkommen und für unsere sichere Zukunft für notwendig halten. Doch der unerbittliche Malstrom der Zeit erfasst diese Bereiche oft schneller als man denkt. Der Raum, der einst Glück versprach und nützlich war, wird nun zum vergessenen Ort in der Landschaft, zum *Lost Place*, der allmählich aus unserem Blick verschwindet. Vielerorts holt sich sogar die Natur diese Bereiche zurück. Sie liegt gleichsam ständig auf der Lauer: Die Rückeroberung des an den Menschen verlorenen Terrains ist ihr Ziel.

Lost Places können sehr unterschiedliche Gesichter zeigen: vom verfallenen Schloss bis zur Industrieruine, von der alten Mühle bis zum vergessenen Stollenlabyrinth, vom Schießkanal bis zur brüchigen Rollbahn. Meist beschränkt sich das Interesse bei Büchern zu diesem Thema auf das Betrachten der Bilder, auf die gekonnte ästhetische Inszenierung des Ruinösen. Dabei schwingt oft ein voyeuristisches Element mit: die Lust am Verfall, am Morbiden, am Zerbröseln dessen, was einst Gewicht und Bedeutung hatte. Die Community für Bilder dieser Art wächst: Mittlerweile präsentieren Fotografen Orte auf der gesamten Erde.

Wir haben es uns zur Aufgabe gemacht, einige dieser Orte erstens durch unsere Bilder in den Blickpunkt der Menschen zu rücken, aber wie erwähnt auch die mit ihnen verbundene Geschichte auferstehen zu lassen. Der Leser soll einen wesentlich tieferen Einblick bekommen, den er durch das Sehen bloß des Bildes vermissen würde.

Unser Buch versteht sich als Einladung: Kommen Sie mit auf unsere Zeitreisen und entdecken Sie gemeinsam mit uns Orte, die es noch immer gibt, die aber kaum jemand kennt! Besuchen Sie mit uns verlassene Orte, die bereits fast ganz oder völlig verschwunden sind. Wir öffnen die verrosteten Türen, heben die schweren Abdeckungen, lassen diese Orte noch einmal auferstehen und betrachten sie mit Ihnen, liebe Leserinnen und Leser, gemeinsam – letztlich um mehr über unsere Heimat und die Region rund um die Bundeshauptstadt Wien zu erfahren. Denn nur wer über Wissen verfügt, vermag auch mehr zu sehen, kann die Landschaft neu lesen.

Entdecken Sie mit uns die wundersame Welt der *Lost Places* rund um Wien!

Robert Bouchal und Johannes Sachslehner

WO DIE RÄDER ROLLEN
FÜR DEN SIEG

Das letzte Geheimnis im Wald von Heiligenkreuz

Wie sonst nur wen'ge Werke von Menschenhand,
der Pyramiden ewiges Mal vielleicht.
Vielleicht die Bauten noch des alten Rom (...)

Josef Weinheber, Ode an die Straßen Adolf Hitlers

51 Meter breit ist der heute an beiden Enden verschlossene und nun im Dunkeln gelegene Durchlass der ehemals geplanten Reichsautobahn.

Der Wienerwald ist wohl eines der am besten dokumentierten Waldgebiete Niederösterreichs. Die „grüne Lunge" der Millionenstadt Wien wird zu jeder Jahreszeit gerne aufgesucht, viele haben ihre Lieblingsplätze und -wege, hier, in der vertrauten Umgebung, schöpfen sie Kraft und tanken Energie für die Mühen des Alltags. Viele, sehr viele Wanderführer beschreiben Wege und Pfade. Dennoch gibt es Zonen, in die sich seltsamerweise kein Wanderer verirrt. Egal, zu welcher Jahreszeit – hier ist so gut wie kein Besucher anzutreffen. Niemand kommt hierher, denn die klugen Guides schweigen darüber. Ja, auf den ersten Blick gibt es hier tatsächlich nichts zu sehen und nichts zu erleben. Keine Labstelle winkt dem Hungrigen, keine malerische Waldlichtung mit wundervollem Aussichtspunkt lockt zum Verweilen.
Genau so ein Punkt im Niemandsland des großen Waldes ist das Ziel unserer Erkundungstour. Pater Severin Wurdack, der Kämmerer und Küchenmeister von Stift Heiligenkreuz, begleitet uns mit Oberförster Wilhelm Dullnig von der Forstverwaltung des Klosters durch den Wald. Wir sind froh, dass wir nicht zu Fuß gehen müssen: Die Reifen des Allradfahrzeuges graben sich tief in den vom vielen Regen der vergangenen Tage aufgeweichten Boden. Es geht bergauf und gleich darauf wieder hinunter, wir werden kräftig durchgeschüttelt. Mit einem Schlüssel öffnet der Oberförster das Schloss des Schrankens, der uns den weiteren Weg in den Wald versperrt. Dann kämpft sich der Geländewagen tiefer hinein in den Forst. Wir passieren mehrere Weggabelungen und einen Hochstand, der schmale Waldweg endet schließlich auf einer kleinen Lichtung.
Neugierig blicken wir uns um: Neben einer kleinen Teichanlage fällt uns ein großes Bauwerk aus Beton ins Auge – wir werden wie magisch davon angezogen. Was ist denn das? So etwas hat hier im Wald nichts verloren! Wer hat das errichtet und zu welchem Zweck?
Wir betrachten das rätselhafte Betonungetüm näher: Vor uns ragt aus dem Waldboden eine hohe Steinmauer, in deren Mitte sich ein hölzernes Tor befindet. Neben diesem Tor sind zwei eiserne Frachtcontainer abgestellt. Hier, inmitten eines im Verborgenen liegenden Bereichs des Wienerwaldes, wo weit und breit kein Wanderweg vorbeiführt, liegt ein monströses Bauwerk, das völlig in Vergessenheit geraten ist: ein letztes Zeugnis von Hitlers Reichsautobahn.

Vorhergehende Doppelseite: Das schlafende Betonmonster im Wienerwald: Zeugnis einer gescheiterten Idee.

Wohl niemand, der bei der Errichtung dieses unheimlichen Gebildes dabei gewesen ist, ist heute noch am Leben. Es waren Zwangsarbeiter, Menschen, die Tag für Tag unfreiwillig in den Wald marschieren mussten, um hier mit Schaufel und Spaten für die Vision der Nazis zu schuften. Zwangsarbeiter aus den nahe liegenden Lagern in Heiligenkreuz, Sattelbach und Sittendorf waren angehalten, die notwendigen Vorarbeiten für ein gigantisches Werk zu leisten. Der „Führer" wollte sie so schnell als möglich verwirklicht sehen: die Reichsautobahnen, die als „größte Bauleistung der Welt" in die Geschichte eingehen sollten. Noch in tausend Jahren, den Pyramiden Ägyptens und der Chinesischen Mauer gleich, sollten die „Straßen des Führers" von der Größe ihres Erbauers künden: „Diese Bauwerke sollen nicht gedacht sein für das Jahr 1940, auch nicht für das Jahr 2000, sondern sie sollen hineinragen gleich den Domen unserer Vergangenheit in die Jahrtausende der Zukunft", schrieb Fritz Todt, Generalinspektor für das deutsche Straßenwesen und treibende Kraft hinter dem Autobahnbau, 1937.

Hitler lässt die Reichsautobahn bauen

Blenden wir zurück: 7. April 1938. Es ist ein grauer, regnerischer Morgen, dennoch ist ganz Salzburg auf den Beinen: Der „Führer" ist in der Stadt. „Endloser Jubel empfängt ihn, Frauen weinen, Hände strecken sich ihm entgegen und Schritt um Schritt nur erkämpft das Auto sich den Weg hinaus ins Freie" *(Illustrierte Kronen-Zeitung,* 8. April 1938), 30.000 sind gekommen, um ihn zu sehen. Drei Tage vor der Volksabstimmung über den „Anschluss" Österreichs an das Deutsche Reich setzt Hitler am Walserberg mit dem ersten Spatenstich zum Bau der Reichsautobahn Salzburg–Linz–Wien ein Signal: Die neuen Herren halten, was sie versprechen, und verlieren keine Zeit: „Wir werden auch hier sofort mit der Tat anfangen", sagt der „Führer" vollmundig in seiner Rede und nimmt seinen zuständigen Fachmann Fritz Todt in die Pflicht: „Sie, Herr Generalinspektor, sind mir verantwortlich dafür, daß nicht nur heute begonnen, sondern daß binnen drei Jahren diese erste große Strecke vollendet sein wird. (...) Ganz Deutschland wird dadurch ein neues Band erhalten." Der Bau der Reichsautobahn nach Wien wird zum Symbol für die Einheit des „Großdeutschen Reiches", das Ergebnis der Volksabstimmung am 10. April mit dem Baubeginn bereits vorweggenommen. Auch für die perfekte Inszenierung ist gesorgt: Als Hitler mit dem Satz „Ich beginne nunmehr selbst das Werk!" den Spaten hebt, fallen, wie der *Völkische Beobachter* fasziniert berichtet, „auf der Höhe des Hügels die meterdicken Bäume und geben den Blick hinaus ins Reich frei." Die *Reichspost* zählt inzwischen mit: „Schippe um Schippe der dunklen Erde" hebt der „Führer" hoch und wirft sie in den Kippwagen, insgesamt bückt er sich sieben Mal, dann steht er da, „die Füße auf den Boden gestemmt, mit Stolz und Ergriffenheit", hinter ihm „schaffen die Arbeiter", Trompeten schmettern, Reichsstatthalter Seyß-Inquart ergreift das Wort: „Der Blick in alle Gaue des Reiches ist offen! Österreichs Volk dankt Ihnen, mein Führer."

Nicht weniger begeistert kommentiert der *Welser Anzeiger*: „Das Reichsautobahnnetz ist das größte Bauwerk aller Zeiten. Die Welt beneidet uns darum. Deutsches Volk, sei stolz auf dieses Werk des Führers." Die *Illustrierte Kronen-Zeitung*, die von einem „hohen, weihevollen Feiertag" spricht, weiß auch schon über Details Bescheid: Die Strecke Wien–München soll auf der neuen Autobahn in nur viereinhalb Stunden *(sic!)* zu bewältigen sein, in der ersten Bauphase sollen 15.000 Arbeiter eingesetzt werden, eine erste „Bauabteilung" sei bereits am 20. März in Linz eingerichtet worden, weitere in Salzburg, St. Pölten und Wien sollen folgen. Der Autobahnbau wird zum Wundermittel gegen die Arbeitslosigkeit erklärt: „Alle Arbeitslosen des Bezirkes finden auf drei Jahre Arbeit durch den Bau der Reichs-Autobahn", liest man etwa in den *Mödlinger Nachrichten.*

Von der „Pyramide für die Ewigkeit" blieb nur ein einsamer Rest im Wald: Der Zugang zum Durchlass ist fast schon völlig verdeckt.

Fritz Todt findet eine „schöne Linie"

Es ist die umsichtige verdeckte Arbeit von Fritz Todt, die Hitler diesen Spatenstich drei Wochen nach dem „Anschluss" ermöglicht: Schon seit dem Sommer 1937 laufen die Planungen für den Bau einer „RAB Salzburg–Linz–Wien", dass der Nachbar Österreich noch ein souveräner Staat ist, kümmert die Nazi-Technokraten wenig, und auch das Schuschnigg-Regime reagiert auf diese Einmischung nicht – Todt kann 1937 unbehelligt nach Wien reisen und hier Sondierungsgespräche führen. Wenige Tage vor dem Auftritt Hitlers am Walserberg, am 28. März 1938, versammelt Todt

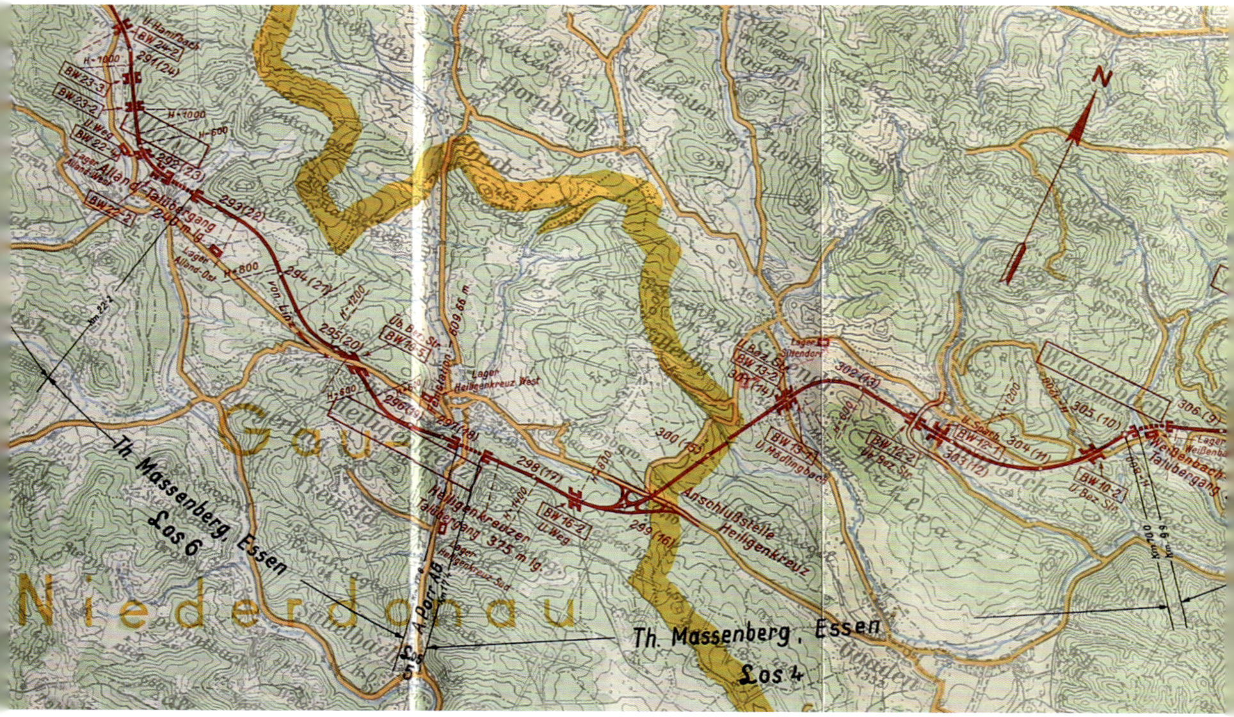

im Marmorsaal des Wiener Heeresministeriums am Stubenring die österreichischen Landesbauräte und verkündet ihnen die Richtlinien des deutschen Straßenbaus: Dieser sei eine „Kulturaufgabe im großen", im „Glauben an die Zukunft des Reiches" würde man sich vom alten „haushaltsrechtlichen Denken" lösen und großzügig für die Finanzierung sorgen.

Das Projekt der NS-Autobahnbauer sieht schließlich vor, die Trasse nicht direkt nach Wien zu führen, sondern etwa 25 Kilometer vor Wien nach Süden zu schwenken. Das Ziel der Strecke, die in etwa dem Verlauf der heutigen Wiener Außenringautobahn (A 21) folgt, soll ein mächtiger Autobahnknoten südöstlich von Wien sein, in dem drei weitere geplante Reichsautobahnen münden sollen: die Strecken Wien–Graz–Klagenfurt, Wien–Nickelsdorf–Ungarn und Wien–Brünn–Breslau. Dass auch die Tschechoslowakei noch ein unabhängiger Staat ist, stört in dieser Vision des zukünftigen deutschen Autobahnnetzes niemanden. Wie das neue Konzept aussieht, erklärt Fritz Todt schon sehr früh bei der Eröffnung der Ortsumfahrung von Opladen im September 1933: „Wir wollen unser Ziel weit vor uns sehen, wir wollen gerade und zügig dem Ziel zustreben. Kreuzungen überwinden wir, unnötige Windungen sind uns fremd. Ausweichen wollen wir nicht, wir schaffen uns genügend Bahn zum Vorwärtskommen. Und wir brauchen eine Bahn, die uns gestattet, ein zu uns passendes Tempo einzuhalten. So bauen wir im Dritten Reich die Straßen, so erziehen wir die Menschen, so errichten wir das ganze nationalsozialistische Reich."
Steigungen sollten 8 % nicht überschreiten, Geländeeinschnitte durch Brü-

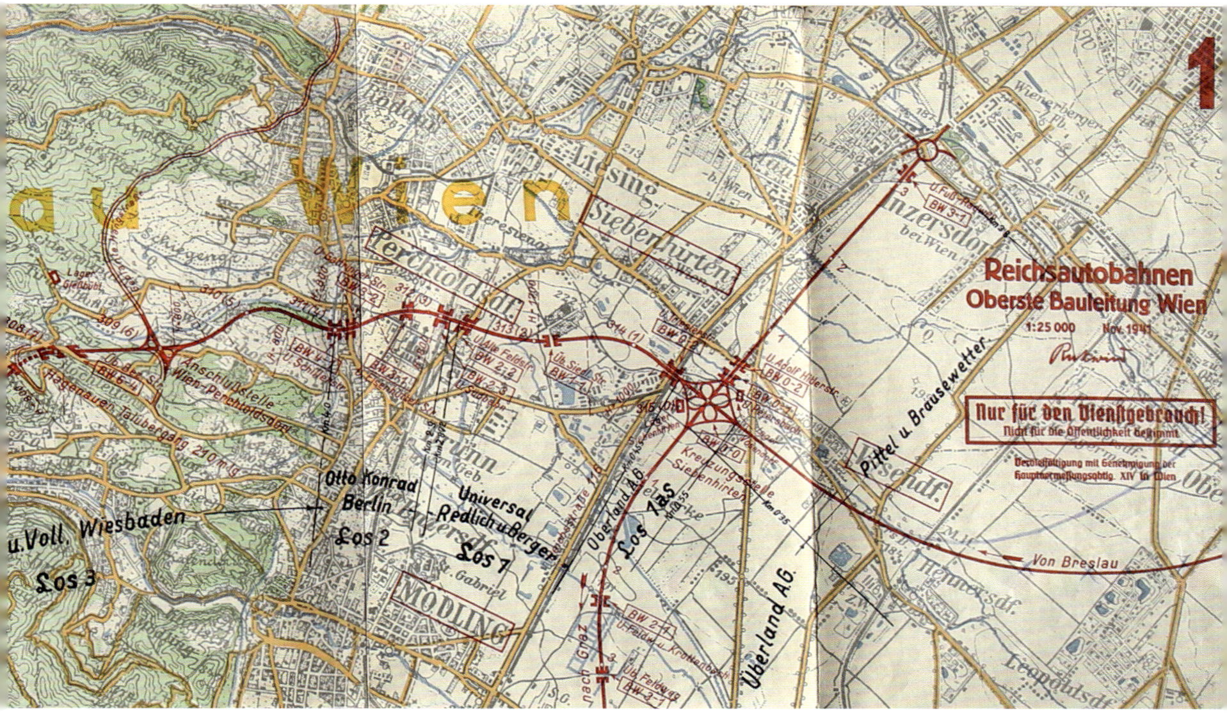

Nur für den Dienstgebrauch der Obersten Bauleitung Wien vorgesehen: die geplanten Bauabschnitte der Reichsautobahn im Grenzbereich der Gaue Niederdonau und Wien.

cken und Dammaufschüttungen überwunden werden, für die langgezogenen Kurven wurde ein Krümmungshalbmesser zwischen 600 und 1800 m definiert.

Mit der Trassierung durch den Wienerwald beauftragt Todt einen seiner Mitarbeiter, den Münchner „Reichslandschaftsanwalt" Alwin Seifert, der, ausgerüstet „mit ein paar Farbstiften, einem Zirkel, einem Maßstab und den wenigen Karten, die ich beim Artaria in der Kärntner Straße in Wien hatte kaufen können, in nur drei Tagen diesen Autobahnabschnitt fertig entwirft, schwärmerisch spricht er von „der schönsten Zufahrt, die eine Großstadt in Europa überhaupt haben kann: bei Gießhübl sollte die Autobahn hoch oben aus dem Wald heraustreten, der Blick plötzlich frei über die östliche Steppe nach Ungarn hineingehen und zweihundert Meter tiefer die Stadt liegen mit ihren Türmen und Schlössern und dem abendlichen Lichtermeer" *(Alwin Seifert, Ein Buch für die Landschaft)* – Impressionen, die jeder Autofahrer kennt, der heute über die A 21 hinunter in den Großraum Wien rollt. Seifert rühmt sich jedenfalls in seiner Erinnerung damit, dass auch die „richtigen Absteckrupps" der österreichischen Techniker mit „Wagen, Fahrern und Instrumenten" keine „bessere oder schönere Linie" finden konnten, mit den Kollegen aus der „Ostmark" habe er in „bester Kameradschaft" zusammengearbeitet.

Fritz Todt ist mit dem Vorschlag des Herrn Reichslandschaftsanwalts einverstanden, schlägt jedoch eine Änderung im Raum Heiligenkreuz vor, die für das altehrwürdige Zisterzienserkloster, das „mystische Herz" des

Eines der wenigen erhaltenen Fotos vom Bau der RAB: der Eingang zum „Reichsautobahnlager" Weissenbach.

Wienerwaldes, zur schweren Belastung werden könnte: Die „schöne Linie" der NS-Planer soll nun in unmittelbarer Nähe südlich des Stiftes geführt werden, geplant ist eine direkte Abfahrt zur Abtei, eine Brücke soll den Taleinschnitt überqueren.. Über die Folgen für den Ordenssitz macht sich Todt keine Gedanken, passt doch diese Vorgangsweise perfekt in die Strategie der neuen Herren: Der neue Mythos, die Reichsautobahn, unterwirft sich die Mythen von gestern. Ein neues nationales, unvergängliches Kunstdenkmal soll entstehen, das nicht unbedingt nach „Gesichtspunkten des Rechnungshofs" (Franz W. Seidler) beurteilt werden soll.
Ohnmächtig gegenüber dem „Moloch" RAB muss sich das Stift den Plänen beugen, die „Oberste Bauleitung" der RAB, die ihren Sitz in der Kleinen Sperlgasse 5 in Wien hat, duldet keinen Widerspruch, entsprechend knapp und fordernd sind auch die Schreiben an die Stiftsverwaltung abgefasst, in denen sie den Erwerb diverser Grundstücke „ankündigt". So heißt es in einem Brief vom 27. Mai 1939: „Ihre Grundstücke Prz. Nr. 646/2 und 84/1 in der KG Heiligenkreuz werden für den Bau der RAB in Anspruch genommen. Die Entschädigung im Betrag von RM 700,- für 70 Stück Schwarzkiefern gelangt in den nächsten Tagen als Barzahlung an Ihre Adresse." *(Zitiert nach Paulus Niemetz, Die projektierte Autobahnbrücke bei Heiligenkreuz)*
Grundstücke des Stifts in den Gemeinden Alland, Gaaden, Heiligenkreuz und Sittendorf wechseln so den Besitzer, die RAB zahlt zwar pünktlich die vereinbarten Kaufpreise, bald aber sehen sich die Mönche mit Bauarbeiten in nächster Nähe konfrontiert. Mit der erwähnten Parzelle 84/1 haben sie auch den ehrwürdigen Konventgarten an die RAB abgetreten, in dem einige Pfeiler für den geplanten Talübergang errichtet werden sollen, 1941

Noch herrscht Aufbruchstimmung: Die Hakenkreuzfahne weht über dem Reichsautobahnlager „Otto Planetta" bei Klausen-Leopoldsdorf.

beginnen hier die Bauarbeiten, durchgeführt von der Porr AG. Im Zuge der „friedlichen Arbeitsschlacht" (Fritz Todt) wird die Gartenmauer abgerissen, die Obstbäume werden entfernt und große Baugruben für die Pfeilerfundamente ausgehoben, ein Probepfeiler wird errichtet.

Wo man einst Stille und Frieden des Klosters genießen konnte, wachsen nun Baracken für die Zwangsarbeiter aus dem Boden – im Oktober 1940 wird in der Südwestecke des Stiftshofs ein Kriegsgefangenenlager eingerichtet, französische, serbische und schließlich auch russische Kriegsgefangene müssen hier für Fritz Todts Projekt arbeiten. Da der Platz knapp ist, werden 1941 auch im Konventgarten Baracken aufgestellt, dazu kommt, dass zahlreiche Räume im Sift von deutschen Umsiedlern, vor allem aus Bessarabien und der Dobrudscha, belegt werden. Bereits zu Ostern 1939 hat der Bau des Zwangsarbeiterlagers Schächerkreuz/Allanderhöhe begonnen, das ab dem Sommer 1940 in sechs Baracken etwa 380 Kriegsgefangene beherbergt. 1941 folgt noch die Errichtung des Lagers Hofwiese/Sattelbach, das zu einem Ort des Todes wird: Eine Typhusepidemie fordert unter den hier zur Sklavenarbeit gezwungenen serbischen Kriegsgefangenen ca. 50 Tote.

Die RAB braucht immer mehr Platz – auch die an den Konventgarten anschließende „Schießwiese" und andere Flächen müssen schweren Herzens an sie veräußert oder verpachtet werden, darunter auch sechs Parzellen in Sittendorf, die bisher an Sittendorfer Bauern verpachtet waren – hier soll nun ebenfalls ein „Arbeiterlager" entstehen, der RAB wird das Recht eingeräumt, über die „genannten Flächen wie ein Eigentümer" zu verfügen. Die Reste der Baracken-Schornsteine erinnern heute noch an das Sittendorfer

Hinter dem Soldaten der Wehrmacht ist er noch zu erkennen: der im Konventgarten von Stift Heiligenkreuz errichtete Probepfeiler. Am 17. September 1982 wurde er gesprengt.

Lager, in dem französische Kriegsgefangene und später auch serbische Zivilinternierte festgehalten wurden. Auch hier sind die sanitären Zustände katastrophal, es kommt zu zahlreichen Typhus-Todesfällen.
Als im März 1942 der Vertrag der RAB mit der Porr AG über die Errichtung des Talüberganges Heiligenkreuz überraschend gekündigt wird, kündigt die Porr AG ihrerseits den mit dem Stift geschlossenen Mietvertrag über die Benützung von Grundstücken, die Bauarbeiten werden eingestellt. Vergeblich pocht das Stift auf die im Vertrag vereinbarte „Wiederherstellung des früheren Zustandes", in einem Schreiben vom 28. Mai 1942 weist man die Kündigung zurück, allerdings erfolglos. Es bleibt bei der ohnmächtigen Klage über die entstandenen Schäden: „Wir haben bestimmt an der Abtretung eines großen Teils unseres Obst- und Gemüsegartens und der guten Schießwiese keine Freude gehabt, taten dies aber, weil wir uns der Notwendigkeit nicht verschließen konnten." *(Zitiert nach Paulus Niemetz, Die projektierte Autobahnbrücke bei Heiligenkreuz)* Am 15. März 1943 werden die Arbeiten an der RAB-Trasse eingestellt, die Zwangsarbeiterlager Schächer-

kreuz und Hofwiese sowie die Baracken im Konventgarten abgebrochen. Fritz Todt ist zu diesem Zeitpunkt schon tot – er kommt am 8. Februar 1942 bei einem Flugzeugabsturz in der Nähe des Führerhauptquartiers „Wolfsschanze“ ums Leben – Hitler ordnet ein pompöses Staatsbegräbnis an.

Der lange Kampf gegen die RAB-Brücke

Die Porr AG zieht nicht zur Gänze ab, sondern unterhält bis Kriegsende am Ufer des Sattelbaches ein kleines Barackenlager; der Probepfeiler im Konventgarten und andere Betonbauten bleiben als „Erinnerung“ an das Autobahnprojekt stehen. Der Ärger ist für das Stift Heiligenkreuz damit aber noch lange nicht ausgestanden, denn auch die „Liquidierungsstelle im Staatsamt für öffentliche Bauten, Übergangswirtschaft und Wiederaufbau“ sieht 1945 keine Möglichkeit, das Stift bei den „vorgesehenen Erdbewegungen und Vermauerung“ zu unterstützen, man wisse auch nicht, ob und in welcher Weise die Autobahn Wien–Salzburg weitergebaut werde. Der Rat der Liquidierungsstelle: Das Stift soll sich selbst und „provisorisch“ um diese Arbeiten kümmern – Fazit: Es geschieht vorerst nichts, die zerstörte Gartenmauer des Klosters wird nicht wiederhergestellt.
Die wahre „kalte Dusche“ folgt erst Jahre später: Auf Grund des Staatsvertragsdurchführungsgesetzes tritt mit 1. Juli 1957 die Bundesstraßenverwaltung, vertreten durch das Amt der Niederösterreichischen Landesregierung, in die alten Kaufverträge mit den Reichsautobahnen ein. Basierend auf diesen Verträgen beharrt das Land Niederösterreich bei der Planung der „Außenringautobahn“ (A 21) auf die alte RAB-Trasse – ein Vorhaben, gegen das sich das Stift nun verzweifelt zur Wehr setzt. Der jahrelange Streit eskaliert im Herbst 1968: Landeshauptmann Andreas Maurer erscheint persönlich mit seinem Baustab im Stift und erklärt, dass die Autobahnbrücke so gebaut werde, wie es die „Oberste Bauleitung“ 1939 vorgesehen habe, der *Express* titelt daraufhin am 14. November 1968: „Zisterziensermönche unterliegen im Kampf gegen die Technik – Autobahn-Südring gefährdet nun das Stift“. Obwohl eine Änderung der Planung kaum mehr möglich scheint, wollen die Mönche dennoch nicht aufgeben, das Kapitel des Stifts beschließt dem Verkauf der angeforderten Grundstücke nicht zuzustimmen – das Land Niederösterreich droht daraufhin dem Stift 1974 sogar mit einem Enteignungsverfahren, 22,3 Hektar Stiftsgrund sind davon betroffen. Ein Umdenken bringt erst ein Fachgutachten des angesehenen Architekten Roland Rainer, der darin klar feststellt: „Es kann wohl kein Zweifel darüber bestehen, daß eine etwa 250 m von der Kirche, dem Mittelpunkt der Klosteranlage, gebaute Autobahn sowohl die religiösen und kulturellen als auch die Funktionen des Stiftes als Erholungsziel unmöglich machen würde. (…) Auch das Landschaftsbild wird durch die geplante Autobahnbrücke aufs empfindlichste entstellt werden: Ein Bauwerk von der Höhe des Wiener Ringturmes, aber 350 m breit, riegelt mit zahlreichen lotrechten Pfeilern das Tal hinter dem Stift ab. Ebenso hoch wie die Kirchturmspitze

Nach Fertigstellung der Reichsautobahn wäre das mächtige Bauwerk unter Tonnen von Erde verschwunden.

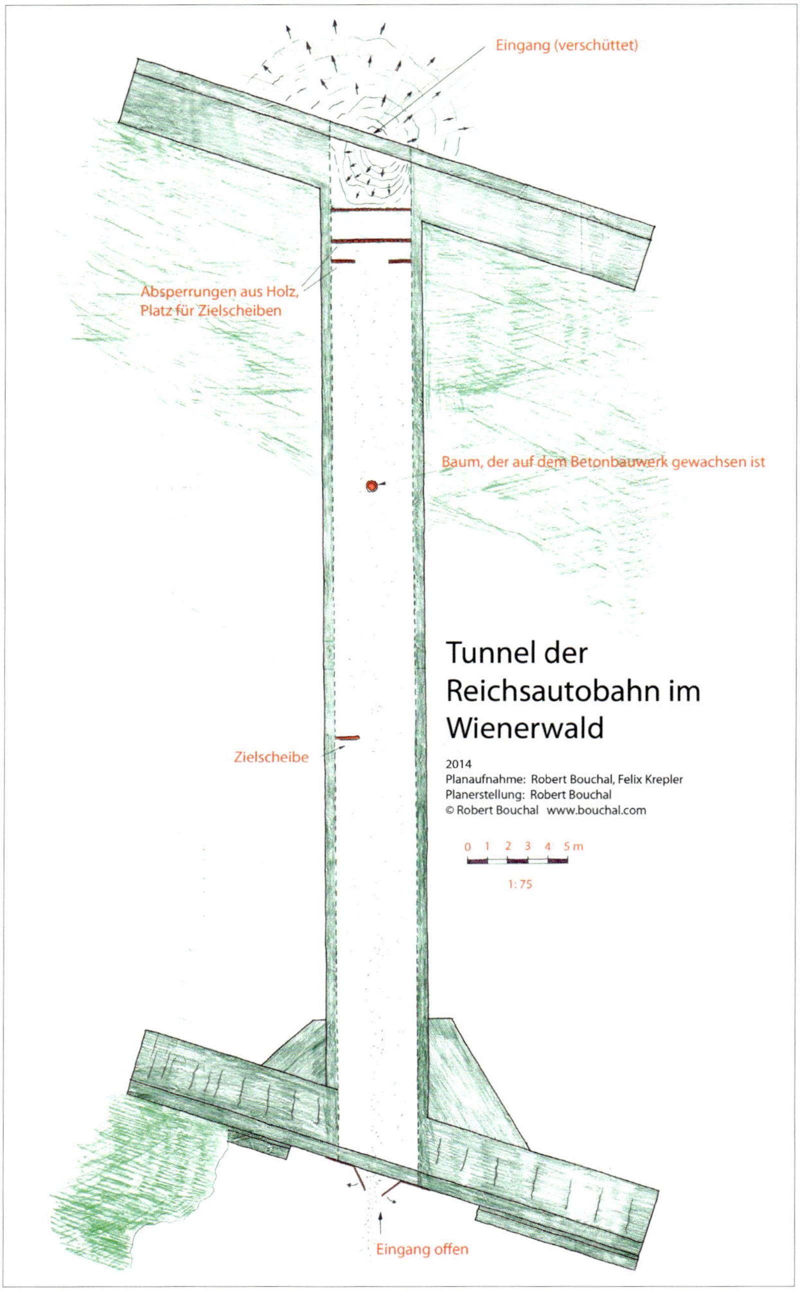

und um ein Vielfaches breiter als die Klosteranlage, wird sie diese zu einem Nebengebäude der Autobahn degradieren." *(Zitiert nach Friedrich Hödlmoser, Die projektierte Autobahnbrücke beim Stift Heiligenkreuz, 3. Teil der Dokumentation)* Rainer scheut sich auch nicht, den politisch-historischen Aspekt anzusprechen: Die Entscheidungen eines Dr. Todt „können nicht mehr Grundlage heutiger Ausführungen bilden". Die Argumente Rainers wirken: Am 8. Jänner 1975 genehmigt das Bundesministerium für Bauten und Technik das alternative Projekt „Nordtrasse 1974", das schließlich auch gebaut wird. Das Land Niederösterreich zieht im Februar 1975 den Enteignungsantrag zurück, 1976 erhält Stift Heiligenkreuz die von der RAB angeforderten Grundstücke zurück

Moos auf dem Beton: ein Lost Place der RAB

Wir umwandern das aus Natursteinen und Unmengen von Beton errichtete Bauwerk, das in einer Senke des Waldes liegt. Laub, viel Laub bedeckt hier den Boden. Über sieben Jahrzehnte nach seiner Errichtung sind hier überall Bäume gewachsen. Selbst auf dem Bauwerk hat sich bereits ein mächtiger Baum festgeklammert – der Wald verschließt allmählich die Wunden, die man ihm geschlagen hat. Der graue, an vielen Stellen mit dichtem Moos bedeckte Beton scheint jedoch nichts von seiner Festigkeit verloren zu haben. Wie ein ausgegrabener, ja freistehender Bunker, der für uns nun gut sichtbar geworden ist, stellt sich dieser *Lost Place* der RAB in der Form eines gewaltigen „H" dar. Das Bauwerk, so der Plan, sollte nach seiner Fertigstellung mit Tonnen von Erde überdeckt, darüber dann die Autobahntrasse gelegt werden. Die nach der geplanten Fertigstellung sichtbaren Teile dieses Bauwerkes gestaltete man ganz bewusst aus Natursteinen – sie sollten die „zeitlos-ewige Monumentalität" (Erhard Schütz/Eckhard Gruber) der RAB signalisieren, ihre Planer sahen sich der „Schönheit" und „Naturgemäßheit" verpflichtet. Man war aber auch pragmatisch: Der Rest wurde in hartem Beton ausgeführt.

Welchen Zweck hatte diese einem Bunker ähnelnde Röhre? Es handelt sich dabei um einen sogenannten „Durchlass", der ein gefahrloses Unterschreiten der Autobahntrasse von der einen auf die andere Seite ermöglichen sollte. Nachdem die ursprünglich geplante Streckenführung aufgegeben worden war und die letztendlich als „Westautobahn" (A 1) errichtete Verbindung eine völlig neue, direkte Route nach Wien eingeschlagen hatte, war dieses vorbereitende Bauwerk obsolet geworden. Auf Grund und Boden von Stift Heiligenkreuz gelegen, zeugt dieses unglaubliche Relikt heute von den enormen Anstrengungen, die unternommen wurden, um den Wunsch Hitlers nach dem „einigenden Band" möglichst rasch zu verwirklichen.

An einer Seite der Röhre ist heute ein Tor angebracht worden. Wie unsere beiden Begleiter erzählen, nutzten früher einige Jäger diesen verlassenen Tunnel als Schießkanal. Eine Verwendung, die der geradlinigen Bauweise sehr gut entspricht. Eine Nachnutzung, von deren Existenz allerdings nur wenige Eingeweihte wissen.

Wir wollen uns jedenfalls auch das „Innenleben" des Betongiganten genauer ansehen: Oberförster Wilhelm Dullnig öffnet uns das zweieinhalb Meter hohe Tor, durch das wir das Überführungsbauwerk betreten. Die tunnelartige Röhre weist keine funktionierende elektrische Beleuchtung auf. Die in-

Völlig unberührt und so gut wie nicht bekannt liegt das gigantische „Fossil der Dauer“ im magischen Wienerwald!

nere Scheitelhöhe wurde, wie für Regelbauwerke dieser Art üblich, mit vier und die Sohlenbreite ebenfalls mit vier Metern bemessen. Im Tunnel selbst – es ist sein ganz persönliches geheimes Reich – bewahrt der Oberförster einige Dinge auf. Einige Heurigentische und dazu passende Holzbänke sind hier zum Schutze vor der winterlichen Witterung abgestellt worden. Wir durchschreiten den Tunnel und gelangen alsbald an der linken Seite zu einem Holzvorbau, auf dem eine mit einer elektrischen Beleuchtung versehene Zielscheibe montiert ist. Den Gang bis an sein hinteres Ende durchschreitend, gelangen wir neuerlich zu zwei Bretterwänden, die offenbar ebenfalls für das Montieren von Zielscheiben genutzt wurden. Eine Bretterwand teilt hier den gesamten Tunnel in seiner vollen Breite. An einer Seite wurde der Tunnelausgang mit Erde verschüttet. Eine kleine Öffnung ist mit einem Betongitter gesichert worden und lässt uns so den Ausgang des Durchlasstunnels erkennen. Die Frischluftzufuhr scheint intakt zu sein. Es herrscht eine natürliche Bewetterung. Ein- und Ausgang wurden jedoch mit Erde armiert und so eine Art Sicherheitsbarriere für das Schießen auf die Zielscheiben geschaffen.

Wir sehen uns draußen noch genauer um und entdecken auf dem Waldboden rund um diesen Durchlasstunnel einiges an Gerätschaften, die hier zurückgelassen wurden. Dazu gehören mehrere Eisenklampfen, der Rest einer Eisensäge, die Hälfte eines Hufbeschlages eines Ochsen, mehrere Metallbeschläge und ein Taschenmesser. Eine genaue Vermessung des im

Wald vergessenen Betonriesen ergibt die beachtliche Tunnellänge von 51 Metern – daraus können wir auf die Breite der geplanten Autobahntrasse schließen.

Die genaue Trassenführung von Wien in Richtung Westen war wie ausgeführt bis ins kleinste Detail geplant. Durch einen Zufall gelangen wir für wenige Minuten zu der Möglichkeit, ein Originaldokument in den Händen zu halten und davon Kopien machen zu dürfen – ein geheimer Plan der Reichsautobahn liegt vor uns.

Zeitzeugen berichten uns bis heute, dass sie neben solch großen Bauwerken wie diesem nun im Wald verborgenen Durchlass auch in den bedeutend kleineren, nur für die Ableitung des Regenwassers erbauten Tunneln vor den Angriffen der Alliierten Schutz gesucht haben. Diese schmalen Tunnel sind bis heute vorhanden und haben ihre Funktion zur Ableitung des Regenwassers beibehalten. Während des Krieges wurden sogar von einem Tischler Holzbänke bereitgestellt, auf denen zusammengekauert die Menschen die angekündigten Luftangriffe abwarten konnten. Heute sind diese Betonröhren mit runden Schachtdeckeln verschlossen.

Eine Reminiszenz an den Bau der Reichsautobahn befindet sich heute noch auf dem Dachboden von Stift Heiligenkreuz: ein Modell der geplanten Trassenführung. Die einst gefeierte Vision von der „Pyramide“ des Dritten Reichs verstaubt hier langsam. Der Probepfeiler im Konventgarten wurde am 17. September 1982 gesprengt.

„Erinnerungszeichen Barackenlager“: Die stehengebliebenen Schornsteine an der Straße nach Heiligenkreuz sind die letzten Zeugen des Zwangsarbeiterlagers in Sittendorf.

Der Schießkanal der deutschen Luftwaffe am Flugplatz Vöslau-Kottingbrunn

Dem Bug eines Schlachtschiffes aus einem Endzeitfilm gleichend steht er bis heute noch da: der Schießkanal auf dem Flugplatz Vöslau-Kottingbrunn.

„Österreich wird frei!" – das ist der Satz, mit dem der Flugplatz Vöslau-Kottingbrunn (LOAV) in die Annalen der Zweiten Republik eingeht. Es ist der 15. April 1955. Bundeskanzler Julius Raab, Vizekanzler Adolf Schärf, Außenminister Lepold Figl und Staatssekretär Bruno Kreisky sind eben mit einer russischen Transportmaschine gelandet, der Bundeskanzler verlässt als Erster über die wackelige Gangway das Flugzeug. Der Jubel um die aus Moskau zurückgekehrte Regierungsdelegation ist groß, noch am Flugfeld – damals noch keine Rollbahn, sondern nur ein „glattgewalztes Feld" (Walter Kindermann) – verkündet Julius Raab in einer ersten Ansprache die großartige Nachricht: Der Weg zum Staatsvertrag ist frei! Wenige Tage zuvor, am 11. April, war man von hier aus in die Sowjetunion zu den schicksalshaften Verhandlungen aufgebrochen, der Wodka soll dabei in Strömen geflossen sein …

An diese denkwürdige Szene müssen wir denken, als sich der Schranken vor uns hebt und wir freie Fahrt über das Gelände haben. Der Tower hat uns registriert, ein kurzer Gruß, wir haben die Genehmigung zur Weiterfahrt. Robert kennt sich hier bestens aus, zielsicher steuert er eine Gebäudegruppe am Rand des Flugfeldes an, Gelegenheit, um kurz auf die Geschichte des Flugplatzes zu blicken: Heute ist er eine Außenstelle des Flughafens Schwechat, seine Anfänge reichen zurück in die 1920er-Jahre, in die Pioniertage der zivilen Luftfahrt. Eine Notiz in der *Badener Zeitung* vom 20. Februar 1926 informiert erstmals über die Idee, „einen Flugplatz in Vöslau sicherzustellen", ein Rechnungsrat Thour-Thoursfeld, ein Freund des „Schwingenfliegers" und Luftfahrttheoretikers Raimund Nimführ (1874–1975), habe sich erfolgreich darum bemüht. Unterstützt wird dieses Vorhaben vom Vöslauer Bürgermeister Rudolf Frimmel, die Gemeinderäte von Vöslau und Kottingbrunn stimmen schließlich zu und so kann der Flugplatz am 13. September 1928 mit einer Flugschau eröffnet werden. Die Ausstattung ist noch bescheiden: eine „Bretterhütte als Unterkunft und eine Stange, auf der ein Windsack die Windrichtung anzeigt" (Robert Haininger).

Im März 1929 kommt das ehemalige k. u. k. Flieger-As Franz Zuzmann (1895–1987), nach dem Krieg durch Auftritte bei Flugtagen in Österreich und der Tschechoslowakei bekannt geworden, nach Vöslau und besichtigt den Flugplatz – er hat seine eigenen Pläne: Als das zuständige Ministerium für Handel und Verkehr die Errichtung eines Privatflugplatzes genehmigt, pachtet er 1930 von der Gemeinde Kottingbrunn das Gelände für 30 Jahre und setzt seine Vision in die Tat um: Gemeinsam mit zwei weiteren Teilhabern, den Fliegerkollegen Proksch und Paulitsch, gründet er die „Flughafen Kottingbrunn Franz Zuzmann & Co Kommanditgesellschaft". Franz Zuzmann, Sieger in spektakulären Luftkämpfen an der russischen Front und Träger zweier Silberner Tapferkeitsmedaillen, ist wie erwähnt in der Welt der Flieger kein Unbekannter und kann auf zahlreiche Abenteuer verweisen:

Wo heute alten Flugzeugen ein wohlbehütetes Ausgedinge geschenkt wird, rasten einst die Projektile der Bordkanonen hindurch und schlugen dann im Sandbett des Kugelfangs ein.

Ab 20. März 1918 ist er als Unteroffizierspilot der Flugstation Kiew zugeteilt und unternimmt Flüge auf der ersten internationalen Flugpostlinie der Welt. Die Strecke: Wien-Aspern–Krakau–Lemberg–Proskurow–Kiew. Mit dem Ende des Krieges kann sich Zuzmann nicht wirklich abfinden: Er kauft von der Heeresanstalt für Sachdemobilisierung zwölf Jagdeinsitzer und schafft sich so seine eigene „Luftwaffe" – die Interalliierte Kommission versteht allerdings keinen Spaß, beschlagnahmt und zerstört die Maschinen.
Der „Ständestaat" zeigt zwar offiziell an dem neuen Flugplatz im Süden Wiens kaum Interesse, verbietet doch der Vertrag von St. Germain den Aufbau einer Fliegertruppe. Insgeheim beginnt man jedoch dieses Verbot zu umgehen und Franz Zuzmann wird in diesem Spiel zur Schlüsselfigur: Als die Hirtenberger Patronenfabrik 1935 den Auftrag erhält, 40 Schulflugzeuge für das Bundesheer zu bauen, kommt Hirtenberg-Chef Fritz Mandl (siehe dazu auch das Kapitel „Die versunkene Stadt am Lindenberg") mit ihm überein, den Flugplatz Vöslau-Kottingbrunn für die Testflüge der in Hirtenberg gebauten Maschinen zu nützen. Auf dem Gelände werden dafür neue Werkstätten errichtet, die Privatmaschine Fritz Mandls erhält im Hangar einen Ehrenplatz. Der Transport der neuen Maschinen von Hirtenberg nach Vöslau-Kottingbrunn wurde für die Bewohner der Umgebung bald zu einem gewohnten Anblick: Tragflächen und Leitwerke verlud man auf einen Lastwagen, der Rumpf der Maschine, bereits mit dem Fahrwerk versehen, wurde an den Lkw angehängt und so rollte man über die Straßen Richtung Testflugplatz; in den Werkstätten wurden dann die Flieger – zweisitzige, in Lizenz erbaute Doppeldecker der Focke-Wulf-Flugzeugwerke

Begegnungen mit der Vergangenheit des Fliegens:
Der aufgefundene Motorblock eines Propellerflugzeugs (oben).

Verrottete auf dem Flugplatzgelände: ein britischer Sycamore-Hubschrauber mit hölzernen Rotorblättern (Mitte).

Eines der schönsten Flugzeuge der Welt: die legendäre Boeing Stearman N2S-3, Baujahr 1940 (unten).

Für das Justieren der Bordkanonen musste das Flugzeug zunächst in Flugposition gebracht werden.

vom Typ FW 44 Stieglitz – zusammengebaut. Hatten sie ihre Tauglichkeit bei den Probeflügen bewiesen, wurden sie vom Bundesheer übernommen – die „Österreichischen Luftstreitkräfte" formierten sich.

Nach dem „Anschluss" wird jedoch alles anders: Die deutsche Luftwaffe übernimmt den Stützpunkt, aus dem Privatflugplatz wird der „Fliegerhorst Vöslau". Franz Zuzmann wird entschädigt, der Flugplatz für die Erfordernisse des Krieges adaptiert: Wachgebäude, Unterkunftsbaracken, ein Kasernentrakt, Unterrichtsräume und sogar ein „Horstkino" werden erbaut; die Luftwaffensoldaten in ihren blaugrauen Uniformen beginnen das Straßenbild in Vöslau zu dominieren, jeweils am „Tag der Luftwaffe" haben neugierige Zivilisten die Möglichkeit, die atemberaubenden Flugkünste der Piloten zu bewundern. In den Baracken am östlichen Rand des Geländes zieht dann 1943 eine geheime Einrichtung ein, die direkt dem Oberkommando der Luftwaffe unterstellt ist: die „Zentrale Funkleitstelle". Hochspezialisierte Techniker arbeiten hier an der Auswertung von Daten aus allen Teilen der Welt. Und schließlich werden auf dem Gelände des Flugplatzes auch Flugzeuge gebaut: Nach dem schweren Luftangriff auf die Wiener Neustädter Flugzeugwerke vom 13. August 1943 richtet man einen Ausweichbetrieb ein, der die Endfertigung der Messerschmitt Bf 109 durchführt. Teile für dieses Jagdflugzeug kommen auch aus der Seegrotte bei Hinterbrühl, angefertigt von KZ-Häftlingen aus Mauthausen. Als am 23. April 1944 auch Vöslau-Kottingbrunn bombardiert wird, stellt man die Arbeit im „Verlagerungswerk" ein – zu hoch ist das Risiko einer totalen Zerstörung der Hallen; 41 Soldaten und 3 Zivilisten sind bei dem verheerenden Angriff ums Leben gekommen. Wie nach dem Krieg bekannt wird, hatten die Alliierten im Jänner 1944 durch einen Geheimbericht des *Secret Intelligent Service* über die Montagetätigkeit erfahren.

Der heute als Austrian Aviation Museum und Werkstätte genutzte Schießkanal weist die beachtliche Länge von 111 Metern auf (rechts).

Die Auswirkungen dieses Bombardements sind bis heute zu sehen. Auf dem Originalbeton, der vielerorts noch vorhanden ist, entdecken wir neben den Festhalteringen, an denen die Flugzeuge gegen die Einwirkungen des Windes auf dem Boden festgemacht werden konnten, auch noch von Bombensplittern verursachte Ausbrüche. Das Ziel dieses massiven Bombardements war die Zerstörung der Montagehallen und der Infrastruktur des Flugplatzes, bereits zuvor, am 12. April 1944, waren bei einem Luftangriff eine Halle und die Baracke der Flugleitung sowie einige Maschinen auf dem Rollfeld zerstört worden.

Bereits 1942 stationiert die deutsche Luftwaffe auf dem Gelände eine Jagdfliegerschule, die JG 108 (Jagdschule 8), und man erbaut jenes graue Betonmonster, das den Krieg überdauert hat und dem heute unser besonderes Interesse gilt: einen 111 Meter langen Schießkanal – ein eindrucksvolles Monument des Luftkrieges und die Sensation auf dem Flugplatzgelände!

Wo die Bordkanonen justiert wurden

Wir halten in der Nähe des langgestreckten Baus in der nordwestlichen Ecke des Flugplatzes, das typische „ruppige" Aussehen des Betons verrät uns sofort, dass wir ein Relikt aus dem Krieg vor uns haben. Einmal mehr sind wir beeindruckt von dem gewaltigen Aufwand, der von den Nazis für die Kriegsrüstung betrieben wurde. Wir wollen uns das Gebäude auch von innen ansehen und gehen zum Eingangstor – wir haben Glück, es ist offen.

Heute hat hier eine Gruppe von ambitionierten Flugzeugliebhabern das *Austrian Aviation Museum* eingerichtet. Ein Museum, in dem jedoch auch flugfähige Flugzeuge instandgehalten werden. Einst hatte man die neu produzierten Jagdflugzeuge zum Einschießen der Bordwaffen hierhergebracht. Man konnte mit Hilfe dieses Schießkanals die Kanonen genauestens justieren. Die Flugzeuge wurden hierfür mit Hilfe einer Vorrichtung vor dem Eingang zum Schießkanal in Flugposition gebracht. So aufgebockt, ratterte dann die Kanone los und feuerte ihr Projektile bei laufendem Motor auf eine große Zielscheibe ab. Dies führte man so lange durch, bis das Trefferverhalten das gewünschte zielgenaue Ergebnis aufwies. Die Geschosse landeten, nachdem sie die Zielscheibe durchdrungen hatten, hinter dieser in einem großen Kugelfang, der mit Sand befüllt war. Der Sandhügel ist heute noch vorhanden, er bildet den Abschluss der Anlage.

Der Schießkanal in Vöslau-Kottingbrunn ist eine

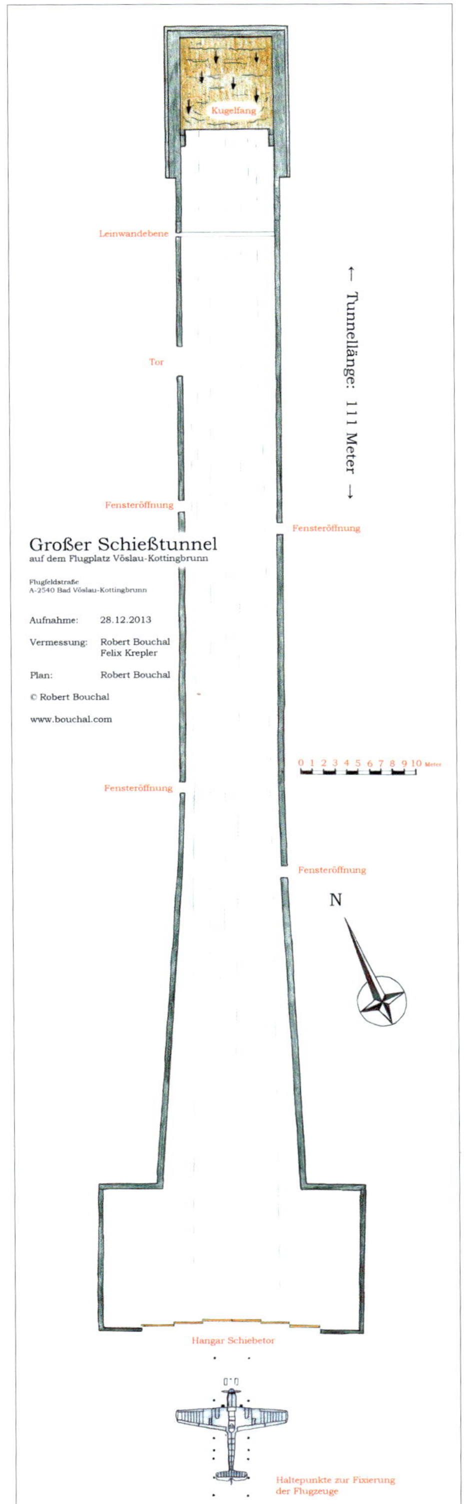

der wenigen Anlagen dieser Art, die heute noch existieren, ein *Lost Place*, der durch die Nachnutzung als Museum vor dem Verfall geschützt scheint. Für den Flugzeugliebhaber lohnt sich der Besuch: Da parkt etwa eine Boeing Stearman N2S-3, Baujahr 1940, ein legendäres Doppeldecker-Schulflugzeug, entwickelt 1933 von der *Stearman Aircraft Company*, das dann von Boeing übernommen wurde und in dem zahlreiche Piloten des Zweiten Weltkrieges – sowohl der *US Army Air Force* als auch der *US Navy* – ihre Grundausbildung erhielten. Besonders eindrucksvoll auch die mächtigen Flugzeugmotoren, die hier zu sehen sind. Und noch ein interessantes Detail entdecken wir: Ist man an dem wunderschönen gelben Boeing-Stearman-Doppeldecker vorbeigegangen und schreitet den Schießtunnel in Richtung Kugelfang entlang, so sieht man an der Ostwand des Tunnels zwei gewaltige Eintritts-öffnungen, die von Projektilen, vermutlich von einem Tieffliegerangriff, stammen. Ist das möglicherweise noch eine letzte Erinnerung an den Angriff vom 23. August 1944? Damals griffen zwei Mustangs, aus südlicher Richtung kommend und in fünf bis sieben Metern Höhe fliegend, den Flugplatz an und zerstörten eine B-71-176.

Von der Geschichte gebeuteltes Terrain: Reste der ehemaligen Kaserne außerhalb des Flughafenareals.

Wir verlassen den Schießkanal und setzen unsere Erkundungen auf diesem von der Geschichte gebeutelten Terrain fort – im Buschwerk des freien Geländes finden wir einen nächsten *Lost Place*. Ein hier abgestellter britischer Hubschrauber, neben dem ein Wohnwagen platziert ist, fristete hier noch bis vor Kurzem sein Dasein. Der Witterung völlig schutzlos ausgesetzt, konnte man seinen Verfall beobachten. Das Besondere an diesem Bristol-Sycamore-Hubschrauber ist, dass seine Rotorblätter aus Holzspanten gefertigt wurden – Red Bull hat bis heute noch einen instandgesetzten und voll flugtauglichen Hubschrauber dieser Art in seinem Flugpark.

Der Hubschrauber wird schließlich von der MA 48 abgeholt und abtransportiert. Heute ist er bei den Veranstaltungen der Magistratsabteilung eine Attraktion und rückt dann noch einmal in das Blickfeld der Öffentlichkeit und vieler staunender Kinder.

Auf dem Flughafengelände bleibt die Zeit nicht stehen. Immer mehr Personen leisten sich das Vergnügen, den Pilotenschein zu erwerben und in weiterer Folge auch Flugzeugbesitzer zu werden. Die Maschinen müssen in geschützten Hangars untergebracht werden, der Platzbedarf wächst. Bei der Errichtung einer neuen Halle sind die dafür notwendigen Erdaushubarbeiten auch für uns interessant. Überraschend ergibt sich dabei die Möglichkeit, als Beobachter neue Erkenntnisse zu gewinnen: Tagelang stehen wir daher beim lauten Rüttelsieb, welches das Eisen von der Erde trennt, und studieren die Teile, die da nach Jahrzehnten an das Licht des Tages „gespült" werden – Relikte, die uns Einblick in die wechselvolle Vergangenheit des Flugplatzes geben.

Viele Kleinteile, die hier im Laufe vieler Jahre gefunden oder aufgesammelt wurden, sind heute im Museum des Wasserschlosses Kottingbrunn ausgestellt. Darunter befinden sich zahlreiche Flugzeugteile und Reste von den ehemaligen Gebäuden, die heute nicht mehr vorhanden sind.

Nur den wirklich Ortskundigen bekannt: eine der kreisrunden unterirdischen Zisternen am Flugfeld. Die riesigen Wasserbehälter werden heute nicht mehr genützt und sind in Vergessenheit geraten, der Einstieg ist nur schwer zu finden.

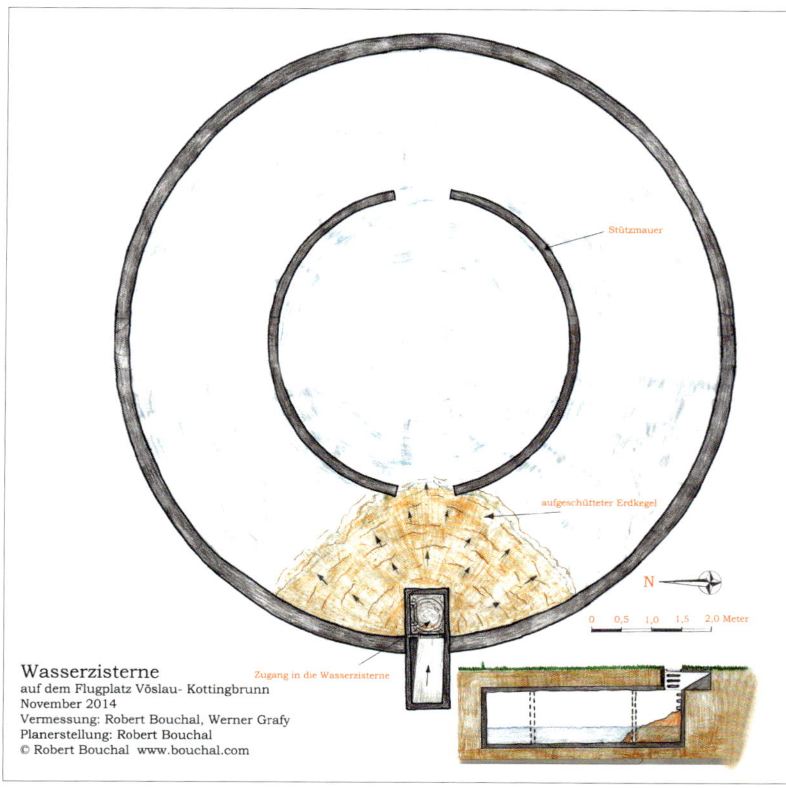

Rechte Seite: Weggeworfen und vergessen: Im Untergeschoss der „Rampe" finden die Schätze des Alltags ihre „letzte Ruhestätte". Manchmal tauchen aus dem Boden unerwartet auch Flugzeugteile auf (unten).

Geheimnisse unter der Erde

Aber auch rund um das Flugplatzgelände lassen sich einige unterirdische Bauwerke lokalisieren und beschreiben. Niemand kennt etwa die hier verborgene große unterirdische Wasserzisterne. Völlig überwachsen mit einer Rasenfläche, ist nur der kleine Einstieg noch zu sehen, aber auch dieser ist nicht leicht zu finden. Der kreisrunde Wasserbehälter wird heute nicht mehr genutzt und ist in Vergessenheit geraten. Im Einstiegsbereich befindet sich ein Erdkegel, der ursprünglich sicherlich nicht vorhanden war, offenbar ist hier im Lauf der Zeit Erdmaterial nachgerutscht. Es ist uns bis zur Stunde auch nicht bekannt, welchem Zweck dieses Bauwerk diente. Es könnte ein Löschwasservorrat, aber auch eine Art „Nottank" gewesen sein, um im Krisenfall einen ausreichenden Trinkwasservorrat zu besitzen. Von diesen kreisrunden Zisternen, in denen sich noch immer Wasser befindet, sind uns zwei Exemplare bekannt. Eine davon haben wir befahren und mit einem Plan dokumentiert.

Rund um den Flugplatz entdecken wir noch vier kleine Bunkerbauten, alle nach dem gleichen Schema errichtet. Diese Beobachtungsbunker waren während des Krieges rund um die Uhr besetzt, regelmäßig musste Meldung an die Flugplatzleitung erstattet werden. Gut versteckt, ist dieses „Bunkerviereck" heute nur mehr wenigen Wissenden bekannt.

Die Rampe

Der wohl spannendste Ort auf dem ganzen Flugplatzgelände ist aber jenes Bauwerk, das als „Rampe“ bezeichnet wird und sich am äußersten nordwestlichen Rand befindet. Eine massive, weitläufige Betonebene, gestützt von zahlreichen Betonsäulen, die sich im Geschoss darunter befinden, das so gut wie immer unter Wasser steht. Wie durch ein Wunder ist plötzlich im Herbst 2017 das Wasser völlig verschwunden. Zum ersten Mal schaffen wir es trockenen Fußes hinabzusteigen und eine Begehung dieses unglaublichen Ortes durchzuführen. Durch einzelne Löcher im Betonboden wachsen bereits Bäume aus dem hier angesammelten Erdreich gegen den Himmel. Dieses große, zweifellos aus dem Zweiten Weltkrieg stammende Untergeschoss dient heute als Deponie für nicht mehr verwendbare Gebrauchsgegenstände des täglichen Lebens, bunt zusammengewürfelt liegen

da: ein Plastik-LKW, der einstige Traum eines kleinen Jungen, der dieses Fahrzeug über alles liebte. Die große Kinderpuppe, die nun ihrer schönen Kleider beraubt zu verrotten beginnt. Einst das Glück eines Mädchens, das sie über alles liebte, liegt sie nun mit dem Gesicht im Dreck. Wir erschrecken im ersten Augenblick des Entdeckens. Aber auch eine Badewanne, verrostete Schrauben von einem Gleiskörper, ein Kinderfahrrad und Teile eines Radios haben hier ihre „letzte Ruhestätte“ gefunden.
Auch hier ist uns die ehemalige Funktion dieser verfallenden Betonlandschaft nicht ganz klar: War das tatsächliche eine Verladerampe? Und was hat man hier verladen? Stand das im Zusammenhang mit den Montagearbeiten, die in den ehemaligen Werkstätten des Flugplatzgeländes durchgeführt wurden? Fragen und Rätsel, die es noch zu lösen gilt!

Massive Betonkonstruktion: die sogenannte „Rampe“. Das Untergeschoss ist fast immer mit Wasser geflutet, war aber plötzlich für wenige Tage trocken.

Vergessene Rollbahn im Norden: **der Flugplatz Strasshof**

Von den Unterkunftsgebäuden, Baracken, Bunkern und Hangars am Flugplatz Strasshof sind nur mehr Ruinenreste erhalten.

Irgendwann macht ein sensationelles Gerücht die Runde: Hier, von der Rollbahn zwischen den Gemeinden Strasshof, Deutsch-Wagram und Markgrafneusiedl, hätten einst die ersten Düsenjäger der deutschen Luftwaffe, die legendären Me 262, starten sollen. Ein leeres Gerücht nur, das aber diesen beinahe verschwundenen Flugplatz plötzlich wieder interessant erscheinen lässt.

Eben wie ein Brett ist das Marchfeld hier und so nimmt es nicht wunder, dass auch die k. u. k. Aeronauten bereits ein Auge auf das Gelände werfen. Die Erfordernisse des beginnenden Luftkrieges entwickeln ihre Dynamik und so handelt die Heeresführung rasch: 1915 entsteht hier ein Ausrüstungsflugplatz, 1916 werden die k. u. k. Fliegerkompanien 24, 68 und 101 in Strasshof stationiert, 1918 kommt noch eine Bombergruppe dazu. Der Staatsvertrag von Saint-Germain schiebt 1919 jeder Luftrüstung einen Riegel vor, der nutzlos gewordene Flugplatz wird 1922 aufgelassen.

Doch dann kehrt plötzlich das Heulen der Flugzeugmotoren zurück: Die Fachleute der deutschen Luftwaffe, die nach dem „Anschluss" das Gelände inspizieren, befürworten eine Reaktivierung des alten k. u. k. Flugplatzes, ab 1939 wird tatsächlich gebaut. Eine über zwei Kilometer lange Piste wird schnurgerade in die Ackerlandschaft gelegt, erste Unterkünfte, Baracken, ein Munitionslager mit fünf Bunkern und provisorische Hangars entstehen, abgedeckt nur mit Tarnnetzen. Dann kommen die Nachwuchspiloten der Flugzeugführerschule A/B 112 und später auch der Luftkriegsschule 7, junge Offiziersanwärter, die in Ausbildungsflügen für den Krieg in der Luft vorbereitet werden: A/B-Schulung heißt das Programm, das sie absolvieren müssen. Die Anlage, die 1942 zum „Fliegerhorst" avanciert, ist eine Außenstelle des Flugplatzes Tulln und wird von dort aus verwaltet.

Als die Luftangriffe der Alliierten auf den Wiener Raum beginnen, investiert man in die Sicherheit der Flugschüler: Bunker und über 50 Splitterschutzwälle werden errichtet und das heute noch zu sehende imposante Betonband, angeblich einst drei Kilometer lang, wird fertiggestellt. Die ungewöhnliche Länge gibt bis heute ein Rätsel auf: Für welchen Typ von Flugzeugen war diese extrem lange Startbahn gedacht? Für schwere Transportmaschinen mit Überlast? Für Düsenjäger, von den Zeitgenossen „Strahlflugzeuge" genannt, wäre diese Länge bei weitem nicht notwendig gewesen – 1200 Meter hätten gereicht.

Im Frühjahr 1945 herrscht dann plötzlich Hochbetrieb: Ein Teil des Schlachtgeschwaders 9, ausgerüstet mit Maschinen vom Typ Henschel Hs 129 B, ist in Strasshof stationiert. Knapp vor Beginn der Schlacht um Wien, am 2. April 1945, wird eine Einheit des Jagdgeschwaders 53 mit Messerschmitt Bf 109G hierher verlegt, am 5. April aber wieder abgezogen – zu nahe sind inzwischen die Spitzen der Zweiten Ukrainischen

Front Marschall Malinowskis, die sich von Osten nähern. Bevor der Flugplatz aufgegeben wird, versuchen die Deutschen noch die Piste zu zerstören, indem sie auf der Startbahn in regelmäßigen Abständen Sprengladungen zünden. Die wichtigsten Teile der Infrastruktur werden gesprengt – Munitionsbunker, Wasserwerk, Hangars und Baracken.

Die Sowjets, die dringend eine Ausweichmöglichkeit zu Aspern suchen, stopfen die Löcher auf der Piste und setzen den Flugplatz auch sonst wieder einigermaßen instand, in der Folge sollen sich bis zu 2.500 russische Soldaten hier aufgehalten haben, darunter angeblich auch Einheiten der 8. Gardefrontbombenfliegerdivision, ausgerüstet mit Iljuschins IL-28. Das gesamte Gebiet des Flugplatzes wird zum Sperrgebiet erklärt und streng bewacht. Nach dem Abzug der Sowjets kümmert sich kaum jemand mehr um das Gelände, einzig unternehmungslustige Jugendliche suchen nach spektakulären Überresten aus den Kriegstagen.

1956 werden Überlegungen angestellt, das Flugfeld für die zivile Luftfahrt auszubauen und damit den Flughafen Schwechat zu entlasten. Der Widerstand der Anrainer ist jedoch so groß, dass dieses Projekt bald wieder aufgegeben wird – die Rollbahn bleibt, wie sie ist, und wird zum beliebten Tummelplatz von Fahrschülern, die hier unbeschwert aufs Gas steigen können. Profis trainieren in den 1970er-Jahren waghalsige Autostunts und eine Forschungsgesellschaft, so wird kolportiert, will auf dem Gelände sogar Raketen starten. Inzwischen aber scheint dieser *Lost Place* des Krieges

endgültig dem Untergang geweiht: Auf dem Areal soll ein Gewerbepark entstehen, der Bau der Marchfeld-Schnellstraße ein Übriges dazu tun, um auch letzte Spuren auszulöschen.

Heute schwebt noch einmal unser Drache – an der Leine mit uns auf der Erde fest verbunden – über das Gelände und trägt lautlos unsere Luftbildkamera, die vermutlich die allerletzte Möglichkeit bietet, die Reste der einstigen Landebahn vor ihrer endgültigen Beseitigung für die Nachwelt auf Bildern festzuhalten. Längst hat die Natur begonnen, ihren Platz zurückzufordern. Zwischen den einzelnen Betonfeldern dringt das Gras hervor und verdeutlicht uns, aus wie vielen Einzelteilen diese so mächtige Rollbahn zusammengesetzt wurde. Zwischen wild überwucherten Flächen sind die Reste der hier einst so wichtigen Bauwerke zu erkennen. Ruinen eines *Lost Places*, der nun bald völlig aus unserem Gesichtsfeld, jedoch nicht aus unserem Gedächtnis verschwunden sein wird. Zurzeit eignet sich das gesamte Areal für ausgedehnte Wanderungen mit dem Hund oder für einige einsame Joggingrunden. Am Horizont zeichnet sich jedoch schon die immer näher rückende Silhouette der neu errichteten Gewerbebetriebe ab.

Ein tragisches Unglück am 5. November 1991 ruft die dunkle Vergangenheit des Areals noch einmal schmerzhaft ins Gedächtnis: Der Landwirt Johann Mayer fährt mit seinem Traktor auf einem Feld ganz in der Nähe des ehemaligen Flugfeldes auf eine Fliegerbombe auf, durch die Erschütterung entzündet sich die Sprengladung und explodiert – Johann Mayer ist sofort tot.

Mitten im Ackerland ein Lost Place der Luftfahrt: die Rollbahn des ehemaligen Flugplatzes Strasshof, aufgenommen von der Kamera unseres Drachens.

MASCHINEN & RUINEN

Ein Monument des Todes:
das Tritolwerk in Theresienfeld-Eggendorf

Der markante, 42 m hohe Wasserturm ist zu einem Wahrzeichen des Steinfeldes geworden, seit nunmehr über hundert Jahren wirft er seinen düsteren Schatten auf die große Ebene bei Wiener Neustadt – das Tritolwerk in Theresienfeld-Eggendorf, kurz auch „die Tritol“ genannt oder einfach nur „die Tri“, ist eine beklemmende Welt für sich. Ihren Ursprung nimmt die Geschichte dieser einzigartigen Anlage im Ersten Weltkrieg. Nach der Explosion einer TNT-Fabrik auf dem Areal der k. k. Pulverfabrik Blumau am 28. Mai 1916 beschließt man die bereits 1915 geplante Errichtung einer leistungsfähigen Trinitrotoluol-Anlage auf dem Gemeindegebiet von Eggendorf bzw. Theresienfeld zu beschleunigen. Der Vorteil dieses Standorts: Die nächsten Wohnbauten befinden sich in sicherer Entfernung – wegen der hohen Explosionsgefahr ein wichtiges Kriterium, sollen hier doch täglich (!) 12.000 kg TNT erzeugt werden.

Der Wasserturm der „Tritol“ ist zum weithin sichtbaren Wahrzeichen des Steinfeldes geworden.

An den Fronten benötigen die Armeen Österreich-Ungarns immer mehr Sprengstoff und so ist keine Zeit zu verlieren. Nach Plänen des Industriearchitekten und Landsturm-Ingenieurs Bruno Bauer (1880–1938), eines Pioniers der Eisenbetontechnologie, beginnt die Militärbauleitung des Militärkommandos Wien mit Hilfe russischer Kriegsgefangener im Jänner 1916 mit dem Bau, 1918 kann die Fabrik – sie befindet sich auf dem damals modernsten Stand der Technik – in Betrieb gehen, die geplante Tagesleistung wird allerdings bis Kriegsende nicht erreicht. Bei der Planung der 33 Gebäude umfassenden Anlage hat Bruno Bauer auch die Möglichkeit von Explosionen mitberücksichtigt: Die einzelnen Gebäude stehen in einiger Entfernung voneinander, um die Druckübertragung bei Detonationen abzuschwächen, und sind mit zahlreichen Fenstern und Türen versehen.

Die junge Republik weiß mit der nutzlos gewordenen Sprengstoffschmiede wenig anzufangen und vertraut ihre weitere Verwaltung und Nutzung dem Wiener Bauunternehmer Ludwig Münz an, zusammen mit ihm gründet sie die „Theresienfelder Industrie- und Handels A. G.“ (THIAG), die das Gelände der „Tri“ an diverse Firmen vermietet, u. a. auch an die Firma M. Lissauer & Cie., die chemische Produkte erzeugt. Anfang der 1930er-Jahre gerät die THIAG in wirtschaftliche Schwierigkeiten und wird 1935 liquidiert. Als 1938 die Nazis kommen, ist nur noch die Firma Lissauer auf dem Gelände tätig, ihr jüdischer Besitzer muss ohnmächtig die „Arisierung“ seines Unternehmens hinnehmen, das allerdings nicht weitergeführt wird. Sein Büro in der Mariahilfer Straße 51 in Wien muss auch der Erbauer der „Tri“, Bruno Bauer, schließen. Als Jude ist der angesehene Architekt und Inhaber zahlreicher Patente für den Eisenbetonbau gezwungen, in die Emigration nach London zu gehen, wo er bereits im Dezember 1938 an den Folgen einer Operation stirbt.

Vorhergehende Doppelseite: Armaturen wie aus einem alten Unterseeboot: in der Energiezentrale der ehemaligen Kammgarnfabrik Bad Vöslau.

Vorhergehende Doppelseite: Der unterirdische Bereich der „Tritol" ist bis heute nicht erforscht. Imposant ist vor allem der tiefe und enorm breite Brunnen (links unten). Der Abstieg zur ersten Ebene erfolgt über eine senkrechte Eisenleiter (rechts oben); eine kurze Abzweigung in einen Seitengang erregt unsere Neugier (rechts unten): Gab es hier wirklich einen langen unterirdischen Zugang von außen?

Mit dem Beginn des Zweiten Weltkrieges hat aber sein Werk, die „Tri", plötzlich wieder Konjunktur: Die Anlage wird 1940 in das Eigentum der Firma Erdmann-Wühle aus dem ostpreußischen Königsberg übertragen und zum größten „Laborierungswerk" des Dritten Reiches ausgebaut – Patronen, Granaten, Minen, Bomben, Torpedos, Raketen, Sprengstoff jeglicher Art werden hier auf ihre Funktion zum Töten überprüft und vorbereitet. Abnehmer der vom Heereswaffenamt, Abteilung Mun. III/6F, überwachten Laborierstätte ist die „Ostfront", ein direkter Gleisanschluss ermöglicht die rasche An- und Ablieferung der Geschosse und Sprengmittel per Bahn.
Etwa 4.000 Beschäftigte, unter ihnen mehr als die Hälfte Frauen, vor allem „Arbeitsverpflichtete" aus Kroatien und Serbien, müssen hier für Hitlers Kriegsmaschinerie Tag und Nacht – in Schichten zu je 12 Stunden – ihre Arbeitskraft und auch ihr Leben einsetzen: Beim Sortieren von Handgranatenzündstreifen kommt es am 14. Oktober 1942 zu einer Explosion, bei der elf Arbeiterinnen aus der Umgebung und zwei kroatische „Fremdarbeiter" getötet werden. Der Vorarbeiter Eduard Agostini aus Lichtenwörth muss aus hundert Metern Entfernung hilflos zusehen, wie auch seine Frau Julie qualvoll in den Flammen ums Leben kommt. Sein Bericht lässt die Tragik des Geschehens erahnen: „Das Feuer ergriff blitzschnell die Holzwand und Heraklitwände. Bevor ich zur Hütte kam, lief aus derselben ein kroatischer Arbeiter, der starke Brandwunden hatte. Ich lief aber sofort durch die offene Tür der Schmelzhütte und wollte meine Gattin retten, fand aber sämtliche Frauen und einen Mann bereits verbrannt an." *(Aus dem Bericht des Gendarmerieposten Lichtenwörth an den Höheren SS und Polizeiführer Inspekteur der Ordnungspolizei in Wien, zitiert nach Karl Moser, Die „Tritol")* Die Untersuchung des Unglücks ergibt, dass man es verabsäumt hatte, die Fässer, in denen die Handgranatenreibeflächen abzulegen waren, mit Wasser zu füllen.
Der schwerste Unfall ereignet sich am 6. Dezember 1944 im „Objekt 5", der Granatfüllanlage: Vermutlich durch Selbstentzündung des Pulvers in der Füllanlage einer Maschine kommt es zu einer schweren Explosion, die zum Einsturz der Betondecke der Anlage führt. Zwei Frauen aus der Umgebung und 20 „Fremdarbeiter" werden getötet. Insgesamt fordern etwa 40 Unfälle in den Jahren 1940 bis 1945 über 200 Tote, die finale Katastrophe, ein Bombardement durch die Alliierten, bleibt allerdings aus – angesichts der rund um das Werk lagernden Munitions- und Sprengstoffstapel wäre die Wirkung von Bombentreffern verheerend gewesen. Die Flakstellung, die man in der Nähe der „Tritol" eingerichtet hat, hat dennoch alle Hände voll zu tun – sie bekämpft die Angriffe der US-Bomber auf die Industrieanlagen in Wiener Neustadt.
In der Morgendämmerung des 1. April 1945, es ist Ostersonntag, werden Eggendorf und die „Tri" von Einheiten der Dritten Ukrainischen Front Marschall Tolbuchins besetzt, Gestapo und SS haben sich rechtzeitig aus dem Staub gemacht, zuvor hat man in Untereggendorf noch einen ehemaligen Wehrmachtsangehörigen erschossen. Die „Tri" wird nun in eine

Kaserne umfunktioniert, etwa 200 Rotarmisten sind hier bis 1955 stationiert. Bei ihrem Abzug nach dem Staatsvertrag nehmen sie mit, was irgendwie nützlich erscheint – dann steht die Anlage leer, diverse Abbrucharbeiten fügen der ehemaligen Industrieanlage weitere Schäden zu, ehe im Herbst 1959 das Österreichische Bundesheer einzieht: Die „Tri" wird zu einer Außenstelle der Heeresmunitionsanstalt Großmittel umgestaltet, eine militärische Sperrzone eingerichtet. 1993 wird auch dieses „Stille Lager" endgültig geräumt, das Bundesheer bleibt allerdings präsent: Heute wird das Gelände nördlich des Flugplatzes Wiener Neustadt-Ost, das immerhin an die 36 Hektar umfasst, als Übungsplatz für die Katastrophenhilfe, vor allem auch für ABC-Einsätze, genutzt.

„Verhaltungsmaßregeln" auf zerbröselndem Papier: Das Thema „Sicherheit" wurde im größten „Laborierungswerk" des Dritten Reiches großgeschrieben.

Wir können das Areal der „Tri" mit Genehmigung des Bundesheers betreten und sind von der Wucht dieses massiven Industriebaus fasziniert. Die leergeräumten Hallen und Räume des Werkstättentrakts und der riesige Kohlesilo – 30 Eisenbahnwaggonladungen Kohle hatten hier Platz – lassen noch erahnen, was sich hier einst abspielte. Besonders eindrucksvoll: die gigantische unterirdische Zisterne – ausreichend Wasser war für die Munitionsanstalt lebenswichtig, der Wasserturm konnte die enorme Menge von 500 m^3 Wasser fassen. Wir steigen in das nunmehr leere 15 m tiefe Wasserreservoir ab und stoßen dabei auf ein Rätsel: Hier soll sich, so berichtet die Überlieferung, ein unterirdischer, heute abgemauerter Gang befinden, der kilometerweit Richtung Norden führt! Tatsächlich finden wir an der untersten begehbaren Stelle, noch über dem Grundwasserniveau, eine Abmauerung. Es könnte also, so unser Eindruck, an der Erzählung etwas dran sein.

Das ganze Areal hat eine unglaublich spannende Wirkung auf uns. Es befinden sich hier immer noch weitläufige Gänge und Keller, die wir gerne vermessen und zu einem Plan zusammensetzen würden. Es ist ein derzeit genutzter und unter Aufsicht stehender *Lost Place.*

Das Tritolwerk ist ein Ort, dessen vollständige Aufarbeitung durch die historische Forschung noch auf sich wartet.

Die versunkene Stadt am Lindenberg

Das Ruinenfeld am Lindenberg: An manchen Stellen können wir auch heute noch in die Tiefe absteigen.

Es ist ein Ort, der seinesgleichen sucht. Auf den ersten Blick eine Landschaft wie jede andere auch in den Waldbergen südlich von Wien, eine langgezogene, sich von Ost nach West erstreckende bewaldete Erhebung nördlich von Hirtenberg: der Lindenberg. Geologen schätzen ihn wegen der hier vorkommenden Konglomeratgesteine und Tonmergel, die wichtige Hinweise auf die komplizierte Erdgeschichte der Region geben. Am sogenannten „Sulzboden" – ihm gilt unser besonderes Interesse – erreicht er mit 345 m seine höchste Höhe, gegen Leobersdorf hin gleitet er sanft in die Ebene hinaus, nach Süden, gegen das Gelände der Hirtenberger AG zu, fällt er jedoch steil ab und ist für den Wanderer kaum zu passieren. Was seinen Namen betrifft, so ist die Ableitung von den „Linden" naheliegend, allerdings könnte er auch, wie die Wiener Sprachwissenschaftlerin Maria Hornung vermutet hat, auf „lun", den alten Namen für „Ahorn", zurückgehen – Ahornbäume sind am Lindenberg sehr häufig.

Diese unverdächtige, idyllische Waldlandschaft, so wissen wir, birgt ein Geheimnis. Einen *Lost Place,* der so manchem Spaziergänger verborgen bleiben mag – wir aber wollen ihn uns genauer ansehen. So lassen wir das Auto im Zentrum von Hirtenberg stehen und wandern auf einem Fahrweg hinauf in Richtung großer Wasserbehälter. Alsbald gelangen wir zu einem links neben dem Weg in den Wald führenden Graben, der bis zu einem merkwürdigen „Loch" im Waldhang führt: dem Einstieg in einen Luftschutzstollen, der für die Bevölkerung geschlagen wurde! Doch ist dieser, wie so viele Schutzbauwerke im Wienerwald, in großer Eile errichtet und vor seiner tatsächlichen Fertigstellung vom Kriegsende eingeholt worden. Ein Relikt, das heute vielleicht ohne Bedeutung, jedoch zum damaligen Zeitpunkt von großer Wichtigkeit für die hier lebenden Menschen gewesen ist. Einige Meter neben dem Graben vor dem Eingang ist noch der Betonsockel zu sehen, auf dem der Kompressor für den Presslufthammer gestanden hat.

Wir gehen auf dem bequemen Fahrweg, genannt die „weiße Straße", weiter in Richtung Hochplateau und Sulzboden. „Weiße Straße" heißt der Weg, weil er früher mit weißem Kies versehen war. Und dann gab es auch eine Zeit, in der dieser Weg tatsächlich eine Straße war: breiter als heute und sorgfältig gepflastert. Die Pflastersteine sind längst verschwunden, angeblich wurden sie von der Gemeinde Hirtenberg ins Burgenland verkauft. Wir geben nun besonders acht, denn in Kürze sollen wir das Areal erreichen, dem unsere Aufmerksamkeit gilt.

So gelangen wir alsbald zu zwei Betonresten, die offenbar die Seitenflanke eines Einfahrtstores bildeten. Das Tor ist schon lange nicht mehr da. Deutlich ist rechts vom ehemaligen Tor eine Umkehrschleife zu erkennen – wir stehen jetzt an der Grenze einer kleinen Stadt, die sich hier oben einst befunden hat und deren Spuren wir erkunden wollen. Eine Erkundung, die uns zurückführt in eine Zeit, in der die ganze Region um Hirtenberg

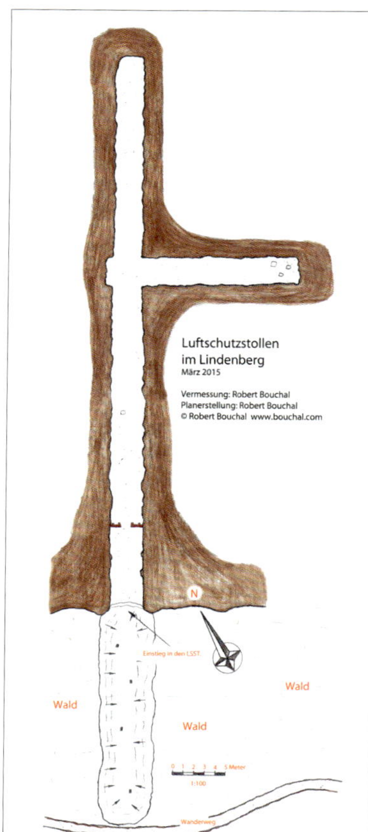

und Leobersdorf im Zeichen der Rüstungsindustrie stand: Es sind die ausgedehnten Ruinen einer ehemaligen Munitionsfabrik, die der Lindenberg beheimatet – der Wanderer, der darüber nichts weiß, wird dies allerdings nicht erkennen, eine Gedenktafel mit Hinweisen zur Geschichte dieses Geländes sucht man vergeblich. Offenbar will man sich auch nicht mehr daran erinnern.

Das Gelände ist von beachtlicher Größe, das erkennen wir, als wir im Waldboden die bis heute noch immer vorhandenen Betonreste der Versorgungsleitungen entdecken. Wir stolpern auf Schritt und Tritt darüber: Das bewaldete Hochplateau, auf dem wir uns jetzt befinden, ist durchzogen von tiefen Gräben, in denen die Rohre lagen, mit denen die einzelnen Gebäude mit der notwendigen Energie versorgt wurden. Der Wald ist also nur die Tarnung für dieses riesige Ruinenfeld! Die beste Jahreszeit, um sich davon ein Bild zu machen, ist der Winter. Das dichte Gestrüpp ist dann ohne Blattwerk und die Sicht auf die versteckten Betonrelikte am besten. Ganz objektiv betrachtet, ist das Hochplateau des Lindenberges ein großflächiger *Lost Place*, der allmählich von der Vegetation verschlungen wird.

Nichtbefugte durften das abgesperrte Gelände der Munitionsfabrik seinerzeit nicht betreten und wurden angewiesen, noch vor dem Tor umzudrehen. Von diesem Tor führen Wege zu beiden Seiten in den Wald hinein und wir sehen

uns genauer um. Mitten im Gelände steht da auch noch ein Einmannbunker – von diesen Einmannbunkern hat es hier oben viele gegeben, doch bis auf diesen sind alle verschwunden.

Der Wald ist nur Tarnung: Dahinter verbirgt sich ein gigantischer Lost Place mit zahlreichen Relikten der ehemaligen Wilhelm-Gustloff-Werke. Die Hirtenberger Patronenfabrik wurde auf Anweisung von Hermann Göring „arisiert“ und der „Wilhelm-Gustloff-Stiftung“ mit Sitz in Weimar einverleibt.

„Wir waren wie die Maulwürfe“

Das stetig herabfallende Laub der Bäume bedeckt Stellen, die noch viele Geheimnisse verbergen. Da bemerken wir etwa im Waldboden das aus Beton errichtete Rechteck eines Notausstiegfensters. Der Metallrahmen, der einst das Gitter trug, ist noch vorhanden, das Gitter selbst fehlt bereits. Aus Erzählungen wissen wir, dass nach den Sprengungen der Roten Armee das ganze Gelände für jedermann frei zugänglich war. Alles, was die Sprengungen „überlebt“ hatte und nur irgendwie verwertbar war, wurde von der Bevölkerung abmontiert, zerlegt und davongetragen. Bei der Ortseinfahrt nach Hirtenberg gab's den Alteisenhändler Heinrich Ripfel. Dort brachten die Leute das aufgesammelte Alteisen hin und verdienten sich ein wenig Geld dazu! Weit später kamen dann die Altmetallsammler, die auch die schweren Rohre und die restlichen Eisen- und Stahlteile, die hier noch zu finden waren, demontierten, aufluden und abtransportierten. Wir sprechen dazu mit dem Zeitzeugen Wilhelm Slawik aus Hirtenberg, er hat als Kind hier oben seinen Abenteuerspielplatz gehabt. Gemeinsam mit seinen Freunden, so erzählt er uns, verbrachte er hier oben jede freie Minute. Neues zu finden oder zu entdecken, war ihr gemeinsames Ziel. „Wir waren wie die Maulwürfe“, weiß Wilhelm Slawik zu berichten. „Oft gruben wir nach Munitionhülsen, die es hier damals noch zuhauf gab.“

Linke Seite: Eingang in den Luftschutzstollen am Lindenberg, der nie fertiggestellt wurde.

Von den Russen gesprengt: Sämtliche Betriebsanlagen wurden bis auf wenige Überreste zerstört.

Die Rohre der Versorgungsleitungen (unten) durchzogen in Schächten das gesamte Werksgelände.

Nur wenige Schritte vom erwähnten, im Waldboden sichtbaren Notausstieg entfernt, stoßen wir auf eine Ruine, deren Keller noch vorhanden und relativ gut erhalten ist. Wir steigen in diesen unterirdischen Bereich ab und sehen uns um: Vier langgestreckte Räume, an deren Ende sich diese besagten Notausstiege befinden, tauchen im Licht der Taschenlampen auf. An manchen Tagen stehen die Räume offenbar unter Wasser, die Decke kann dem stetigen Angriff des Sickerwassers nicht mehr standhalten, es haben sich bereits Risse gebildet. Die Gänge verwandeln sich dadurch gleichsam in Nachbildungen von Tropfsteinhöhlen! Auch der langgestreckte Verbindungsgang ist erhalten geblieben. An der Wand ist ein Schriftzug zu lesen: DER AUFENTHALT IN DEN GASSCHLEUSEN IST VERBOTEN!

Nachdem man einen Abschnitt der Ruine durchschritten hat, in dem die Decke bereits fehlt, erreichen wir einen weiteren Bereich des unter dem Waldbodenniveau gelegenen Gebäudekomplexes. Wir fragen uns: Welchem Zweck diente dieser Teil der Munitionsfabrik?
Keramikteile, die einst ganze Räume verkleidet hatten, liegen abgeschlagen auf dem mit Schutt bedeckten Boden. Zwei technische Gerätschaften rosten vor sich hin: ein Metallsockel, der einst mit Röhren bestückt war, und der letzte Überrest einer Relaisanlage.
Die auf der Hochebene des Lindenberges gelegene Fabrik wurde vom Mutterwerk im Tal mittels einer Materialseilbahn mit Hängegondeln mit allen notwendigen Gütern versorgt. Die Betonstützen der Seilbahn sind bis heute noch im Wald zu sehen! Tiefe Gruben zeugen von den ehemaligen Löschteichen, die sich hier befanden.

Alles dem Erdboden gleichgemacht

Im kalten Winter 1945/46 beginnen die Sowjets mit der Demontage der Munitionsfabrik am Lindenberg. Alles, was irgendwie nützlich erscheint, wird auf lange Güterzüge verladen, vor allem aber sind die Rotarmisten erpicht auf die teuren Präzisionsgeräte der Deutschen, die dann doch nur in einer Lagerhalle irgendwo im Reich Stalins verrosten werden. Nachdem die Anlagen geräumt sind, beginnen die Sowjets mit den Sprengungen, die sich bei klirrender Kälte wochenlag hinziehen. Unser Hirtenberger Zeitzeuge Wilhelm Slawik kann dieses Erlebnis nicht vergessen: „Es war ein frostiger Vorfrühlingstag, dennoch mussten wir Schüler bei offenen Fenstern in der Klasse sitzen. Es war bitterkalt. Die Fenster mussten jedoch wegen der Druckwellen der Sprengungen unbedingt geöffnet bleiben! Viel zu groß war die Angst, dass durch eine derartige Druckwelle die Glasscherben zerbersten könnten – man hatte im Krieg genug Erfahrung gesammelt. Und dann begann es zu donnern. Eine Detonation nach der anderen! Es wurde hier oben alles dem Erdboden gleichgemacht!"
Herr Slawik kann sich auch noch gut daran erinnern, wie sie als Kinder einst in die Rohrleitungsschächte abgestiegen sind, um bei den Dehnungsschlaufen der Rohre nach Stahlkugeln zu fischen. Die im Waldboden verlegten Eisenrohre, die über große Längen in den Betonschächten durch das Gelände verlegt wurden, wurden an bestimmten Stellen durch Betonwände abgestützt. Damit die Rohre sich auch problemlos ausdehnen konnten, wurden sie auf Stahlkugeln gelegt, um beweglich zu sein. Diese Stahlkugeln waren für die Kinder ein heiß begehrtes Sammelobjekt. In den Schulferien 1946 wartet in den Ruinen eine besondere Aufgabe auf sie, wie Oskar Rumpler, ein weiterer Zeitzeuge, zu berichten weiß: „Am Lindenberg waren die Ziegel der gesprengten Industrieanlagen zu putzen. Mit einem kleinen Beil reinigten wir sie vom daran klebenden Mörtel. Die Ziegel wurden für den Wiederaufbau dringend benötigt. Für einen gereinigten Ziegel erhielt ich zehn Groschen. Schon früh am Morgen zog ich mit einer Flasche Trink-

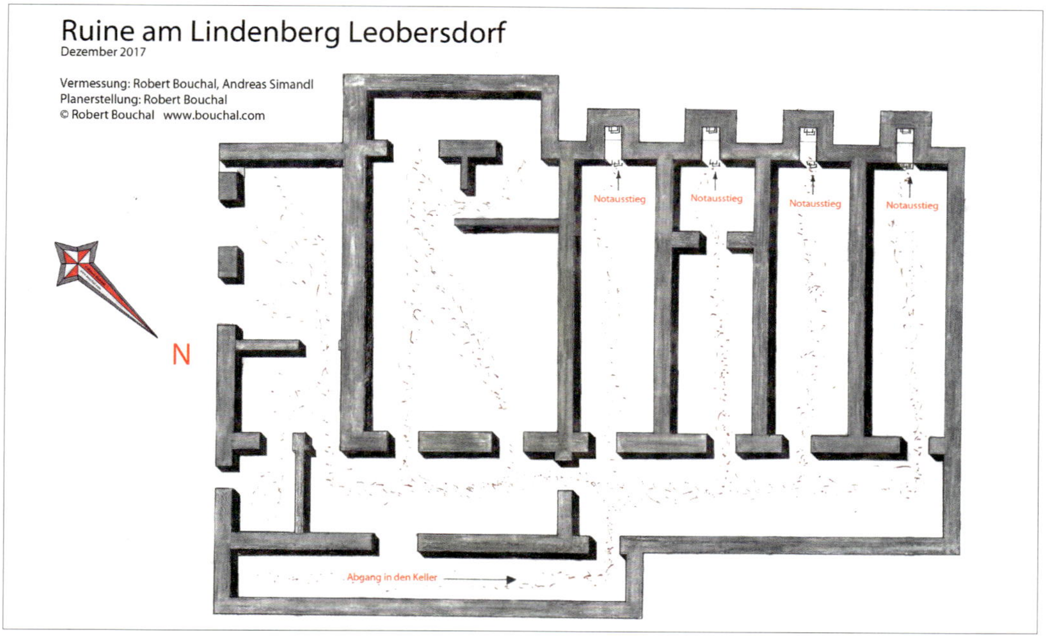

wasser und einem tüchtigen Stück Brot auf den Berg. Es gelang mir fast immer, zwei Stöße zu je hundert Ziegel am Tag aufzustellen.“ *(Oskar Rumpler, Erinnerungen an alte Zeiten)* Einmal in der Woche erhalten die Kinder das Geld für die Ziegel ausbezahlt, Oskar Rumpler kauft damit amerikanische

Zigaretten, die er in der russischen Küche in der Hirtenberger Hauptstraße gegen Fleisch, Wurst, Schmalz und Brot eintauscht.
Einer der gefährlichsten Bereiche in der Munitionsfabrik war die Satzmischerei. Hier wurden die Zündhütchen hergestellt. Der Arbeitsbereich hierfür war ganz speziell beschaffen. Die Pulvermischung des Zündhütchens war das Gefährlichste bei der Herstellung von Munition. Schon die geringste Reibung konnte eine Explosion auslösen! Diese Arbeitsplätze waren so beschaffen, dass es die Wand und die Decke bei einer Explosion leicht wegschleudern konnte! Schwere Verletzungen oder der Tod von Arbeiterinnen und Arbeitern konnten die Folge sein!
Zeitzeuge Gottfried Plichter, der in Enzesfeld geboren und in der Bahnstraße 303 aufgewachsen ist, weiß zu berichten: „Nach dem Krieg waren wir so arm und mittellos, dass viele Schulkinder nicht einmal Schuhe an den Füßen hatten. Sie gingen in Schlapfen oder bloßfüßig auf die Straße oder in die Schule. Der Baron Rothschild wusste hier im Jahre 1947 Abhilfe zu schaffen. Jedes Kind der Volksschule Enzesfeld musste in der Schule seine Schuhgröße bekannt geben und bekam von Baron Rothschild ein paar Schuhe spendiert."

Einzelne, mit Notausstiegen versehene unterirdische Räume sind noch vorhanden. Unser Plan dokumentiert einen dieser Gebäudereste mit vier gleich großen unterirdischen Kammern (links).

Im Rüstungsdreieck

Um die Bedeutung der Fabrik auf dem Lindenberg richtig einordnen zu können, müssen wir uns auf eine Zeitreise zurück in die Endphase des Ersten Weltkriegs begeben: Die Menschen leiden Hunger, stundenlanges Anstellen um Zucker und Mehl und Grieß ist der triste Alltag, die Rationen auf den Lebensmittelkarten werden immer weiter gekürzt. Die Munitionsfabriken, in denen sie arbeiten, haben jedoch Konjunktur: Tag und Nacht werden in Hirtenberg und Enzesfeld, in Blumau und Wöllersdorf Geschosse produziert – die Front ist unersättlich. Für die Männer, die im Schützengraben ihr Leben für Kaiser und Vaterland aufs Spiel setzen, stel-

„Der Aufenthalt in den Gaskammern ist verboten": Warnhinweis in einem der unterirdischen Räume. Welchem Zweck diente diese Anlage?

Immer wieder tauchen Relikte der ehemaligen Munitionsfabrik auf: Reste von Metallsockeln und einer Relaisanlage auf dem Ruinenfeld des Lindenberges.

len Frauen die Munition bereit. Aus allen Teilen der Monarchie werden sie in die Waffenschmieden der Region dienstverpflichtet, 15- und 20-jährige Mädchen müssen für die Fortsetzung des Krieges ihre letzten Kräfte mobilisieren. Reguläre Wohnungen gibt es für sie keine, sie hausen in Holzbaracken und werden von Großküchen versorgt. Die Männer, denen sie in den Fabriken begegnen, sind meist Kriegsgefangene.

Zwei Jahre nach Kriegsende, 1920, holt Generaldirektor Alexander Mandl seinen Sohn Fritz Mandl (1900–1977) in die Geschäftsführung der Hirtenberger Patronenfabrik, 1924 ist der Junior bereits Generaldirektor. Fritz Mandl hat keine Berührungsängste – er liefert Waffen und Munition an alle, die sie benötigen: 1921 an die Polen für ihren Krieg gegen Sowjetrussland, später an die Heimwehr seines Freundes Ernst Rüdiger von Starhemberg ebenso wie an Mussolini, an die ungarische Armee ebenso wie an die kriegführenden Parteien des Spanischen Bürgerkriegs. Nur einmal gibt es schwere Probleme: Die „Hirtenberger Waffenaffäre" 1933 wird zu einem der größten Skandale der Ersten Republik.

Fritz Mandl, genannt der „Patronenkönig" und einige Jahre hindurch mit der Schauspielerin Hedy Lamarr verheiratet, träumt von neuen Geschäftsfeldern und versucht seine Ideen auch umzusetzen: 1932 wird in Hirtenberg eine Abteilung „Flugzeugbau" eingerichtet, es gelingt ihm, eine Lizenz der „Focke-Wulf-Flugzeugwerke Bremen" zu erwerben, und so baut man tatsächlich in Hirtenberg bald auch Flugzeuge: zweisitzige Doppeldecker

Manche der noch vorhandenen Kellerwände sind mit massiven Fliesen ausgestattet worden.

vom Typ FW-44-Stieglitz, kein Kriegsgerät, sondern ein Schulflugzeug, geeignet auch für den Kunstflug. Getestet werden die Maschinen, die berühmt sind für ihre hervorragenden Flugeigenschaften, auf dem Flugplatz Bad Vöslau-Kottingbrunn, auf dem Flugfeld wird ein eigener Hangar mit Werkstätten für die „Hirtenberger Maschinen" eingerichtet. 40 Maschinen werden gebaut, ab 1936 setzt das Bundesheer die FW 44 als Schulflugzeug ein. Obwohl im Friedensvertrag von St. Germain die Aufstellung einer Fliegertruppe untersagt worden ist, setzt die Regierung Schuschnigg auf den Ausbau der österreichischen Luftstreitkräfte – knapp vor dem „Anschluss" umfasst die Armada der beiden rot-weiß-roten Fliegerregimenter in Wien und Graz etwa 300 Flugzeuge, die Pläne sehen vor, dass die militärische Bodenorganisation auch in Bad Vöslau-Kottingbrunn weiter ausgebaut werden soll.

Unter der Leitung von Ing. Theodor Hopfner (1901–1974) versucht man sich in Hirtenberg auch an Eigenkonstruktionen – 1935/36 wird das zweimotorige Reiseflugzeug „Hirtenberg HV 15" gebaut, die „behaglich ausgestattete Kabine", so vermerkt die Fachzeitschrift *Der Pilot* (Heft 5/1937), „enthält zwei Führersitze und vier Fluggastsitze mit ausgezeichneter Sicht" und es gibt einen abgetrennten Toilettenraum. Die Höchstgeschwindigkeit der äußerst sparsamen Maschine – der stündliche Kraftstoffverbrauch liegt bei 70 l – beträgt 235 km/h, 5,8 Minuten braucht das mit Siemensmotoren ausgerüstete Gerät, um eine Flughöhe vom 1000 m zu erreichen, die Reich-

weite liegt bei 900 km. Die Flugeigenschaften der Maschine sind, so *Der Pilot,* ausgezeichnet, sie sei „von jedem Durchschnittsflieger mit Leichtigkeit zu steuern".

Knapp darauf folgt aus der Werkstatt Hopfners der Prototyp des Militär-Mehrzweckflugzeugs „Hirtenberg HM 13/2" – ein Doppeldecker für zwei Mann Besatzung, der sowohl als Schulflugzeug als auch als Aufklärer und leichter Bomber eingesetzt werden kann. Unter dem Rumpf kann die „HM 13/2" bis zu 200 kg Bomben tragen, auf Wunsch können ein „Führermaschinengewehr" und eine „Beobachterwaffe" montiert werden, angetrieben wird die Maschine von einem luftgekühlten Piaggio-Motor P VII C 16 mit 450 PS Höchstleistung. Die Höchstgeschwindigkeit des Bombers aus Hirtenberg wird mit 350 km/h in 4.000 m Höhe angegeben, die Reichweite mit 950 km. Flugzeugbauer Theodor Hopfner genießt im Übrigen nach dem „Anschluss" auch das Vertrauen der Nazis: Er ist zunächst in der Wiener Neustädter Flugzeugfabrik (WNF) tätig und wird später mit dem Aufbau eines Flugzeugwerks in Fischamend betraut. Die Aufgabe des sogenannten „Werks III" der WNF: Einrichtung der Großserienproduktion von Tragflächen für die Messerschmitt Bf 109, das meistgebaute Jagdflugzeug der Geschichte.

Die Auftragsbücher in Hirtenberg sind voll, die Patronenfabrik im Triestingtal floriert: Pro Tag werden insgesamt eine Million Patronen erzeugt, 3.800 Beschäftigte verdienen hier ihr tägliches Brot. Ein Juwel unter den österreichischen Industriebetrieben, dem gleich nach dem „Anschluss" die besondere Aufmerksamkeit der Nazis gilt: Generaldirektor Fritz Mandl, der in den Märztagen im Ausland weilt, wird mit einer Abfindung aus dem Betrieb gedrängt, die Firma dem für die Kriegsrüstung tätigen Industriekonzern „Wilhelm-Gustloff-Stiftung" einverleibt. Die neuen Machthaber

Linke Seite:
Wie uns berichtet wurde, befand sich hier das Gebäude, in dem die hochexplosiven Zündhütchen hergestellt wurden (oben).

Der aus Steinen gemauerte Zugang zu jenem Bereich, in dem diverse Versuche mit neuer Munition unternommen wurden (unten).

Eine Materialseilbahn verband das Talwerk mit dem Werk am Berg. Die Fundamente dieser Anlage sind im Wald erhalten geblieben.

Rechte Seite: Zerfallen an diesem Lost Place zu Staub: die alten Akten des Gustloff-Werks am Erschlachtweg in Lichtenwörth. Der mit drei Zugängen versehene Splitterschutzdeckungsgraben bot den Beschäftigten Schutz bei Luftangriffen.

wälzen bald große Pläne: Alle für den Ort gefährlichen Arbeiten sollen in ein neues Werk auf dem Lindenberg verlegt werden. Die Anlagen am Berg, eine „industriebauliche Großleistung" (Fritz Hanauska), werden von der Firma Notthaft errichtet, bereits am 4. November 1939 kann das Richtfest gefeiert werden. Um die Folgen einer möglichen Explosion so gering wie möglich zu halten, werden die einzelnen Betriebsstätten weit auseinandergelegt, produktionstechnisch gliedert sich das neue „Werk Lindenberg" in drei Gruppen: Gruppe I umfasst die Sprengstoff-, Zündsatz und Zündhütchenfertigung, Gruppe II widmet sich der Produktion von Signal- und Leuchtpatronen sowie von Brandsatzbeiladungen, in Gruppe III werden die Laderei sowie die Pulver- und Patronenlager untergebracht. Die Versorgung der Anlagen erfolgt durch das nunmehr „Talwerk" genannte alte Werk – das ist auch die Erklärung für die zahlreichen rätselhaften Gräben im Gelände, über die wir ständig stolpern: Hier lagen einst die Druckrohre für das Heißwasser.
Die Zufahrtsstraße zum Werk am Lindenberg wird großzügig ausgebaut, Werksomnibusse bringen die Beschäftigten täglich zu ihren Arbeitsstätten, für die man an Sicherheitsmaßnahmen nicht gespart hat: Die Dächer der Gebäude sind mit einem Tarnanstrich versehen, unterirdische Luftschutzräume sollen den Arbeitern Zuflucht bei Bombenangriffen bieten, ein eigenes „Sanitätshaus" soll die rasche medizinische Versorgung bei Unglücksfällen gewährleisten.
Der mörderische Krieg Hitlers erweist sich für die Hirtenberger Gustloff-Werke, die seit Mai 1939 von „Betriebsführer" Hans Braun geleitet werden, als nachhaltiger Motor: So beginnt man 1943 auf dem Lindenberg mit der Produktion von 12-cm-Wurfgranaten für schwere Granatwerfer, bereits 1941 startet die Massenfertigung von Patronen für das Bord-MG 151 – das ehrgeizige Ziel: bis zu einer Million dieser Patronen im Monat. Die Übernahme eines neuen Werks in Lichtenwörth bei Wiener Neustadt soll die Kapazitäten des Unternehmens weiter steigern. Auch Lehrlinge werden ausgebildet, wer eine der begehrten Lehrstellen ergattern will, muss Begeisterung für das Regime bekunden: Die Mitgliedschaft bei der Hitlerjugend und bei der „Deutschen Arbeitsfront" ist Voraussetzung.

Heil dir mein Führer, das Volk wird immer dürrer!

Am 28. September 1944 wird auf dem Gelände des Fremdarbeiterlagers „Am Weinberg" ein Nebenlager des KZ Mauthausen eingerichtet: Rund 400 weibliche Häftlinge, vor allem aus Ost- und Südeuropa, müssen in der Patronenfabrik Infanteriemunition für die Wehrmacht fertigen, bewacht werden sie von 24 SS-Leuten unter dem Kommando eines Hauptsturmführers, ein elektrisch geladener Zaun trennt die Frauen vom bestehenden Fremdarbeiterlager. Das Regime hat inzwischen längst seinen Kredit bei der Bevölkerung verloren: Parolen wie „Butter statt Kanonen" liest man an den Wänden oder höhnische Reime wie „Heil dir mein Führer, das Volk wird immer dürrer!" – „bescheidener Widerstand" (Oskar Rumpler), der dennoch Zeichen setzt.

Die Mauthausen-Außenstelle in Hirtenberg besteht bis 15. April 1945, dann wird „evakuiert" – an diesem Tag, Wien ist bereits in den Händen der Sowjets, schickt man die Frauen auf den Marsch zurück ins Stammlager, 48 Häftlingen gelingt unterwegs die Flucht.

Bleibt die eine große Frage, die immer wieder auftaucht, wenn über das „Rüstungsdreieck" Hirtenberg, Enzesfeld, Leobersdorf gesprochen wird: Warum haben die Alliierten die hier befindlichen Munitionsfabriken nicht bombardiert? Zweifellos wusste man über die Bedeutung der Anlagen Bescheid – war es tatsächlich Fritz Mandl, dem es von seinem Exil in Argentinien aus gelang, seine guten Kontakte zu den USA zu nützen und einen Angriff auf seine Werke zu verhindern?

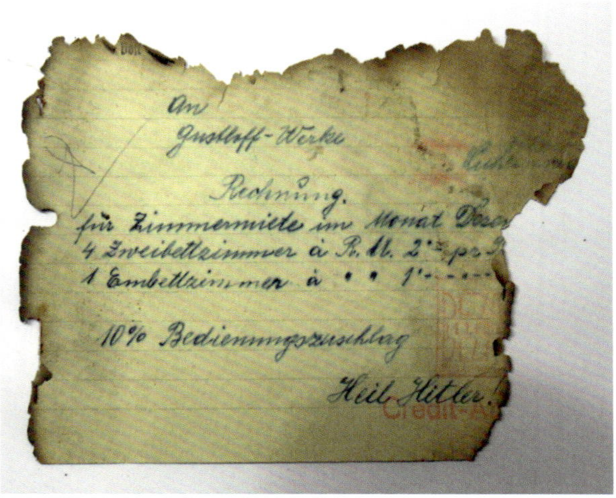
An
Gustloff-Werke
Rechnung.
für Zimmermiete im Monat
4 Zweibettzimmer à
1 Einbettzimmer à
10% Bedienungszuschlag
Heil Hitler!

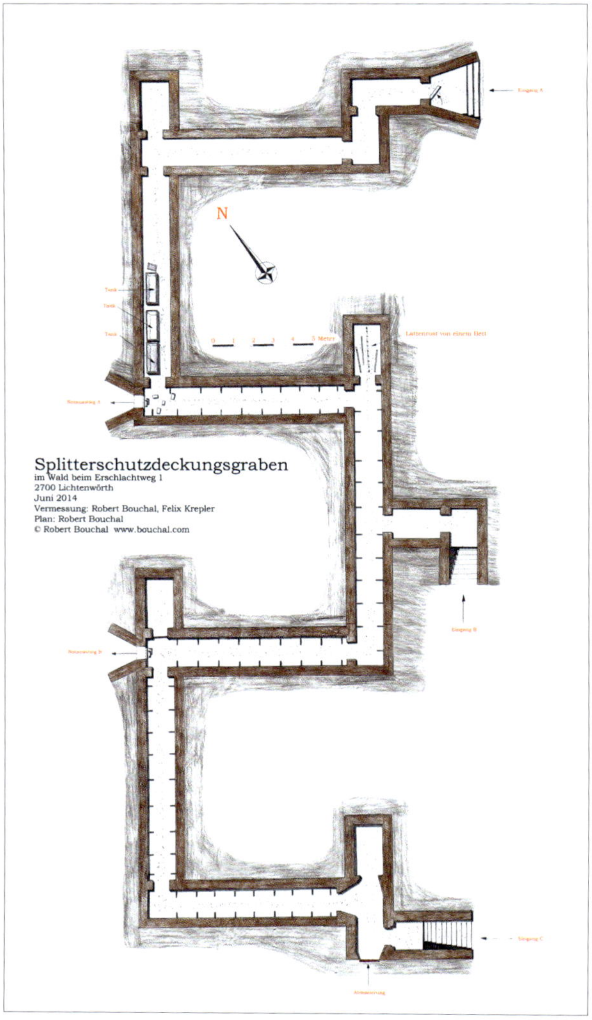

Die vergessenen Dokumente der Gustloff-Werke am Erschlachtweg in Lichtenwörth

Es gibt Orte, die sind so gut versteckt und an so besonderen Punkten unserer Lebenswelt platziert, dass hier, fast wie durch eine gewollte Absonderung, ein *Lost Place* entsteht. In Lichtenwörth, in der Nähe der Pottendorfer Straße bei Wiener Neustadt, befindet sich nahe der Abwasserkläranlage am Erschlachtweg eine kleine Grünzone. Ein kleiner Wald, der ein ganz besonderes Geheimnis birgt: Wir befinden uns auf dem ehemaligen Gelände des bereits oben erwähnten, im Besitz der Hirtenberger Gustloff-Werke stehenden Werks Lichtenwörth.

Zwischen den Bäumen und dem Unkraut taucht der aus Beton errichtete

Seltsame Begegnung an einem ungewöhnlichen Ort: Genau in der Mitte eines Gangabschnittes thront ein Motorblock! Die aus den Wänden ragenden Eisen trugen die Sitzflächen für die Arbeiterinnen und Arbeiter des Gustloff-Werks am Erschlachtweg in Lichtenwörth.

MICHI

Eingang zu einem geheimnisvollen Gang auf. Wie ein großer Trichter, in dem sich eine halb geöffnete Tür befindet, präsentiert sich der erste Kontakt zu dem Objekt. Ja, wir haben das Gefühl, dass es uns in sich aufsaugen möchte und uns ersucht, seine Geschichte zu erforschen.
Wieder ist es ein Schutzbau. Ein Splitterschutzdeckungsgraben, der mit drei Haupteingängen und zwei Notausstiegen bereits eine beachtliche Größe aufweist. Aus den Wänden ragen die Eisen, welche als tragende Elemente für Sitzgelegenheiten währen des Aufenthaltes der Arbeiterinnen gedacht waren. Vermutlich nach dem Krieg zweckentfremdet stehen hier verrostete Öltanks. Genau in der Mitte eines Gangabschnittes thront ein Motorblock. Die Wände im Inneren sind mit Graffiti beschmiert. Wir betrachten diese Gänge mit einer gewissen Ehrfurcht vor der Vergangenheit. Und dann entdecken wir etwas Sensationelles. Durch die Feuchtigkeit dieses Ortes fast zerstört und durch ein Feuer angeschwärzt, liegen vor uns auf dem Boden die Reste von Dokumenten der Gustloff-Werke Lichtenwörth.
Einst in der Pottendorfer Straße 162 aufbewahrt, haben diese Blätter aus irgendeinem Grund den Weg hier nach unten gefunden. Wer sie verbrennen wollte, ist uns nicht bekannt. Es erscheint fast wie ein Wunder, dass die verbliebenen Reste der hier verbrannten Dokumente noch zu sehen sind. Ein letzter Aufschrei, um sich bemerkbar zu machen und den nachfolgenden Menschen ihre Existenz zu verdeutlichen? Ein Wunder, das dem Entdecker Glücksgefühle in großer Intensität beschert.

Linke Seite: Droht langsam zu zerfallen: der aus Ziegeln gemauerte Beobachtungsbunker am Abhang des Lindenberges. Von hier aus hatte man eine perfekte Sicht auf Hirtenberg und die gesamte Region in Richtung Süden.

Unter ständiger Beobachtung

Das Waldstück auf dem Lindenberg, auf dem sich die Hirtenberger Patronenfabrik befand, gehört zum Gemeindegebiet von Leobersdorf. Wer sich für das Ruinenfeld auf dem Berg interessiert, wird unweigerlich auch die nach Hirtenberg abfallenden Hänge durchstreifen. Hierbei kommt der Suchende in den Genuss einer unerwarteten Entdeckung: Ein weiterer, zur Zeit seiner Errichtung gut platzierter Beobachtungsbunker liegt hier noch immer versteckt. Die Geschäftsleitung der Patronenfabrik war sich über die erhöhte Gefährdung bewusst. Eine Früherkennung des Feindes war sehr wichtig! Denn auch jede Minute, welche die Arbeiterinnen wieder früher auf ihrem Arbeitsplatz zur weiteren Produktion waren, zählte. Aus diesem Grund stellten große Betriebe Personal zur Beobachtung zur Verfügung. Hoch über dem Ort gelegen, hatte man eine vortreffliche Sicht auf das Gelände der Patronenfabrik, auf den Ort selbst und auf den gesamten Luftraum Richtung Süden. Von hier oben konnte man einen herannahenden Feind baldigst sehen und rechtzeitig Alarm geben.
Nun ist dieser einstige Beobachtungsbunker ein *Lost Place* geworden. Die aus Ziegeln errichtete Bausubstanz löst sich bereits auf. Er besteht aus mehreren kleinen Räumen und ist mit einem aus Eisenstäben zur Aufstiegshilfe errichteten Notausstieg ausgestattet. Der Bunker zerbröselt im wahrsten Sinne des Wortes!

Der Bunkerheurige in Leobersdorf

Der größte Teil des ehemaligen Luftschutzstollens im Konglomeratgestein des Lindenberges ist heute mit einem massiven Boden aus Beton versehen.

Zwei Mangalitza-Brote und zwei Sommerspritzer bitte. Die Kellnerin in ihrem roten Dirndl notiert die Bestellung auf einem kleinen Block und verschwindet mit einem Lächeln und dem Satz: *Gerne die Herrschaften!* Wir sitzen in der wärmenden Nachmittagssonne am Rande eines Weingartens ganz in der Nähe der Bundesstraße 18 gegenüber dem Einkaufszentrum Bloomfield. Am Wochenende ist es hier, am Fuße des Lindenberges in Leobersdorf, sehr angenehm. Einfache Heurigenbänke stehen auf dem befestigten Vorplatz zu einem Ort, der ein verschlossenes Geheimnis darstellt.
Herbert Bader und Erich Vlasek haben es sich zur Aufgabe gemacht, ihre Gäste mit vorzüglichem Wein und anderen Köstlichkeiten zu verwöhnen. Mit einem originellen Namen, der einen hohen Wiedererkennungswert besitzt, bezeichnen sie ihre Labestelle als das „Bunkerstüberl" – ja, wer von uns kennt schon einen Heurigen, der sich als „Bunkerstüberl" bezeichnen kann? Doch genau hier trifft diese Bezeichnung zu 100 Prozent zu!
Zwei Eisentüren sind zu sehen. Die linke ist eine massive Doppelriegel-Bunkertür aus dem Zweiten Weltkrieg. Durch sie gelangt man in einen Raum, in dem heute Wein ausgeschenkt wird. Bei schlechtem Wetter hat man hier drinnen auch die Möglichkeit, vor dem Regen geschützt seinen Wein genießen zu können. Dieser Raum hatte jedoch ursprünglich einen ganz anderen Verwendungszweck. Es war, so wird uns erzählt, der Generatorraum. Von hier kam der Strom für die große Bunkeranlage im Lindenberg. Die zweite Türe befindet sich gleich in der Nähe und führt ebenfalls in einen eigenen Raum. Hier werden heute die kalten Speisen zum Verzehr vorbereitet. Da, wo nun die herzhaften Schmalz- und Mangalitza-Brote zubereitet werden, befindet sich an der hintersten Stelle eine grün gestrichene Tür. Diese ist jedoch immer verschlossen. Dahinter verbirgt sich eine große Stollenanlage. Auch während der Ausschankzeit ist eine Besichtigung der Luftschutzanlage nicht möglich. Ist man jedoch im Besitz des Schlüssels, so beginnt nach dem Öffnen der Türe ein beeindruckender Gang durch die einstige Luftschutzanlage. Nur ganz langsam und behäbig ist diese Tür mit vereinten Kräften zu öffnen. Wir gelangen in ein unterirdisches Wegenetz, das alleine durch sein Umgebungsgestein beeindruckt. Das Gangprofil weist an keiner Stelle Abstützungen durch Beton auf. Der Stollen befindet sich im Konglomerat, das tief in die Unterwelt des Berges hineinreicht. Diese geologische Auffälligkeit erinnert uns wieder einmal daran, dass die ganze Region einmal Meeresgebiet war. Abgeschnitten vom großen Ozean, verwandelte sich dieses Meer in einen Süßwassersee, dessen Wasserspiegel immer mehr sank, bis er schließlich ganz austrocknete. Es entstanden riesige Moore, die sich im Laufe von Millionen von Jahren in Braunkohle verwandelten – ein Phänomen, das nicht unentdeckt blieb: In der Gegend von Leobersdorf versuchte man in den 1920er-Jahren Braunkohle abzubauen, gab aber diese Bemühungen wegen Unwirtschaftlichkeit bald wieder auf.

In beeindruckend gutem Zustand: das Stollenlabyrinth hinter dem Bunkerheurigen.

Und noch ein zweites Phänomen spielte eine Rolle: Der ehemalige Meeresboden wurde von gewaltigen Sedimentschichten, angeschwemmt von den Flüssen Piesting, Triesting und Schwechat, überlagert, es bildete sich der sogenannte Inzersdorfer Tegel, der begehrte „Rohstoff" für die Ziegelindustrie im Süden Wiens.
Das feste Konglomeratgestein sorgt für die Stabilität des Stollens und zeigt an den Rändern wundervolle, teilweise enorm große Steine, die, eingebettet in verfestigtem Sediment, ein erstaunlich schönes Bild ergeben. In der gesamten Stollenanlage sind drei Aus- bzw. Eingänge vorgesehen gewesen. Heute ist der Luftschutzstollen, der sich in der Obhut der Gemeinde Leobersdorf befindet, nur mehr über einen einzigen Eingang zu betreten.

Die Enzesfelder Metallwerke

Wilhelm Slawik, unser Zeitzeuge aus Hirtenberg, ist uns dabei behilflich, Errichtung und Funktion des unterirdischen Schutzbaus besser einzuordnen: Im August 1939 in Hirtenberg geboren, kann er sich noch gut an viele Begebenheiten aus der Zeit des Nationalsozialismus erinnern. An der Stelle des heutigen Einkaufszentrums Bloomfield und auf den benachbarten Gründen südlich der Bundesstraße 18 – heute das Gelände des Ared-Parks, der zum Teil auf Enzesfelder, zum Teil auf Leobersdorfer Gebiet liegt – befand sich während des Zweiten Weltkrieges die große Munitionsfabrik der Enzesfelder Metallwerke AG. 40 Prozent der Anteile gehörten zur

Aufgrund der hohen Festigkeit des Umgebungsgesteins war kein weiterer Ausbau der Stollenwände notwendig.

Wilhelm-Gustloff-Stiftung Weimar und damit zur Hirtenberger Patronenfabrik, der zweite Großaktionär war die Dynamit Nobel AG, die Anteile der beiden Unternehmen wurden schließlich von der Gebrüder Böhler & Co AG übernommen, die in diesem Investment in die Geschossproduktion eine sinnvolle Ergänzung zum Kapfenberger Rüstungsbetrieb sah. Der Standort Enzesfeld wurde daher großzügig weiter ausgebaut: Für die Erweiterung der Produktion errichtete man eine riesige neue Halle aus Eisenbeton, die Werkstätten wurden mit schnell laufenden Drehbänken neu ausgestattet, die hygienischen Einrichtungen verbessert, ein „Gaswerk" sorgte für die Versorgung der Werkstätten mit Fernwärme – und ab Jänner 1939 gab es ein „Gemeinschaftshaus", in dem der Belegschaft eine Bücherei und verschiedene Sportangebote zur Verfügung standen – ja, die neuen Herren geizten nicht mit Sozialleistungen, aber die galten auch nicht für alle, vor allem nicht für die fremdländischen „Arbeitstiere": Vor den Hängen des Lindenberges, südwestlich der heutigen Autobahnauffahrt, befand sich ein großes Barackenlager für Zwangsarbeiter, das „Lager IV". Die Lager I bis III hatte man rund um den Werksbereich errichtet, außerdem stellte man Quartiere in Leobersdorf und im „Wohnlager Hölles" für sie bereit. Die Anzahl der in den Holzbaracken festgehaltenen Arbeitssklaven war enorm: Etwa 10.000 Kriegsgefangene und Zwangsarbeiter aus den von den Nazis besetzten Ländern, vor allem Russen, Ukrainer, Polen, Franzosen, Tschechen, Belgier und Italiener, mussten für Hitlers Krieg ihr letzten Kräfte mobilisieren – die Ernährung war kaum ausreichend, Ausgang gab es nur am

Rechte Seite: Der Plan zeigt die beachtliche Größe des Luftschutzstollens im Hang des Lindenberges. Die Zwangsarbeiter der Enzesfelder Metallwerke hatten hier jedoch keinen Zutritt.

Sonntag, von Wachtürmen aus kontrollierten SS-Posten die „Ausländer", denen 5.000 inländische Arbeitskräfte gegenüberstanden. Diese mussten darauf achten, sich mit den Fremden nicht gemein zu machen – so war es verboten, sich mit ihnen an einen Tisch zu setzen. Für die Reichsangehörigen gab es im Speisesaal des Werks dreimal täglich eine Mahlzeit, für die Zwangsarbeiter wurde in den Baracken gekocht.

Privilegiert waren die deutschen „Volksgenossen" nicht zuletzt in puncto Sicherheit: Die Bunkeranlage im Lindenberg wurde zu ihrem Schutz errichtet, die Zwangsarbeiter mussten mit einfachen Splitterdeckungsgräben im Werksbereich vorliebnehmen. Zwar gab es ab Ende 1944 fast täglich Fliegeralarm, schwere Angriffe auf das Werk blieben aber aus. Die Folgen für die Produktion waren dennoch spürbar: Nach dem Auslösen des Alarms musste die Arbeit immer wieder für Stunden unterbrochen werden.

Der Traum von Triestingstadt

Werksdirektor Karl Gschiel, er ist Ortsgruppenleiter der NSDAP, ein begeisterter Nazi und Bürgermeister von Enzesfeld, schafft es, die Produktion der Enzesfelder Metallwerke weiter zu steigern. Das bleibt auch an höchster Stelle nicht unbemerkt: 1943 zeichnet der „Führer" das Unternehmen als „Kriegs-Musterbetrieb" aus. Und der tüchtige Karl Gschiel hat große Pläne: Er will die Gemeinden Enzesfeld, Lindabrunn, Leobersdorf, Schönau und Kottingbrunn zusammenlegen und eine neue Stadt mit 30.000 Einwohnern gründen. Ihr Name: *Triestingstadt.* Als ein erster Schritt dazu soll der Besitz der Familie Rothschild – Schloss und Grund, beides „Feindvermögen" – kostenlos der Metallwerke AG und der Gemeinde Enzesfeld überlassen werden, dieser Plan scheitert jedoch am Widerstand der zuständigen NS-Bürokratie. Karl Gschiels große Vision eines gigantischen Rüstungszentrums im Süden Wiens bleibt Utopie, es gelingt ihm nur noch ein Teilerfolg: Nach dem Tod von Hirtenbergs Bürgermeister Stefan Artner 1942 werden die Gemeinden Enzesfeld und Hirtenberg unter seiner Führung „auf Kriegsdauer" miteinander vereinigt.

Zur Katastrophe kommt es am Abend des 23. März 1944: Beim Aufbohren von gefüllten Granaten zündet plötzlich um 19.30 Uhr das Sprengmaterial eines Geschosses, eine Kettenreaktion von weiteren Explosionen ist die Folge, um 20.27 Uhr detonieren 20 Tonnen TNT-Sprengstoff. Das Feuerwerk wütet stundenlang auf dem Gelände, mächtige Feuersäulen steigen gegen den Himmel, selbst auf Häuser in der Umgebung hagelt es Splitter, durch die Wucht der Explosionen werden Fenstergläser und Rollläden zerstört, Häuser abgedeckt, Waggonräder durch die Luft geschleudert. Unter Lebensgefahr müssen Angehörige der Feuerschutzpolizei und der Wehrmacht mit Munition beladene Waggons aus der gefährdeten Zone rollen. Oskar Rumpler, damals noch Schüler, wird unsanft aus dem Schlaf gerissen: „Ich vermeinte, dass jemand ganz fest an die Fensterscheibe klopfte. Im nächsten Augenblick flogen mir schon die geborstenen Fensterscheiben

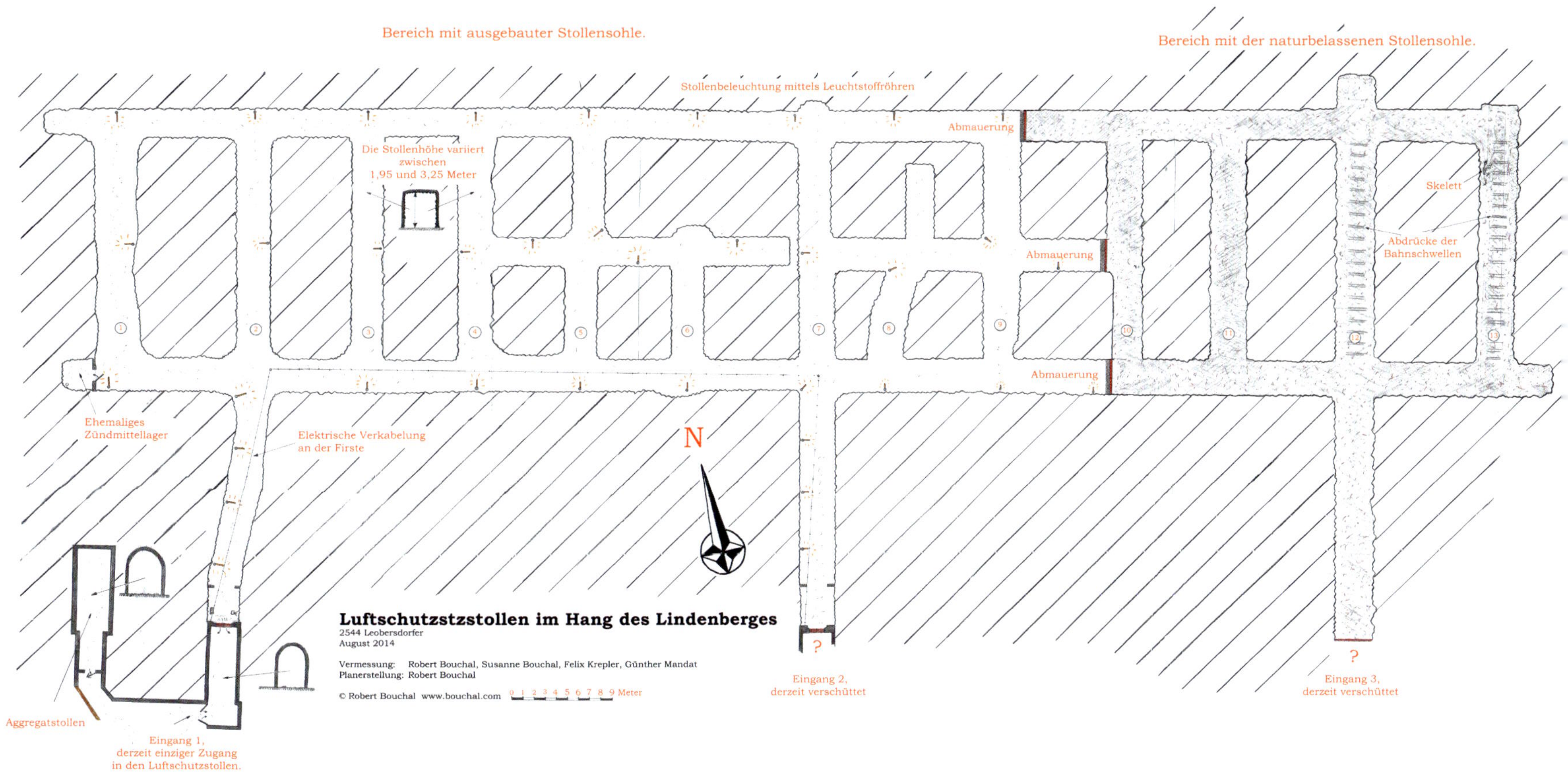
Bereich mit ausgebauter Stollensohle.
Bereich mit der naturbelassenen Stollensohle.
Stollenbeleuchtung mittels Leuchtstoffröhren
Abmauerung
Die Stollenhöhe variiert
zwischen
1,95 und 3,25 Meter
Skelett
Abdrücke der
Bahnschwellen
Abmauerung
Abmauerung
1
2
3
4
5
6
7
8
9
10
11
12
13
Ehemaliges
Zündmittellager
Elektrische Verkabelung
an der Firste
N
Luftschutzstzstollen im Hang des Lindenberges
2544 Leobersdorfer
August 2014
Vermessung: Robert Bouchal, Susanne Bouchal, Felix Krepler, Günther Mandat
Planerstellung: Robert Bouchal
© Robert Bouchal www.bouchal.com
0 1 2 3 4 5 6 7 8 9 Meter
?
Eingang 2,
derzeit verschüttet
?
Eingang 3,
derzeit verschüttet
Aggregatstollen
Eingang 1,
derzeit einziger Zugang
in den Luftschutzstollen.

Werkstatthalle der Enzesfelder Munitions- und Metallwerke AG, um 1910. Im Ersten Weltkrieg stieg die Zahl der hier Beschäftigten auf bis zu 10.000 Personen.

um die Ohren. Die Munitionsfabrik in Enzesfeld brannte! Ihre nördliche Umzäunung war nur etwa 200 m von unserem Haus entfernt und gleich dahinter standen riesige Hallen! Hastig stürzten wir in unseren Schutzraum. Aber es war kalt und der Ofen wollte nicht so recht brennen, bald jedoch wurde es heiß! Ein glühender Granatsplitter steckte die Küche in Brand! Großvater gelang es, das Feuer zu löschen. Meine bescheidene Hilfe bestand darin, dass ich heulend ein paar halbvolle Kübel Wasser herbeischaffte! Bis zum frühen Morgen dauerte das Donnern der explodierenden Granaten." *(Oskar Rumpler, Erinnerungen an alte Zeiten)*

Die Ziegelarbeiterin Marie Toth, sie ist im Ziegelwerk der Firma Notthaft beschäftigt, flüchtet sich nach den ersten Explosionen mit ihrer Familie in den kleinen selbstgebauten Bunker im Garten – er fasst vier Sitzplätze und drei Stehplätze – und verbringt hier die Nacht, erst am Morgen wagt sie sich wieder ins Haus: „Die Fenster waren alle hin, das Dach teilweise abgetragen; die Jalousien hat es zerrissen; die Bretteln lagen überall herum, auf Kästen und Betten." *(Marie Toth, Schwere Zeiten)* Im Ort selbst, so Marie Toth, sah es aus „wie nach einem Bombenangriff".

Fünf Fremdarbeiter und vier Soldaten werden in den Tod gerissen, das NS-Regime befiehlt jedoch: Weitermachen! – und so wird in den Ruinen notdürftig wieder die Produktion in Gang gesetzt, „Alles für den Sieg", wie ein Propagandaspruch vorgibt. In den Zeitungen wird das Unglück verschwiegen – da berichtet man lieber über den „Heldentod" eines „Ortsgruppenmitarbeiters" an der Front.

Die Sowjets können mit dem halb zerstörten Werk nicht mehr viel anfangen und sprengen es schließlich 1946, das Gelände verwildert, die massiven Trümmer schrecken Investoren ab. 1993 erwerben die beiden Freunde Anton Bosch und Rolf Dolina (1939–2017) das 500.000 m^2 große Gelände, ihre Vision: das Trümmerfeld in einen modernen Gewerbe- und Business-Park zu verwandeln. Mit viel Aufwand gelingt es ihnen, der Bunker und Betonruinen Herr zu werden, selbst das Bundesheer hilft: Mit Betonteilen aus dem Gelände errichtet es eine Ruinenstadt am Truppenübungsplatz Großmittel.

Schaurige Begegnung im abgemauerten Teilbereich des Stollens: das Skelett eines hier verendeten Tieres.

Karl Gschiel bleibt seiner fanatischen Nazi-Linie bis zum Kriegsende 1945 treu. Am 2. April 1945 hält er, inzwischen auch zum Bataillonskommandeur des Volkssturms avanciert, in der Gemeindekanzlei von Enzesfeld ein „Standgericht" über drei Fremdarbeiter ab, die angeblich vom Werkschutz beim Plündern eines Lebensmittelmagazins erwischt worden sind. Die drei Männer, ein Pole, ein Russe und ein Italiener, werden zum Tod verurteilt, Gschiel stellt persönlich das Exekutionskommando zusammen, das die drei „Verurteilten" an der Friedhofsmauer von Enzesfeld erschießt. Nach dem Krieg muss sich Gschiel für diese Exekutionen – vorgeworfen wird ihm die Mittäterschaft an insgesamt sechs Morden – vor dem Volksgericht in Wien verantworten. Der entscheidende Satz in der Anklageschrift lautet: „Er (Karl Gschiel) hat sich während der nationalsozialistischen Herrschaft gegen Andersdenkende in verwerflicher Weise benommen, duldete bzw. ordnete Misshandlungen der Fremdarbeiter an und hat sich schließlich an Morden an sechs Fremdarbeitern aktiv beteiligt." *(DÖW, E 19.290)*

Die Richter sind milde gestimmt: Karl Gschiel wird ebenso wie sein mitangeklagter Mitarbeiter Rudolf Schwetz freigesprochen. Der Oberste Gerichtshof hebt diese Entscheidung zwar im Dezember 1953 auf, das Verfahren gegen Gschiel wird aber im April 1955 endgültig eingestellt.

Nicht vergessen werden soll an dieser Stelle, dass zwölf österreichische Betriebsangehörige, alle sind Mitglieder der im Untergrund agierenden KPÖ, „wegen Vorbereitung zum Hochverrat" vom NS-Volksgerichtshof zum Tod verurteilt und 1943 im Wiener Landgericht hingerichtet werden. Ein Gedenkstein am Friedhof von Enzesfeld erinnert an diese Widerstandskämpfer, die „im Kampf für Österreichs Freiheit, Würde und Unabhängigkeit ihr Leben geopfert haben".

Unter ohrenbetäubendem Lärm und großer Staubentwicklung stemmen wir ein Loch in die Wand, die uns von den unbekannten Teilen des Luftschutzstollens trennt – wie wir sehen werden, ist dieser hier noch in seinem ursprünglichen Zustand!

Das Stollenlabyrinth nach dem Zweiten Weltkrieg

Der im Zweiten Weltkrieg errichtete Luftschutzkeller befindet sich im Jahre 1967 unter dem Grundstück von Frau Katharina Schirnhofer. Diese räumt am 24. August 1967 der Gemeinde Kottingbrunn das freie Verfügungsrecht über das gesamte Stollenlabyrinth ein. Als Wunsch wird die Bereitstellung für den Zivilschutz der Bevölkerung angeführt.

Die Firma Hirtenberger benötigte während der 1980er Jahre erweiterte Lagerräume und mietete den Stollen von der Gemeinde Leobersdorf an. Es wurden einfache Lampen aufgestellt und der Boden zwecks besserer und einfacherer Bewirtschaftung betoniert. Nun kann die brisante und explosive Ware von den Arbeitern mit Hilfe von Hubwagen einfacher bewirtschaftet werden. Alle 3 Hauptstollen wurden an einer bestimmten Stelle ab gemauert, so dass ungefähr ein Drittel der Stollenanlage von der Firma Hirtenberger nicht verwendet und in ursprünglichem Zustand belassen wurde. Bei unseren Vermessungsarbeiten zur Erstellung eines genauen Planes wissen wir das jedoch noch nicht. Mit fragenden Blicken erkennen wir an diesen drei Stellen die massiven Mauern und fragen uns, was sich dahinter wohl befindet? Der nun neu gezeichnete Plan wäre unvollständig, wenn wir die hinter den Mauern vermuteten Bereiche nicht miteinbeziehen würden. Wir bekommen Unterstützung. Die Gemeinde schickt Arbeiter, die den Auftrag haben, eine Durchkriechmöglichkeit zu schaffen, damit wir unsere Arbeit fortsetzen können. Ein Notstromaggregat wird aufgestellt und

Ehemals gab es drei Eingänge, heute liegt der einzige Zugang zum ehemaligen Luftschutzstollen im Lindenberg hinter dieser massiv ausgeführten Stahltür.

in Betrieb genommen. Schnell wird ein Kabel verlegt und es beginnt im Stollen mit einem ohrenbetäubenden Lärm der Meißel des Bohrhammers gegen die massive Abmauerung einzuwirken. Der Staub und der Lärm sind fast unerträglich. Doch tatsächlich: Der Meißel stößt plötzlich durch. Hier hinten geht's wirklich weiter. Mit unserer Helmlampe leuchten wir in einen weiteren Gangabschnitt hinter der Mauer. Nach geraumer Zeit ist das Loch in der Wand so groß, dass wir unseren Körper durchpressen können. Wir staunen nicht schlecht, als wir den Bereich hinter der Abmauerung betreten. Hier ist der Stollen noch in seinem ursprünglichen Zustand. Keine Beleuchtung und kein betonierter Boden sind hier vorhanden, die Spuren aus der Zeit der Stollenerrichtung sind noch deutlich zu sehen. Im hintersten Bereich sind im Boden die Schwellen der einstigen Lorenbahn, mit der man den Ausbruch aus dem Berg ins Freie beförderte, zu erkennen. In einem Gang finden wir das Skelett eines Tieres. Am Boden verstreut liegen einige Eisenteile. Die sammeln wir auf und übergeben sie dem Museum in Leobersdorf, wo sie zur Ausstellung gelangen. Der Luftschutzstollen im Lindenberg ruht heute im Verborgenen. Er ist leer! Er erinnert uns jedoch bis heute an die Zeit, als hier nicht der Wein oder das gesellige Lachen unter Freunden, sondern die unheimliche Angst vor den herabfallenden Bomben im Lebensmittelpunkt der Menschen stand.
Prost!

Blut und Tränen kleben an den Wänden: **die Stollenanlage Enzesfeld/Lindabrunn**

Ohne entsprechende Ausrüstung ist ein Betreten des gewaltigen Stollensystems in Enzesfeld/Lindabrunn nicht möglich. In den nicht ausgebauten Bereichen ist das Umgebungsgestein sehr brüchig – es besteht die Gefahr des Nachbrechens!

An der Verbindungsstraße Alte Gasse vom Bahnhof Hirtenberg zum Bahnhof Enzesfeld sind am Straßenrand einige zugemauerte Stolleneingänge zu sehen. Doch das auch nur während der laublosen Jahreszeit. Ansonsten verschwinden die Eingänge unter der wuchernden Vegetation. Hier, unterhalb des kleinen Hügels, befindet sich eines der letzten großen Geheimnisse aus der Zeit des Nationalsozialismus: ein großer Luftschutzstollen, Relikt des Tausendjährigen Reiches. Neben der Straße verläuft die Eisenbahnstrecke und wer diese überschritten hat, gelangt in einen Freibereich, auf dem sich ein Feld befindet. Hier, ganz am Rand bei einer Baumgruppe, versteckt sich der derzeit noch offene Eingangstunnel in den unterirdischen Bereich des Luftschutzstollens. Im Eingangsbereich liegen große Reifen eines Traktors. Bei langanhaltenden Regenfällen steht der Boden des Eingangsbereichs unter Wasser. Hier führt ein Gang hinein in das gewaltige System. Die Gangführung wird meist durch eine fertig ausgebaute, mit Beton ausgekleidete Stollenführung bestimmt. An einigen Stellen ist jedoch auch noch der aus dem Felsen herausgebrochene Naturstollen zu sehen. Der nordöstliche Teil der Anlage steht meist unter Wasser. Dieser Bereich ist nur mit einer Wathose, Neoprenanzug oder einem Schlauchboot zu befahren. Hier befindet sich ein Eingang, der jedoch mit Beton verfüllt worden ist. Ein Verlassen bzw. Betreten der Anlage ist hier nicht mehr möglich.

Ein nicht zu unterschätzender Schwachpunkt des Stollens befindet sich im Bereich des nicht ausgebauten Gangabschnittes im nördlichen Drittel der Anlage. Das Umgebungsgestein ist hier sehr brüchig und es besteht daher die Gefahr eines schnellen Nachbrechens. Sollten sich während dieser Zeit Personen im Nordabschnitt der Luftschutzanlage befinden, wäre ihre Bergung nur mit großem Aufwand möglich. Es befindet sich hier keine Möglichkeit, durch einfache Hilfsmittel den Stollen zu verlassen. Bei mehreren Sondierungsfahrten mit unserem Kameraboot filmen wir den Untergrund des abgesoffenen Stollens. Wir entdecken hier unterhalb der Wasseroberfläche noch Teile der Einrichtung. Sessel und eine Bank sind zu sehen. Was sich jedoch im Schlamm des Grundes befindet, bleibt auch uns verborgen. Der Luftschutzstollen weist eine Jahresdurchschnittstemperatur von 8 Grad auf.

Das Gemeindeamt Enzesfeld beherbergt in seiner Plansammlung eine Darstellung der Anlage, wie sie vermutlich geplant wurde und in der Fertigstellung hätte aussehen sollen. Doch so weit kam es nicht. Mit größter Wahrscheinlichkeit hat die herannahende Rote Armee dem weiteren Ausbau ein jähes Ende gesetzt. Der alte Plan jedoch birgt alle Informationen darüber, wie der große Luftschutzstollen eingeteilt war. Wir können hier herauslesen, welche Gangabschnitte für welchen Verwendungszweck gedacht waren. Auf dem Plan stehen zwei Nutzer: die Metallwerke Enzesfeld und die Firma KROMAG. Diese Information ist heute für uns besonders

Ein Vergleich der heutigen Situation (rechts) mit dem alten Plan aus der Plansammlung der Gemeinde Enzesfeld (links) zeigt eindrucksvoll den unvollendeten Charakter des Bauwerks. Gedacht war es als bestens ausgestattetes – vom Badebereich bis zum Operationsraum – unterirdisches Refugium für die Beschäftigten der KROMAG und der Enzesfelder Metallwerke.

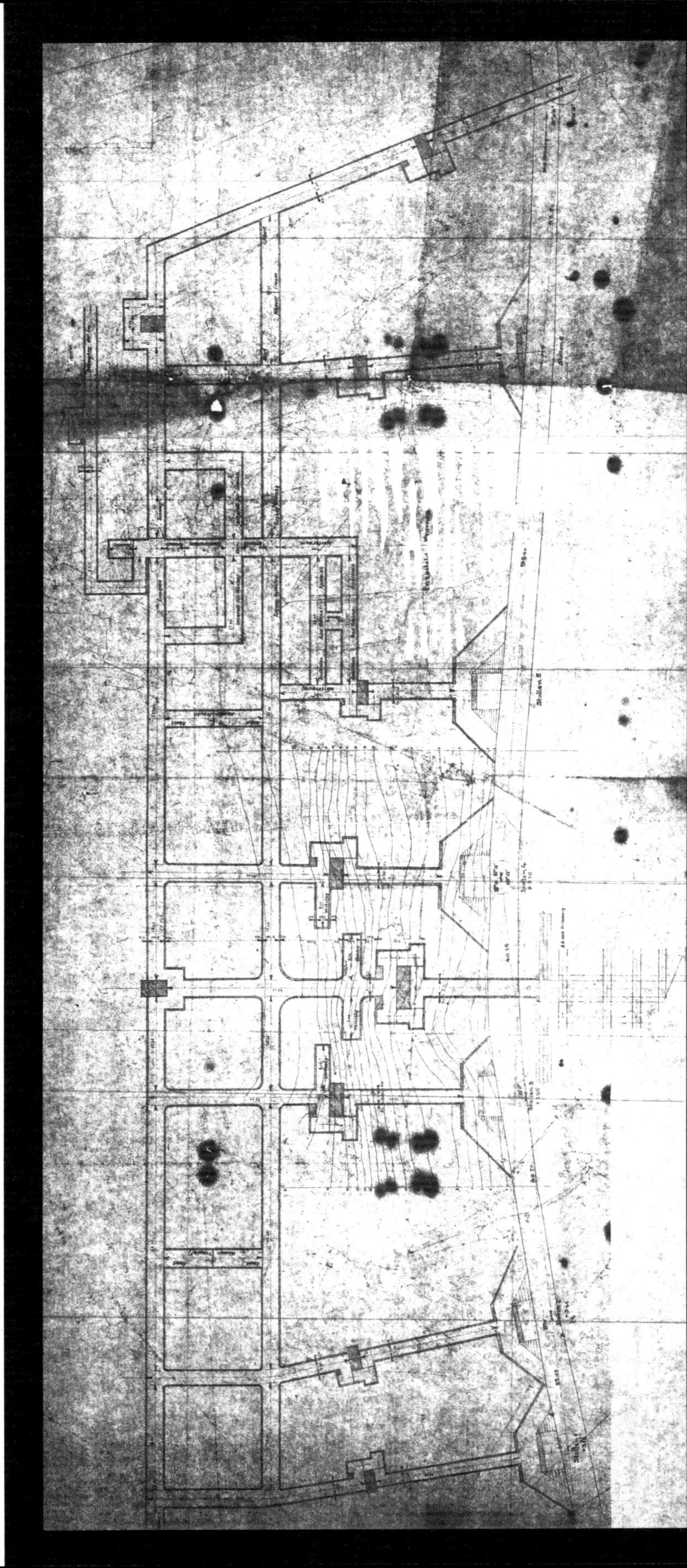

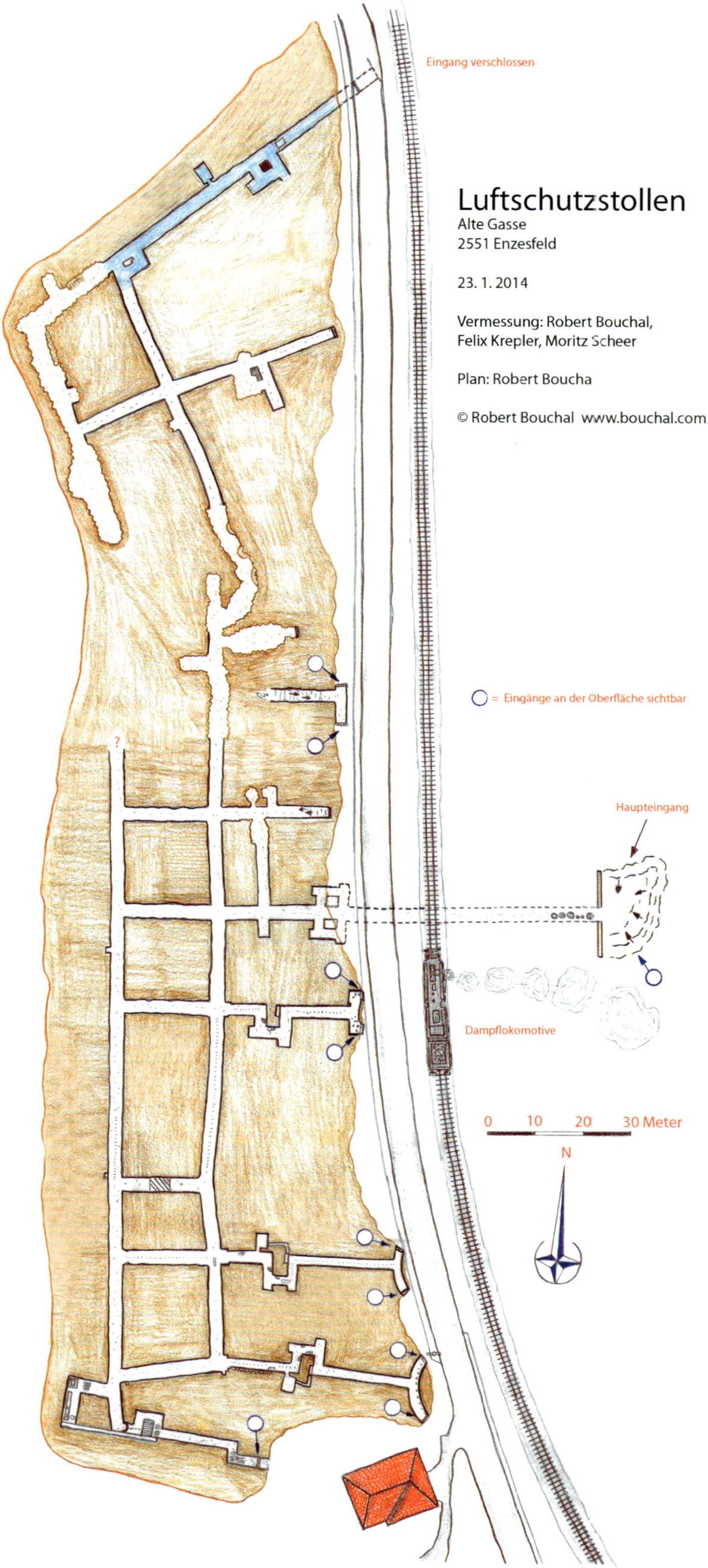
Eingang verschlossen
Luftschutzstollen
Alte Gasse
2551 Enzesfeld
23. 1. 2014
Vermessung: Robert Bouchal,
Felix Krepler, Moritz Scheer
Plan: Robert Boucha
© Robert Bouchal www.bouchal.com
= Eingänge an der Oberfläche sichtbar
?
Haupteingang
Dampflokomotive
0 10 20 30 Meter
N

wertvoll. An einer Stelle findet sich die offenbar in den noch feuchten Beton der Stollenwand eingeritzte Jahreszahl *15. 9. 1944.*

Zu jenen, die hier einst Zuflucht suchten, zählt auch Zeitzeuge Oskar Rumpler aus Hirtenberg. Seinem Bericht zufolge wurde der Stollen bei einem Fliegerangriff von mehreren Bomben getroffen: „Wir, die wir im Stollen saßen, kamen mit dem Schrecken davon. Unter den Fremdarbeitern, die nicht in den Stollen durften und daher in den Wald über dem Bunker geflüchtet waren, gab es zahlreiche Opfer." Zur Abwehr von Tieffliegern hatte man auf der Wiese zwischen der Triesting und dem Stollen vier Feuerstellungen der leichten Flak errichtet, ein Ausflug in dieses Gelände wird dem jungen Oskar beinahe zum Verhängnis: „Hier musste ich einmal um mein Leben laufen, mich hinwerfen in der Hoffnung von den heranbrausenden Jabos nicht gesehen zu werden. Zum Glück schossen sie nur auf den Zug und beachteten mich nicht. Ich war als Letzter über die Wiese gelaufen und in der nahen Flakstellung wäre ich wohl vom Regen in die Traufe gekommen." *(Oskar Rumpler, Erinnerungen an alte Zeiten)*

Oskar Rumpler wird „diese unheimlichen Anlagen", an deren Wänden „Blut und Tränen kleben" und bei deren Errichtung „Angst und Verzweiflung" die ständigen Begleiter der Zwangsarbeiter waren, nach dem Krieg nie wieder betreten. Über die Ereignisse in der Nachkriegszeit weiß dagegen unser Gewährsmann Gottfried Plichter zu berichten. Die Sowjets hatten im Gefängnis von Hirtenberg ihre Kaserne eingerichtet. Die Gänge des Luftschutzstollens neben dem Bahngleis wurden von den sowjetischen Soldaten als Munitionslagerbunker genutzt. Diese Stollen wurden permanent von einer Wachmannschaft, die in etwa aus acht Rotarmisten bestand, bewacht. Eines Tages verschleppte die Wachmannschaft eine Frau in den Bunker. Sie wurde von der gesamten Gruppe im Stollen vergewaltigt. Die Frau hatte das Pech, dass dies gerade vor der Ablöse der Wachmannschaft geschah. Auch die neu zum Dienst angetretene Gruppe, die den Munitionsbunker bewachen sollte, verging sich an der Frau. Gottfried Plichter sah die arme Frau aus dem Stollen kommen und mit schmerzverzerrtem Gesicht über das Bahngleis davongehen.

Die ursprüngliche Planung

Vergleicht man den ältesten uns derzeit zu Verfügung stehenden Plan mit der Situation, wie wir sie heute vorfinden, so erkennen wir, dass die Anlage ihre Endausbaustufe nie erreicht hat. Speziell der nordwestliche Bereich wurde nie fertiggestellt. Auch der hier geplante Notausgang ist nie zur Verwirklichung gelangt. Auf dem vorliegenden Originalplan für das unterirdische Projekt sind die Räume und die einzelnen Gangabschnitte genau auf ihre Funktion hin definiert. Präzise wurde festgelegt, wo welche Einrichtungen platziert sein müssen. Auf dem Plan erkennen wir etwa, dass die Aborte für die Männer getrennt von jenen der Frauen errichtet werden sollten. Weiters ist jeweils nahe der Eingänge die Beschriftung „Werkzeug" verzeichnet.

Sollte den Menschen, die hier Zuflucht suchten, für den Notfall ein Werkzeugdepot zur Verfügung stehen? Die Telefonzentrale und der Elektroanschluss für den Stollen hätten sich im Zugangstunnel, der unter den Bahngeleisen durchführt, befinden sollen. Wir erkennen auch zwei getrennte Zugänge: *Zugang Enzesfeld* und *Zugang Kromag*. Projektiert wurden Warteräume für Frauen und Männer und wir lesen da sogar von einem Baderaum für Frauen und einem Badebereich für Männer. Auch ein unterirdisches Lazarett für Frauen und Männer war hier offenbar mit eingeplant und am allerwichtigsten: Hier unten sollte es auch einen Operationsraum geben – man hatte also an alles gedacht! Was hier geplant wurde, war kein einfacher Luftschutzstollen, sondern ein unterirdischer Schutzbereich mit umfassender Infrastruktur.

Große Teile des von Zwangsarbeitern errichteten Stollens sind bereits mit Beton befestigt, nach dem Krieg wurde er von den Sowjets als Munitionslagerbunker genutzt.

Haben das Ende des Krieges und die heranrückende Rote Armee der Fertigstellung dieses riesigen Schutzbaus ein jähes Ende bereitet? Oder waren es gar finanzielle Engpässe, die einen Bauabschluss verzögerten? Wir werden es wohl nie mehr erfahren! Fest steht, dass sich dieser Ort zu einem wahren *Lost Place* entwickelt hat, den heute die Fledermäuse als ideales Rückzugsgebiet für sich entdeckt haben. Bei mehreren Kontrollbefahrungen treffen wir im Winter immer wieder Tiere an. Sie finden hier in der kalten Jahreszeit ein ungestörtes Refugium vor und können so die nahrungsarme Zeit in Ruhe überstehen.
Angeblich plante die Hirtenberger Patronenfabrik im Jahre 1982, Teile der Luftschutzanlage als Lager für Munition zu nutzen. Das Vorhaben gedieh jedoch über das Planungsstadium nicht hinaus und wurde in diesem Stollen nie verwirklicht.

11

Alles abschalten, es ist vorbei! **Die ehemalige Kammgarnfabrik Bad Vöslau**

Klassisch-harmonische Fabrikarchitektur: die große Halle der ehemaligen Kammgarnfabrik Bad Vöslau.

Es ist mit Abstand einer der schönsten Orte, an dem man bis heute noch eine wirkliche Zeitreise durchführen kann. Nichts ist hier dekoriert, nichts ist hier für den Betrachter arrangiert. Es ist ein Ort, der dem Betrachter sehr authentisch und ohne Beschönigung die reale Welt einer Epoche ganz nah vor Augen führt. Kein Disneyland aus Niederösterreich und auch kein Nachbau eines bereits verschwundenen Ortes. Nein, sie ist zu unserem Glück noch immer erhalten geblieben und für uns noch zu sehen: die Energiezentrale der ehemaligen Kammgarnfabrik in Bad Vöslau. Wer diese große Halle betritt, glaubt, sich in den Film *Moderne Zeiten* von Charly Chaplin verirrt zu haben. Riesige Motoren, Transmissionsriemen, Zahnräder, eine Fülle an Maschinen und technischen Einrichtungen, die sofort faszinieren. Hier ist für so manchen Betrachter der Augenblick gekommen, wo er vor lauter Details völlig hilflos und mit den Augen suchend tausend Fragen im Kopf entwickelt. Was ist das alles und wie funktionierte das? In keinem Technischen Museum entsteht so eine eindringliche und visualisierte Aura, wie sie der Besucher hier wahrnehmen kann.

Es begann mit dem Grafen Fries

Es ist ein Schweizer in österreichischen Diensten, der den Aufstieg Vöslaus begründet: Johann Graf von Fries (1719–1785), Spross einer Patrizierfamilie aus Mühlhausen, ist Industrieller und Bankier, ein Mann, der den geschäftlichen Erfolg, so erscheint es den Zeitgenossen, geradezu für sich gepachtet hat und deshalb im bedrohten Reich Maria Theresias besonders willkommen ist. Im Österreichischen Erbfolgekrieg sorgt er tatkräftig für die Verpflegung der habsburgischen Truppen und er ist es, der die englischen Subsidien nach Wien bringt – ein Verdienst, für das sich die Regentin schließlich erkenntlich zeigt: 1752 erhält er von Maria Theresia das Privileg zur Prägung des legendären Maria-Theresien-Talers, wobei ein Drittel des Nettogewinns, der Seigniorage, bei ihm verbleibt. Die bis 1776 von Fries produzierte und in den Orient exportierte Silbermünze erfreut sich in Vorderasien und Afrika bald großer Popularität und mehrt stetig seinen Reichtum, allein in den ersten elf Jahren seines Vertrags mit der „Commercien-Hauptcassa" verdient er 400.000 Gulden. Die Gewinne investiert Fries in neue Unternehmungen: 1754 gründet er, inzwischen zum Direktor der k. k. Seidenfabriken ernannt, eine Seidenwarenfabrik in Oberdöbling, in Weißenbach an der Triesting errichtet er 1752 eine Messing- und Metallwarenfabrik – die frühe Industrialisierung der Umgebung Wiens ist untrennbar mit seinem Namen verbunden.

1759, die Habsburgermonarchie ringt im Siebenjährigen Krieg mit dem Preußenkönig Friedrich II. ein letztes Mal um Schlesien, übernimmt Johann von Fries auch noch die Leitung des k. k. Bergwerks-Produkten-

Über eine filigrane Wendeltreppe gelangt man in die ausgedehnten Kellerbereiche der Fabrik.

verschleißes und schließlich gründet er zusammen mit dem Frankfurter Bankier Johann Jacob Gontard eine eigene Bank, das Bankhaus Fries & Compagnie. Fries ist für die Monarchie einfach unentbehrlich, da stört auch nicht, dass er Calvinist ist. Die dankbare Herrscherin revanchiert sich 1762 mit der Erhebung in den Freiherrenstand, 1782 erfolgt durch ihren Sohn Joseph II. die Verleihung der Reichsgrafenwürde. Auf der Suche nach einem repräsentativen Sommersitz in der Umgebung Wiens entscheidet sich das Finanzgenie für Vöslau: Über einen Strohmann, den Heereslieferanten Johann Georg Freiherr von Grechtler, kauft er die Herrschaft und lässt das aus dem Mittelalter stammende Wasserschloss und den Park durch den Hofarchitekten Ferdinand Hetzendorf von Hohenberg zu einem großartigen Landsitz ausbauen. Besonders spektakulär: der „Grottenberg" im Park mit einer künstlichen Grotte und dem Familienmausoleum, genannt „Tempel der Unsterblichkeit".

In dieser imposanten Vöslauer Gartenlandschaft kommt Fries auch zu Tode: Am 19. Juni 1785 findet man ihn tot im Teich des Schlosses treibend, die genauen Umstände dieses mysteriösen Todes bleiben ungeklärt, die Zeitgenossen vermuten Selbstmord, angeblich begangen in einem Anfall von „Schwermut". Die Verwaltung des märchenhaften Vermögens übernimmt seine Witwe Anne, geborene Parish (1737–1807); sein ältester Sohn Joseph Graf Fries stirbt nur drei Jahre später, seinem jüngeren Sohn Moritz Christian Graf Fries (1777–1826), bekannt als Förderer Beethovens, gelingt es, das Bankhaus 1826 in einen aufsehenerregenden Bankrott zu führen. Die Herrschaft Vöslau fällt an die reichen Konkurrenten: an Georg Simon von Sina und schließlich an Johann Heinrich von Geymüller den Jüngeren (1781–1848), der 1833 eine neue Geschäftsidee verwirklicht: Zusammen mit den Partnern Carl Deahna, seinem Schwager, und Emil Rhode, einem Textilfachmann aus Sachsen, gründet er mit 100.000 Gulden Stammkapital die Vöslauer Kammgarnspinnerei, die rasch zu einem florierenden Unternehmen aufsteigt. 1836 beschäftigt die Fabrik bereits 240 Mitarbeiter, Zweigbetriebe in Wien, Budweis und Kamnitz werden eröffnet. Die Arbeitszeit beträgt 1834 fünfzehn Stunden täglich, begonnen wird um fünf Uhr morgens. Immerhin: Wer wöchentlich zwei Kreuzer in eine Art Krankenkasse einzahlt, hat Anspruch auf ärztliche Behandlung und kostenlose Medikamente, bei längeren Krankheiten wird ein Krankengeld von zwei Gulden pro Woche ausbezahlt.

Nachfolgende Doppelseite: Das im Archiv erhaltene Fotoalbum der Geschäftsleitung dokumentiert den Arbeitsalltag im Unternehmen. Die Weihnachtsfeiern während der Nazizeit standen ganz im Zeichen des Hakenkreuzes (links unten).

Ein Besuch in der Krypta der Grafen Fries

Die Familie Fries bleibt indes Vöslau eng verbunden. So ist es Moritz Graf von Fries, der das Badehaus bei der Ursprungsquelle erwirbt und ab 1820 für den Ausbau zur Badeanstalt sorgt. 1837 gelangt die Familie auch wieder – durch Kauf von Geymüller – in den Besitz der Herrschaft und engagiert sich weiter für den Badebetrieb in Vöslau. Ein denkwürdiger Moment: 1880 besucht auch Kaiser Franz Joseph das Bad, das schließlich 1887 von der Gemeinde dem Grafen August von Fries abgekauft wird.

Faszinierende alte Technologie: Maschinen und Motoren der einst „wohlrentierenden Unternehmung“ (Allgemeine Zeitung München, 1844) stehen für immer still.

Als der Ort 1870 eine eigene Pfarre wird, sind es Reichsgraf Moritz II. und Flora von Fries, geborene Pereira, die die Errichtung der neuen, dem heiligen Jakobus geweihten Stadtpfarrkirche als „Hauptstifter“ entscheidend unterstützen. Der „Stiftungsbrief“ hält dabei fest, dass die Krypta unter dem Gotteshaus ausschließlich der Familie Fries als Begräbnisstätte vorbehalten bleiben soll – eine Bestimmung, die durchaus sinnvoll ist, denn hinter der Krypta verbirgt sich nichts anderes als das alte Grabmausoleum der Familie, das beim Kirchenbau auf dem ehemaligen Friedhofsgelände geschickt in die Anlage integriert worden ist.
Wir wollen einen Besuch der unterirdischen Grabstätte nicht versäumen und vereinbaren einen Termin. Gemeinsam mit unserer Führerin von der Pfarre steigen wir die Stufen zu dem eindrucksvollen Gewölbe hinunter, studieren die Totenschilder der einzelnen Familienmitglieder und lassen die seltsame Stimmung des Raums auf uns wirken: Der Gedächtnisort der Reichsgrafen Fries erinnert uns einmal mehr daran, wie schnell sich glanzvolle Gegenwart in unwirklich-ferne Vergangenheit verwandelt – *Memento mori!*

Von Rothschild zur „Textillösung Ost“

Da Mitbegründer Geymüller in finanzielle Schwierigkeiten gerät, wird über seine Firma 1841 der Konkurs eröffnet und die Kammgarnfabrik an eine Interessentengruppe versteigert, die das Unternehmen 1846 in eine Aktiengesellschaft umwandelt. Bis zum Ersten Weltkrieg wächst es durch Fusionen mit anderen Spinnereien kräftig weiter: Die Zahl der Beschäftigten steigt auf 4.000, die maßgeblichen Aktionäre sind die Bankhäuser Rothschild und Gutmann sowie die Creditanstalt. Auch nach dem Zusammenbruch der Monarchie kann die Vöslauer Kammgarnfabrik ihre Stellung als bedeutender Arbeitgeber der Region absichern – Ende der 1920er-Jahre beschäftigt man 2000 bis 2600 Mitarbeiter, inzwischen hat man die Produktionsstätten um Färbereien und Appreturen erweitert. Während des Zweiten Weltkriegs produziert man wie viele andere Textilfirmen für die deutsche Wehrmacht, von den Wänden der Betriebsräume blickt nun streng der „Führer" und für die Geschäftsführung errichtet man auf dem Gelände zwei kleine Bunker, in denen sie Zuflucht bei Bombenangriffen nehmen kann. Während sich einer dieser Bunker heute unter den Räumlichkeiten eines Tanzsportklubs versteckt, fällt der andere durch seine besondere Form dem Besucher beim Betreten des großen Hofs sofort auf.

Das Werbesujet der „Vöslauer" in den 1960er-Jahren zielt bereits auf Image-Bildung: die Kammgarnfabrik als Bindeglied zwischen Schaf und Mensch.

Unmittelbar nach Kriegsende gibt es offenbar eine „Säuberung": Die auffälligsten Nazis müssen den Betrieb verlassen. Unter der umsichtigen Leitung von Franz Josef Mayer-Gunthof (1894–1977), dem späteren Präsidenten der Industriellenvereinigung, wird das Unternehmen erfolgreich weitergeführt, der Beschäftigtenstand der Vöslauer Kammgarnfabrik AG wächst wieder auf bis zu 4000 Mitarbeiter. Wer hier einen Job bekommt, hat einen sicheren Arbeitsplatz, die sozialen Leistungen sind vorbildlich – sie reichen von einer Kinderbetreuungsstation bis zu medizinischen Einrichtungen. Zahlreiche Vöslauer Familien sind inzwischen seit Jahrzehnten mit dem Unternehmen verwachsen, die Kinder folgen ihren Eltern auf den Arbeitsplätzen, das Leben wird von der „Kammgarn" bestimmt.

Die „heile Welt" der Kammgarnfabrik zerbricht zu Beginn der 1970er-Jahre: Der weltweite Strukturwandel in der Textilindustrie macht auch vor den Textilunternehmen im Süden Wiens nicht Halt, die Absatzmärkte brechen ein. Die Regierung unter Bundeskanzler Bruno Kreisky entwickelt zwar 1975/76 ein ambitioniertes Rettungsprogramm, die „Textillösung Ost", in deren Rahmen 1,2 Milliarden Schilling an Hilfen bereitgestellt werden – vergeblich: 1978 muss die Vöslauer Kammgarnfabrik Konkurs anmelden, nur die Färbereien können noch bis 1995/96 weitergeführt werden. Für die Bevölkerung Bad Vöslaus ist dies ein schwerer Schlag – gibt es doch kaum eine Familie, in der nicht ein Angehöriger in der Kammgarnfabrik gearbeitet hat.

Der überwiegende Teil des Fabrikareals wird 1983 vom Vöslauer Baumeister Manfred Koizar erworben, der die Gebäude als Lager-, Ordinations- und Büroräumlichkeiten vermietet. Manfred Koizars Söhne Manfred junior und Werner übernehmen 2002 die Anteile seiner Partner, das „Kammgarnzentrum" in der Hanuschgasse 1 beherbergt inzwischen über 40 zufriedene Mieter.

Der Klingerstollen in Gumpoldskirchen

Industriedenkmal in Gumpoldskirchen: Der Kalkhochofen im Beital wurde von Baron Drasche-Wartinberg in den Jahren 1869 bis 1875 umgebaut und lieferte Kalk für die Errichtung der Ringstraßenbauten.

Die offene, von weithin sichtbare Felswand des Steinbruches an der dem Anninger zugewandten Seite des Ortes Gumpoldskirchen mit dem spitzen Kirchturm ist eine malerische und oft abgebildete, bekannte Ansicht dieses Ortes. Gumpoldskirchen, durch seine besonderen Weine weltbekannt geworden, ist eingebettet zwischen den sanften Hügeln der die Ortschaft umgebenden Weinkulturen. Dieser Ort mit bewegter Geschichte beheimatet ein sehr bekanntes Unternehmen, das jeder Gas-Wasser-Installateur kennt. Die „Klinger" wie sie hier von allen genannt wird, ist eine seit dem Ende des 19. Jahrhunderts bestehende Firma, die in dieser Region viele Arbeitsplätze sichert.

Werfen wir einen kurzen Blick auf die Geschichte dieses erfolgreichen Traditionsunternehmens: 1892 erwirbt der aus Böhmisch Aicha *(Český Dub)* bei Reichenberg stammende Maschinenbauer Richard Klinger (1860–1928) die ausgebrannte Ruine einer ehemaligen Papierfabrik, unmittelbar am Wiener Neustädter Kanal gelegen. Klinger, der bis dahin eine kleine mechanische Werkstätte in der Starhemberggasse 45 in Wien betrieben hat, ist ein genialer Konstrukteur und Erfinder, in der neuen Fabrik, die im Mai 1893 unter dem Firmennamen „Gumpoldskirchner Maschinen- und Metallwarenfabrik Richard Klinger" in Betrieb geht und die er zusammen mit seinen Brüdern Rudolf und Gustav führt, beginnt er mit Entwicklungsarbeiten für einen neuen Dichtungswerkstoff – 1898 kann Richard Klinger das Patent für eine Lederimitation aus Gummi und Fasern, in der Folge „Klingerit" genannt, anmelden. Es beginnt ein steiler Aufstieg: 1899 werden die Dampfkessel des k. u. k. Kriegsschiffes „S.M.S. Kaiser Karl VI." mit Wasserstandsarmaturen von Klinger ausgerüstet, die mit Klingerit eingedichtet sind, 1904 richtet die Firma Verkaufsstellen in London, Paris und Budapest ein, „Klingerit", die „einzig beste Dichtung" und seit 1899 eine geschützte Marke, wird zum weltweiten Hit des Unternehmens, das daneben u. a. auch Pumpen aller Art und Azetylengasanlagen baut.

1906 beschäftigt Richard Klinger, der mit 28 Leuten begonnen hat, bereits 230 Mitarbeiter; 1911 würdigt Kaiser Franz Joseph die Verdienste des innovativen Unternehmers mit der Verleihung des Ritterkreuzes des Franz-Joseph-Ordens. Richard Klinger hat nicht zuletzt auch einen Blick für die sozialen Probleme seiner Beschäftigten: In der Wienerstraße 120–130 und in der Richard-Klinger-Straße 3–13 lässt er „Arbeiterhäuser" errichten, insgesamt sechs Wohnblocks zu je vier Zweifamilienhäusern und zwei Waschküchen. Während des Ersten Weltkriegs wird die Produktion zum Teil auf die Fabrikation von Geschossbestandteilen umgestellt, 1918 beginnt man sogar mit Forschungen zur Unterwassertelegrafie für U-Boote.

Nach dem Tod des Firmengründers 1928 wird das Unternehmen von einer GmbH in eine Aktiengesellschaft (1931) umgewandelt, die Leitung der Geschäfte übernimmt Karl Klinger, weiterhin werden Innovationen forciert,

Der Felsen oberhalb der Weinberge birgt ein Geheimnis: der Eingang in den Klingerstollen.

so die Entwicklung der Zylinderkopfdichtung „Klingerit 1000". Nach dem „Anschluss" 1938 gerät auch Klinger in den Sog der Nazi-Rüstungsindustrie: Federbeinköpfe für Kampfflugzeuge und Mündungsbremsen für PAK-Geschütze, 5-cm-PAK-Granaten und 10,5-cm-Geschützrohre zählen nun zur „Produktpalette", Zwangsarbeiter kommen zum Einsatz, fast 1.100 Beschäftigte arbeiten für den Krieg – Menschen, für deren Schutz vor Bombenangriffen gesorgt werden muss. Auf dem Gelände werden Schutzbunker angelegt, ausreichende Sicherheit für das Management der Firma sollte wohl der Stollen im Felsen über dem Steinbruch bieten. Bereits seit dem Jahr 1910 verfügt Klinger über eine eigene Werksfeuerwehr, die bestens ausgerüstet ist – zum Glück kommt sie kaum zum Einsatz, die Fabriksanlagen bleiben von Luftangriffen verschont, die Kriegsschäden halten sich in Grenzen. Am 3. April 1945 wird das Werk von sowjetischen Soldaten besetzt, bevor sie es im August 1945 wieder räumen, werden alle Maschinen demontiert und nach Osten abtransportiert – der Wiederaufbau beginnt mit immerhin 304 Mitarbeitern und Metallbearbeitungsmaschinen, die man in der Tschechoslowakei kauft. Klinger, heute ein Konzern, der weltweit in zahlreichen Gesellschaften tätig ist, ist am Standort Gumpoldskirchen weiter mit der Richard Klinger Dichtungstechnik und der Klinger Fluid Control vertreten. Mit berechtigtem Stolz kann die Familie Klinger darauf verweisen, dass es ihr inzwischen über vier Generationen hinweg gelungen ist, das Unternehmen als hundertprozentiges Familienunternehmen zu erhalten.

Das Reich der Kleinen Hufeisennasen

Die Spuren des Krieges sind heute am Betriebsgelände der Firma Klinger endgültig verschwunden: Im wunderschön gepflegten Wiesen- und Gartenareal „am Kanal" hat man erst vor wenigen Jahren die Bunkerbauten aus Beton herausgerissen und vernichtet. Der „Klingerstollen" jedoch, verborgen im Felsen über dem Ort, existiert weiter, ein *Lost Place* des Luftkrieges, in dem der Frieden und die Fledermäuse eingekehrt sind.

Bei unserem Besuch an einem sonnigen Herbsttag parken wir das Auto neben der schmalen Straße, die mitten durch die prachtvollen Weinberge in Richtung Steinbruch führt, dann geht es über ein Feld und ein Stück Wald steil bergauf. Der kurze, aber mühsame Aufstieg bringt uns etwas außer Atem, kaum jemand würde vermuten, dass sich hier oben über den Weinbergen ein Geheimnis verbirgt. Doch dann stehen wir auch schon vor dem

Eingang des versteckten Kleinods – das massive, aus Eisen gefertigte Tor ist abgesperrt, und das ist auch gut so: Der „Klingerstollen", einst erbaut zum Schutz verängstigter Menschen, hat sich zum rettenden Rückzugsgebiet für unsere heimischen Fledermäuse gewandelt. Wir und einige wenige Eingeweihte wachen über den Ort, sie haben auch als Einzige Zutritt zu ihm.

Im Sommer wie auch im Winter sind hier die Kleinen Hufeisennasen anzufinden. Um das Rückzugsverhalten der Tiere besser kennenzulernen, führen die Beobachter hier Aufzeichnungen durch. Robert kramt den Schlüssel hervor, wir öffnen das Betontor und betreten den Stollen, der gleich zu Beginn mit einer Erweiterung überrascht. Dann aber verjüngt sich der Gang und wir erreichen den eigentlichen Luftschutzbereich, der aus einem nicht befestigten Gang besteht – wie immer ein Indiz dafür, dass die Realität des Kriegsendes die Planung überholte.

Der Klingerstollen (oben) ist zum rettenden Rückzugsgebiet für heimische Fledermäuse geworden: eine Kleine Hufeisennase in der Winterruhe (unten).

Der Stollen wurde Meter für Meter aus dem Felsen herausgeschlagen und führt bis zu einem niedrigen Endpunkt – vermutlich der geplante oder bereits wieder verschlossene zweite Eingang. Der Luftschutzstollen weist in seinem mittleren Bereich die typischen Mauersockel auf, die notwendig waren, um die Bretter für die Sitzflächen darüberlegen zu können. Eine

Klingerstollen

am Rande des Steinbruchs von Gumpoldskirchen

20. 02. 2016

Vermessung: Robert Bouchal

Planerstellung: Robert Bouchal

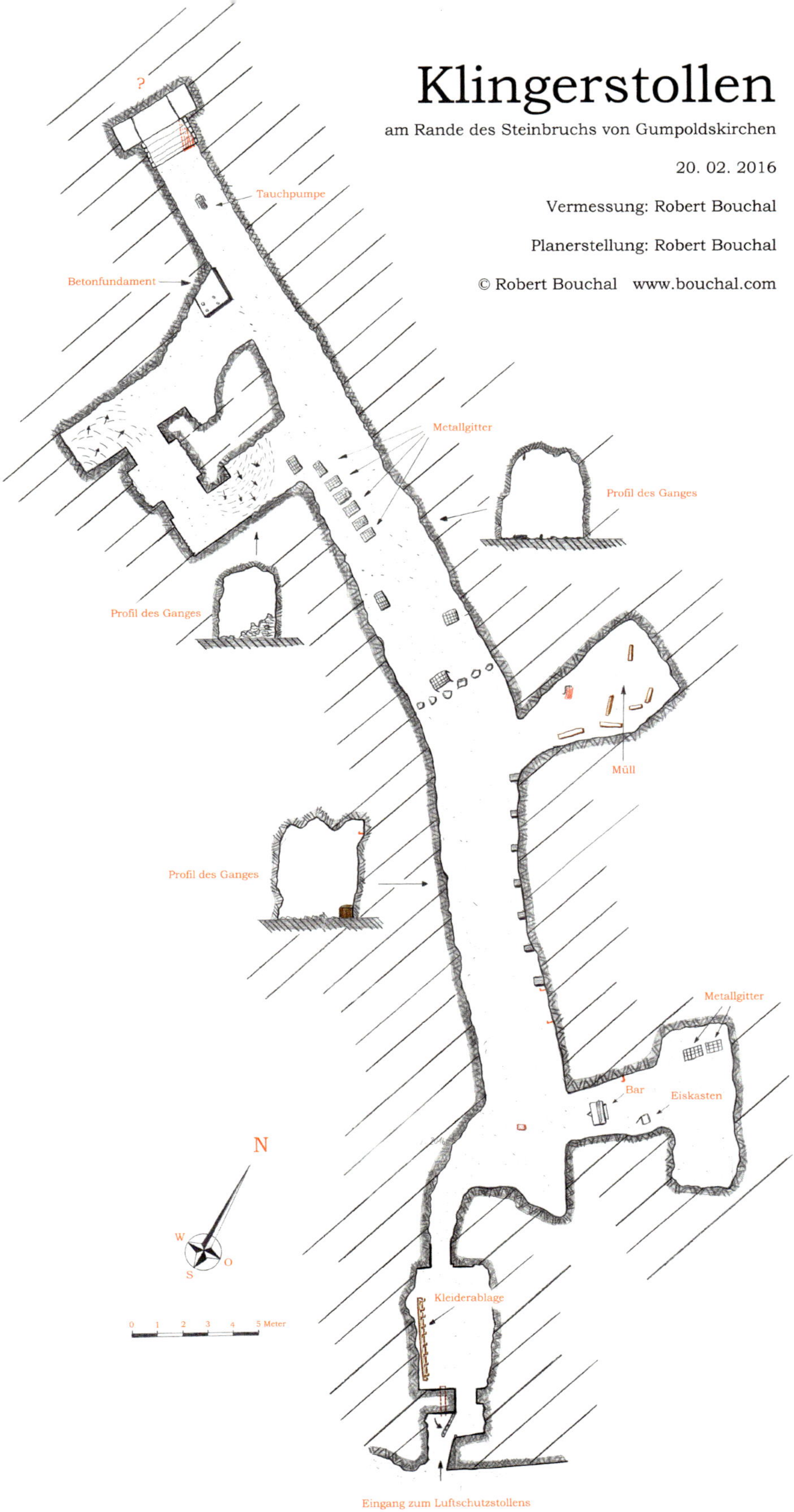

Tauchpumpe ist hier zurückgelassen worden; im Seitengang finden wir Requisiten, die ganz sicher nicht zu diesem Ort passen: eine einfache Bar und einen Eiskasten. Dinge, die vermutlich aus der Zeit stammen, als der Stollen unversperrt stand und als abenteuerliche Partyzone von Jugendlichen genützt wurde. Die ältesten Zeitzeugen aus Gumpoldskirchen können sich noch gut daran erinnern, dass sie als Kinder mit ihrer Mutter während der Luftangriffe der alliierten Luftstreitkräfte hier Zuflucht gesucht haben.
Heute ist es im Klingerstollen still geworden. Die Fledermäuse schätzen die Ruhe und sind sichtlich „glücklich" darüber, sich in diesem unterirdischen Refugium ungestört von den Mühen der nächtlichen Jagd erholen zu können. Wir aber konzentrieren uns und blicken nach oben – rasch entdecken wir die an der Decke hängenden Tiere, gleich 24 Exemplare können wir zählen. Eine abgeschiedene Welt für sich, deren Harmonie wir respektieren wollen.

Linke Seite: Plan des Klingerstollens. Auch hier überholte die Realität des Krieges die ursprüngliche Planung.

Der verlassene Steinbruch in Gumpoldskirchen

Wenden wir uns dem eindrucksvollen Steinbruchgelände der ehemaligen Gumpoldskirchner Kalk- und Schotterwerke in unmittelbarer Nähe des Klingerstollens zu – ein spektakuläres Areal mit Endzeitstimmung südwestlich der Einmündung des Buttergrabens in das Beital, begrenzt von fast senkrechten Felswänden!
Die Geschichte der Steingewinnung am Fuße des Anningers reicht Jahrhunderte zurück. 1620, am Beginn des Dreißigjährigen Krieges, wird der *Stain-Pruch* in Gumpoldskirchen ein erstes Mal erwähnt: Die kaiserliche Regierung in Wien rügt Richter und Rat des Marktes, sie hätten den Steinbruch „aböden" lassen – Wien aber ist auf den Kalk aus den Felsen des Anninger angewiesen,

In der Nazizeit wird auch die Firma Klinger zum Rüstungsbetrieb umgestaltet. Die hier produzierten Geschützrohre der Kaliber 6,5 und 10,5 cm werden, so wird uns berichtet, im Steinbruch neben dem Klingerstollen eingeschossen. Im Bild Arbeiter beim Transport eines 10,5-cm-Geschützrohres.

Hakenkreuz statt roter Fahne: Am Hauptplatz von Gumpoldskirchen feiert die Belegschaft der Firma Klinger den 1. Mai.

zahlreiche Häuser der Residenzstadt werden mit Kalk aus dem Steinbruch in Gumpoldskirchen erbaut. Abgebaut wird Dolomit, entstanden durch die „Dolomitisierung" von Kalkschlammlagen vor Millionen von Jahren.
Bedingt durch die Pest und den Türkeneinfall von 1683 fehlen Aufzeichnungen aus den folgenden anderthalb Jahrhunderten, erst aus dem Jahr 1778 kennen wir eine Urkunde, in der Maria Theresia dieses Gebiet ihrem Hoffourier Johann Friedrich Schubert von Ehrenberg als Schenkung übereignet. 1813 gelangt das Gelände schließlich in den Besitz des Johann Freiherrn von Siegerist, eines Schweizers aus Schaffhausen, nach seinem Tod 1867 übernimmt das Areal der steirische Gewerke Alois Miesbach und dieser vererbt es an seinen Neffen Heinrich Drasche Ritter von Wartinberg, den „Ziegelbaron". Drasche weiß, dass für die zahlreichen Neubauten in Wien, für die er die Ziegel liefert, vor allem wieder Kalk notwendig ist und so lässt er die Kalkofenanlage im Beital großzügig ausbauen: 1869 wird der erhaltene Kalkhochofen mit zwei Schächten versehen und zu einem Zwillingsofen umgestaltet, 1875 ein dritter Schacht mit noch größerem Durchmesser angebaut. Um die Kalköfen bequemer beschicken zu können, legt man eine Holzbrücke vom Steinbruch über das Beital – ein Aquarell des Badener Malers Franz Bilko (1894–1968) aus dem Jahr 1920 zeigt die Situation. 1943 zerstört ein heftiger Sturm die Brücke.

Das „Kalkgewerk“ in Gumpoldskirchen, ein freies Gewerbe, für das es einen Gewerbeschein gibt, wird in der Folge an diverse Pächter vergeben, der Pächter F. W. Kammerzell stellt 1897 einen ersten mit Benzinmotor angetriebenen Brecher mit Sortiertrommel auf – die Mechanisierung hält damit Einzug auf dem Steinbruchgelände: Auf einer Feldbahn wird das in Hunte verladene Gesteinsmaterial zum Brecher gefahren, die Sortiertrommel sorgt für eine Klassierung in vier „Korngruppen“: Mauersand, Feinriesel, Erhaltungsriesel und Schlägelschotter. Schwere Arbeit bleibt dennoch genug: Das aus der Sortiertrommel kommende Material muss händisch auf Pferdefuhrwerke verladen werden, die es an die Kunden ausliefern.

1906 übernehmen Theodor Quidenus und Erhard Holocher als neue Pächter das „Kalkgewerk“ und setzen auf weitere Mechanisierung der Arbeit im Steinbruch: 1911 wird ein Kompressor aufgestellt, womit auch das Bohren von Hand der Vergangenheit angehört; für das Brechgut wird 1914 ein erster Eisenbetonsilo errichtet. Die Weltwirtschaftskrise trifft auch den Steinbruch hart: Die Auftragslage verschlechtert sich zunehmend, 1934 müssen die Kalköfen gelöscht werden, die Produktion beschränkt sich von nun an nur mehr auf Schottermaterial – und das wird in der Nazizeit für den Bau „kriegswichtiger“ Objekte benötigt. Theodor Quidenus junior, der den Betrieb nach dem Tod seines Vaters 1935 übernommen hat, elektrifiziert 1942 die Anlage, etwa 80 Zwangsarbeiter helfen mit, den diversen Aufträgen nachzukommen – Material für Betonbauten, etwa unterirdische Rüstungsstollen, hat absolut Konjunktur!

Nach dem Krieg steht plötzlich noch einmal der alte Feldofen, der seit 150 Jahren außer Betrieb ist, im Mittelpunkt: Man brennt in ihm jetzt einmal pro Woche Kalk, mit dem Erlös aus dem Kalkverkauf kauft man Lebensmittel für die Belegschaft und Brennholz.

Teil eines Geschützrohrs, aufgefunden im Wald bei Gumpoldskirchen. Von Klinger produziert?

Stetiger Verfall: Maschinen und Geräte der ehemaligen Gumpoldskirchner Kalk- und Schotterwerke rosten vor sich hin.

1948 gründet Ingenieur Friedrich Kowall die „Gumpoldskirchner Kalk- und Schotterwerke", drei Jahre später geht das Betriebsareal in den Besitz von Robert Baumgartner über, der Steinbruch entwickelt sich zu einem prosperierenden Unternehmen, 1959 wird die erste „Großbohrlochsprengung" durchgeführt, Raupenlader und Hochlöffelbagger werden eingesetzt, pro Mann und Arbeitsstunde wird schließlich eine Leistung von 12 Tonnen erreicht. Um 1970 stellen die „Gumpoldskirchner Kalk- und Schotterwerke Ing. F. Kowall", wie man in einer kleinen Festschrift stolz feststellt, mit 36 Mann Belegschaft und einer Jahresproduktion an Gestein von 400.000 Tonnen einen der „bestmechanisierten Rohstoffbetriebe Niederösterreichs" dar.

Doch nur zwei Jahrzehnte später ist alles anders: Der Donner der Sprengungen, der Lärm der Hydraulik-Bagger und der riesigen Muldenkipper, die bis zu 27 Tonnen transportieren können, sowie das Rattern der Brecher sind verhallt. Ende 1990 muss der Abbau aus Rentabilitätsgründen eingestellt werden, alle Räder, Ketten und Bänder, Siebe und Dosierrinnen stehen still. Man überlegt, die Steinbrech- und Förderanlage zu demontieren und im Gaadener Steinbruch wiederaufzustellen, kommt von diesem Plan jedoch wieder ab. Der Gumpoldskirchner Steinbruch wird zur Industrieruine.

Einige Zeit hindurch bleibt er offenes Gelände, das gerne von Wanderern genutzt wird, um schnell vom Tal auf den Anninger zu gelangen. Heute ist das gesamte Gelände des Steinbruches abgesperrt, das Betreten aus Sicher-

Beim Durchstreifen des Steinbruchgeländes werden wir das Gefühl nicht los beobachtet zu werden.

heitsgründen nicht erlaubt. Noch immer befinden sich hier verschiedene für den Steinbruchbetrieb notwendige Maschinen und Gerätschaften. Gigantische Ketten und Teile von Motoren, die vor sich hinrosten, zeugen von vergangenen Tagen, als es hier nicht so still war wie jetzt. Der stete Prozess des Verfalls hat längst begonnen und ist nicht mehr aufzuhalten.

Die hier zurückgelassenen Objekte zeugen von der Betriebsamkeit vergangener Zeiten: Ein alter Panzerschrank etwa, hergestellt von „Becher und Hildesheim Wien", fristet hier im Freien sein Dasein. Seine Verwendung hat sich in dem menschenleeren Areal erübrigt. Wurden darin, wie wir vermuten, einst die Löhne für die im Steinbruch tätigen Arbeiter aufbewahrt? Ein überzeugendes Konzept für die Nachnutzung des Geländes, so scheint es, fehlt noch, es wäre jedenfalls schade, würde man die Wunde, die hier der Landschaft geschlagen wurde, nicht wieder – zumindest teilweise – schließen können.

Der alte Kalkbrennofen

Wir aber widmen uns noch einem besonderen Industriedenkmal auf dem Steinbruchgelände: dem bereits erwähnten, von Heinrich Drasche 1869 als Zweischachtofen errichteten Kalkbrennofen, der später um einen größeren Schacht ergänzt und 1934 stillgelegt wurde. Der Ofen ist heute denkmalgeschützt, das Mauerwerk gut erhalten, verschwunden ist wie erwähnt nur

Ansicht des Kalkhochofens aus dem Jahre 1920. Aquarell des Gumpoldskirchner Künstlers Franz Bilko. Gut zu erkennen ist die 1909 errichtete Brücke, die vom Steinbruch zum Ofen führte.

die hölzerne Zubringerbrücke, über die der Kalkstein in die sogenannte „Gichtebene“ gebracht wurde.

Die Kalköfen im Wienerwald haben eine lange Geschichte: Kalkbrenner werden im Süden Wiens bereits im 14. Jahrhundert erwähnt, im 16. nimmt ihr Gewerbe einen bedeutenden Aufschwung: In der Gegend um Kaltenleutgeben siedeln sich italienische Kalkbrenner an (siehe dazu auch das Kapitel *Perlmooser Zementterminal in Kaltenleutgeben*) und die „welschen“ Ankömmlinge haben alle Hände voll zu tun, um der großen Nachfrage gerecht werden zu können. Nach den großen Zerstörungen durch die Türkeneinfälle von 1529 und 1539 wird wieder viel gebaut, vor allem in der Residenzstadt selbst, die eine neue gewaltige Befestigungsanlage erhält. Die Nähe des Wienerwaldes ist ein Vorteil: Er liefert alles, was man zum Kalkbrennen benötigt: Kalkstein und Holz.

Das Geheimnis eines Kalkofens: Das Feuer durfte während eines „Brandes“, der mindestens zwei Tage und zwei Nächte und im Schnitt 60 Stunden dauerte, nie ausgehen. Die Kalköfen der frühen Zeit waren sogenannte „Grubenöfen“. Dabei wurde in der Nähe eines Steinbruches eine Grube ausgehoben, die so geschickt – etwa auf einer Hangterrasse – angelegt war, dass man sie von unten befeuern und ausräumen konnte. Innen wurde diese Grube mit „Glasauersteinen“ ausgewölbt, das waren plattenförmige Sandsteine, die beim ersten Brand „verglasten“, also den Innenraum der Grube

Stille ist eingekehrt: ehemaliges Wohnhaus im Steinbruch.

mit einer Glasschicht überzogen und so dieser Stabilität für weitere Brennvorgänge verliehen. Im Ofen wurde zuerst weiches Scheiterholz aufgeschichtet – etwa 25 bis 30 Raummeter, dann füllte man den Rest der Grube mit den Steinen aus. Für einen Brand benötigte der Kalkbrenner 48 Stunden, das Ergebnis waren immerhin drei Fuhren Weißkalk, etwa 4,5 Tonnen. Mit einem Klafter Holz konnte also eine Tonne Weißkalk produziert werden. Der Vorgang beim Kalkbrennen: Kalkstein wird auf eine Temperatur von 900 bis 1200 Grad Celsius erhitzt, dadurch entweichen Wasserdampf und Kohlendioxid aus dem Gestein, es entsteht „Branntkalk". Der diesen Prozess begleitende Gewichtsverlust beträgt bis zu 40 Prozent.

Gemauerte Feldöfen gibt es erst seit etwa 1700, „moderne" Kalköfen wie unser Ofen in Gumpoldskirchen haben bereits mit Schamotteziegeln ausgekleidete Heizkammern, befeuert werden sie nicht mit Holz, sondern mit Kohle oder Gas – geplant war für den dritten Schachtofen des Jahres 1875 eine „Halbgasfeuerung", da sich aber dabei Schwierigkeiten ergaben, stellte man auf Kohlenfeuerung um.

Die schwere Zeit kam für die Kalkbrenner im Winter: Das Baugewerbe stand dann still, es gab kaum Nachfrage, meist zu Allerheiligen zündete man den letzten „Brand" an. Reich werden konnte man daher in diesem Gewerbe kaum, dafür hatte man aber die Gewissheit, auf ein stetes und sicheres Einkommen setzen zu können.

Lost Place reloaded:
die ehemalige Baumwollspinnfabrik Schivizhoffen in Weigelsdorf

Etwas außerhalb von Weigelsdorf, abseits der Straße in Richtung Pottendorf, versteckt sich in einem kleinen Wäldchen ein faszinierender Ort, der uns eine Zeitreise der besonderen Art ermöglicht, zurück in die Welt der Textilindustrie des Biedermeier: die ehemalige Baumwollspinnfabrik Schivizhoffen. Als wir diesen *Lost Place* 2013 das erste Mal besuchen, ist das Gelände rund um das eindrucksvolle Fabrikensemble völlig verwildert und dicht mit Bäumen und Gestrüpp bewachsen, das Haupttor zum Direktionsgebäude kaum zu sehen.

Mächtiges Antriebsrad in der ehemaligen Baumwollspinnerei Schivizhoffen in Weigelsdorf. In den ersten Jahrzehnten nach ihrer Gründung werden die Maschinen nur mit Wasserkraft betrieben, 1870 wird ein Dampfmaschinenhaus errichtet.

Die Spinnerei an der Fischa war eine kleine Welt für sich, die sich noch heute gut nachvollziehen lässt: Um das repräsentative Herrenhaus gruppieren sich die Hallen für die Produktion, das Arbeiterwohnhaus und ein Gärtnerhaus. Die Anfänge der Fabrik reichen zurück in die 1830er-Jahre – das Areal steht damals im Besitz der kroatischen Familie Schiviz von Schivizhoffen, die hier vermutlich seit etwa 1800 eine Zwirnmanufaktur betreibt. Diese Fabrik wird von den Unternehmern Pössel & Wögerer übernommen und zunächst in eine Flachsspinnerei umgewandelt, um 1840 werden die neuen Gebäude errichtet. 1843 sind hier bereits um die hundert Arbeiterinnen und Arbeiter, ein Drittel von jenseits der nahen ungarischen Grenze kommend, beschäftigt und 800 Spindeln in Betrieb. 1853 erwirbt Maximilian von Schivizhoffen das Unternehmen und lässt es in der Folge in eine Baumwollspinnerei umrüsten, 1870 wird ein Dampfmaschinenhaus errichtet, um auch bei Niedrigwasser der Fischa keine Produktionseinbußen hinnehmen zu müssen. Erzeugt werden neben Baumwollstrickgarnen und Zwirnen auch Baumwollbörtel, Baumwollschnürstifte und diverse Schnüre. Der Beschäftigtenstand der „Schivizhoffen", wie die Spinnerei im Volksmund der Region kurz genannt wird, erreicht nun etwa 300 Personen, unter ihnen auch viele Kinder – das dokumentiert eine „Rüge" (Gerhard A. Stadler) des Arbeitsinspektorats an den Fabrikherrn aus dem Jahr 1872. Das Alter der Kinder beträgt 12 bis 15 Jahre, meist arbeiten ihre Eltern ebenfalls in der Fabrik. Kaum vorstellbar für heutige Begriffe sind die Arbeitszeiten: Gearbeitet wird an den Maschinen ab vier Uhr früh (!), der Arbeitstag endet um acht Uhr abends, am Samstag um sechs Uhr abends. Es gibt eine „Ruhestunde" zwischen 12 und 13 Uhr zum Mittagessen, Frühstück und Jause dürfen zwischen 7 und 8 Uhr bzw. zwischen 16 und 17 Uhr gegessen werden, allerdings ohne „den Gang der Fabrik" zu unterbrechen. Kinder arbeiten ab fünf Uhr früh, Ruhestunden sind von 7 bis 8, 12 bis 13 und 16 bis 17 Uhr vorgesehen, die Stunde vor dem Mittagsmahl wird zum Unterricht in Lesen, Schreiben, Rechnen und Religion genützt.

Die Arbeiterinnen und Arbeiter schlafen im Arbeiterwohnhaus der Fabrik, um sie keiner Versuchung auszusetzen und ihren „sittlichen Zustand" nicht

Ein Fabrikensemble aus dem Biedermeier: die altehrwürdige „Schivizhoffen". Wird sie aus dem Dornröschenschlaf erwachen?

zu gefährden, bringen eigene Schlafsaalaufseher die ledigen Mädchen und Burschen getrennt in die Fabrikhallen. Der 16-stündige Arbeitstag sieht immerhin drei einstündige Pausen vor, wer krank ist, wird in eigens dafür eingerichteten Krankenzimmern im Arbeiterwohnhaus betreut, die allfälligen Kosten für einen Arzt – am häufigsten sind „Catarrhalische Leiden" – müssen die Beschäftigten jedoch selbst tragen. In der *Darstellung der Verfassung und Einrichtung der Baumwoll-Spinnerei-Fabriken in Niederösterreich von* Joseph Johann Knolz, erschienen 1843, lesen wir über den Zustand des Fabrikgebäudes: „Das Fabrikgebäude ist 2 Stockwerke hoch, hat eine sehr gesunde und ganz freie Lage, die Kratz-, Streck-, Spinn- und Appretursäle sind geräumig, 11 Schuh hoch, mit Winterfenstern versehen, mittelst Meissner'scher Heizung gut und gleichmäßig auf 15 bis 16 Grad Reaumur (= 20 Grad Celsius) heizbar, die Luft darin ist rein. Auf Reinlichkeit wird streng gesehen. Es findet kein Luftzug statt. In dem Wollreinigungs-Locale sind Staubventilatoren angebracht. Sämmtliche Maschinen werden durch Wasserkraft betrieben."

Der Verdienst der Arbeiterinnen und Arbeiter 1843, jeweils pro Woche: Männer 3 bis 7 Gulden, „Weiber" 2 bis 4 Gulden, Kinder 1 Gulden 12 Kreuzer bis 1 Gulden 50 Kreuzer.

Nach dem Ersten Weltkrieg wird die „Schivizhoffen" Teil des italienischen Spinnereiunternehmens Küpfer-Nigler, neuer Chef ist nun der Schweizer Textilfachmann Cäsar Küpfer, der bereits seit 1900 im Betrieb als Werkleiter und Teilhaber tätig gewesen ist. 1912 lautet der Firmenname:

Völlig leergefegt: Wo einst zahlreiche Maschinen surrten, ist heute gähnende Leere. Die Eleganz der Halle beeindruckt noch immer.

Baumwollspinnerei, Zwirnerei und Börtelfabrik von Max und Richard von Schivizhoffen & C. Küpfer.
Während des Zweiten Weltkrieges produziert man Uniformen für die Wehrmacht, wie viele andere Textilfabriken gerät das Unternehmen durch den Strukturwandel am Weltmarkt in den 1960er-Jahren in Schwierigkeiten, die einzelnen Produktionsbereiche – Börtelfabrik, Zwirnerei, Bandweberei mit Bleiche und Färberei – können nicht mehr gewinnbringend geführt werden, 1967 muss Konkurs angemeldet werden, der baden-württembergische Textilriese Amann & Söhne, heute einer der weltgrößten Produzenten von Industrie-, Näh- und Stickgarnen, übernimmt die Firma, um sie allerdings nach wenigen Jahren, 1974, stillzulegen – in den einst vom Lärm der Maschinen erfüllten Hallen zieht die Stille des Verfalls ein.
Die Maschinen werden zum Teil abgebaut, in manchen Bereichen, so in der 1892 errichteten Turbinenstube, überlässt man sie der stetig nagenden Kraft des Rostes. Die 1926 neu installierte Turbine bleibt so noch Jahrzehnte hindurch an ihrem Platz – für sie hat man keine Verwendung mehr.
Inzwischen sind die Räumlichkeiten fast wie leergefegt, offenbar soll dieser *Lost Place* der ehemals blühenden Textilindustrie im Süden von Wien – dazu gehörte etwa auch die einige Zeit hindurch im Besitz der Familie Broch stehende Baumwollspinnerei in Teesdorf, eine der ältesten Spinnereien Europas – zu neuem Leben erweckt werden. Der wie erwähnt bis vor kurzer Zeit noch dichte Baumbestand rund um das denkmalgeschützte Ensemble, bekannt nun als „ehemalige Baumwollspinnerei Fischapark“,

Fabrikarchitektur von seltener Pracht. Sind wir gerade im Augenblick der Verwandlung gekommen?

wurde gerodet, der Boden für eine neue Nutzung aufbereitet. Bleibt zu hoffen, dass man ein passendes Konzept gefunden hat, um diesem Zeugnis alter Industriekultur wieder Sinn zu geben. Eine Nutzung, die unserer Zeit angepasst ist!

Der Spitzbunker auf dem Gelände der ehemaligen Weberei Boschan & Co. in Weigelsdorf

Wir verlassen das Gelände an der Fischa und fahren in Richtung Ortszentrum Weigelsdorf. Unser Ziel: die Boschanstraße. Hier befand sich einst der zweite bedeutende Textilbetrieb des Ortes: die Weberei Boschan & Co., die der Straße auch den Namen gegeben hat. Das Areal, auf dem wir einen merkwürdigen *Lost Place* lokalisiert haben, gehörte einst zur Herrschaft Esterházy und war Standort einer Mühle, die um 1830 in eine Baumwollspinnerei umgewandelt wurde. Betrieben wurde dieses Unternehmen von einem gewissen August Kärnbach und dem aus St. Bernhard bei Horn stammenden, ungemein umtriebigen Textilfabrikanten Michael Gradner, dessen Bruder Franz Gradner 1836 eine weitere Spinnerei in Götzendorf gründete. 1866 verkaufte die Familie Gradner ihre Fabriken in Weigelsdorf und Götzendorf an den Industriellen Friedrich Ritter von Boschan (1817–1877), dessen Sohn Ernst Ritter von Boschan (1853–1913) sie in der Folge übernahm. Die *Weigelsdorfer mechanische Weberei Boschan & Co.* erzeugte Baumwollwaren aller Art, Ernst Ritter von Boschan, der zu den reichsten Männern der Monarchie aufstieg, sorgte umsichtig für seine Arbeiter und Arbeiterinnen: Sie alle erhielten kostenlos Wohnungen und Gärten zur Verfügung gestellt – 1912 beschäftigte Boschan an den beiden Standorten in Weigelsdorf und Götzendorf immerhin 710 Personen.

Nach dem Ersten Weltkrieg wechselte die Boschan-Weberei in den Besitz von Jakob Nagler und Edgar Opler, kurz Nagler & Opler, zu deren Imperium auch die altehrwürdige Nadelburg in Lichtenwörth zählte. 1938 übernahm schließlich die Vorarlberger Textilfirma Carl Ganahl & Co. die Fabrik, der neue Eigentümer aus Feldkirch konzentrierte sich wieder auf

die Weberei, doch dann kam der Krieg und die Nazis funktionierten den Standort kurzerhand in einen Rüstungsbetrieb um: Statt Stoffen produzierte man jetzt Flugzeugbestandteile für die Luftwaffe, diverse Ausrüstungsgegenstände für die Wehrmacht und Munitionsbestandteile.
Als sich in den ersten Apriltagen 1945 die Truppen Tolbuchins näherten, sprengte man einen Teil der Fabrikanlagen, nach umfangreichen Wiederaufbauarbeiten konnte erst 1950 auf dem Gelände die Produktion wiederaufgenommen werden.
Unsere Aufmerksamkeit gilt einem besonderen Punkt auf dem ehemaligen Fabrikgelände. In der Südecke des Parks, der dem Ensemble vorgelagert ist, befindet sich ein als Kegel gestalteter Bunker aus dem Zweiten Weltkrieg. Die Bauform dieses Bunkers ist außergewöhnlich, da sehr flach und ausladend. Der Bunker steht auf einer gepflegten Grünfläche. Er wurde mit zwei aus Beton hergestellten Eingangsbereichen versehen. Neben den beiden Eingängen besitzt er noch zwei Notausstiege. Über den Eingang A betritt man diesen einer Pyramide ähnelnden Schutzbau. Treppen führen

Nur wenige Relikte erinnern noch an die ehemalige Bestimmung des Areals, das einst vielen Menschen Arbeit bot.

SIEMENS-SCHUCKERT
A
kW
V
A
A

Vorhergehende Doppelseite: Ein letzter Blick auf die technische Einrichtung der Baumwollspinnerei: Die Maschinenungeheuer, die Spulen und die Spindeln, die Motoren und die Anzeigentafeln sind schon Vergangenheit.

hinab und der Gang verändert seinen Verlauf um 90 Grad. Hier noch einmal Treppen hinabsteigend, gelangt man zu einem mit einer Eisentür versehenen Durchgang, der zu dem eigentlichen Schutzraum führt. An der Stirnseite des Raumes ist eine niedrige Öffnung zu sehen. Von hier gelangt man, auf den Knien kriechend, zu den Notausstiegen. Genau hier bekommt man auch einen guten Einblick in die Bausubstanz des Spitzbunkers. Aus Steinen und Betonteilen errichtet, scheint es aus heutiger Sicht nicht sehr massiv und vertrauenerweckend. Beim Verlassen des Bauwerkes über den zweiten Aus- bzw. Eingang erkennt man, mit welchen Resten von Betonteilen hier gearbeitet wurde: mit Schutt! Alles, was an minderwertigen Baumaterialien noch verfügbar war, fand hier bei der Errichtung Verwendung. Angesichts dieses Umstandes wagen wir zu behaupten, dass bei einem Bombentreffer von diesem kuriosen Schutzbau nichts mehr übergeblieben wäre!
Solche kleinen Bunker, die überall auf Initiative der Unternehmen errichtet wurden, sind bis heute auch in Traiskirchen, Münchendorf, Biedermannsdorf oder auch in Bad Vöslau zu finden. Dazu haben wir noch eine witzige Geschichte erlebt:

Ein Bunker leistet Widerstand

In der Vogelsiedlung im schönen Weinort Guntramdsorf soll im Jänner 2014 ein Haus mit dem dazugehörigen Grundstück verkauft werden. Es findet sich alsbald ein Interessent, dem das Anwesen gut gefällt. Hinter dem Haus erstreckt sich ein wunderschöner Garten, es gibt aber einen kleinen Wermutstropfen, der den beabsichtigten Kauf im wahrsten Sinne des Wortes behindert: An der Grundstücksgrenze steht ein Relikt aus dem Zweiten Weltkrieg, ein durch seine mächtige Erscheinung dominierender Bunker, auch er mit einer kegelförmigen Spitze versehen. Mit seinem massigen Baukörper ragt er sogar in das Nachbargrundstück hinein – und das schafft ein Problem: Das gewaltige Betonungetüm versperrt die Zufahrt zum Grund hinter dem Haus.
Als der Bunker in den Kriegsjahren 1943/44 errichtet wird, sieht es hier im Bereich der Vogelsiedlung noch völlig anders aus. Auch in Guntramsdorf bereitet man sich auf Luftangriffe vor, in aller Eile werden Schutzbauten errichtet. Die Sorge ist nicht unbegründet, denn am 26. Juli 1944 fliegt die 15. US-Luftflotte einen Großangriff auf die Flugmotorenwerke Ostmark, bei dem auch Guntramsdorf schwer getroffen wird.
Mehr als siebzig Jahren nach dem Krieg wird das bereits vom Efeu überwucherte Bauwerk als Spielstätte für die Kinder sowie als Kühl- und Freizeitraum genutzt. Im Inneren hat man irgendwann begonnen, eine Holzdecke einzubauen, die jedoch nie fertiggestellt worden ist. Nun hat aber der designierte Käufer des Hauses eine radikale Entscheidung getroffen: Der Bunker muss weg! Es wird vereinbart, dass der Erwerb der Liegenschaft mit der Entfernung des Spitzbunkers einhergehen muss. Eine Abrissfirma wird beauftragt, dieses Vorhaben durchzuführen.

Rechte Seite: Außergewöhnliche Bauform: der kegelförmige Spitzbunker auf dem Gelände der ehemaligen Weberei Boschan in Weigelsdorf. Wie der Plan zeigt, war die kleine Schutzzelle des kuriosen Baus durch zwei Eingänge zu erreichen.

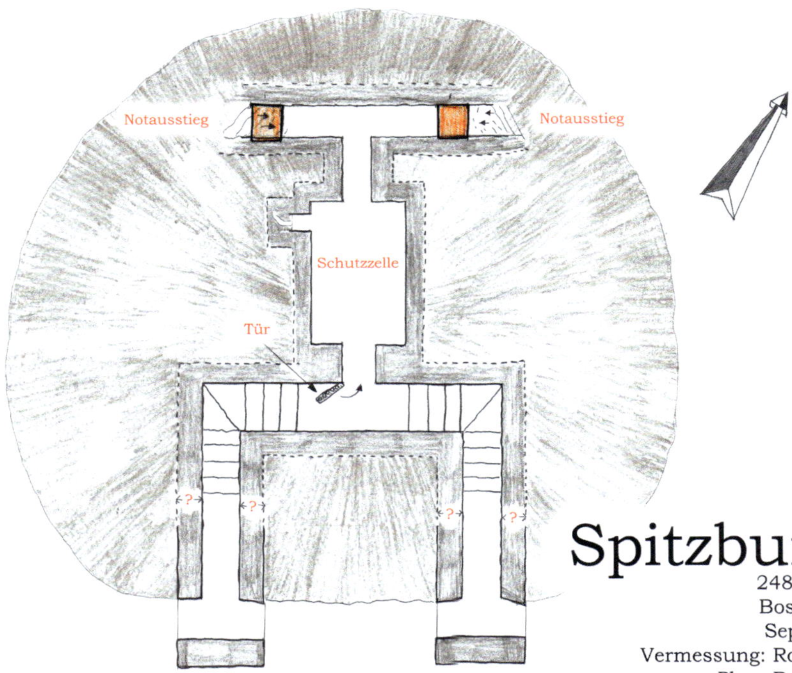

Spitzbunker

2484 Weigelsdorf
Boschanstraße 3
September 2012
Vermessung: Robert Bouchal
Plan: Robert Bouchal

Noch ein Kuriosum: Der Spitzbunker in Guntramsdorf bekommt seine dunkle Tarnfarbe. Das um einen Kegel aus Eisenbahnschienen errichtete Bauwerk bringt den Baggerfahrer der Abbruchfirma fast zur Verzweiflung (unten).

Prompt rollt zum vereinbarten Termin ein Tieflader durch die ansonsten so stille Vogelsiedlung. Er hat einen großen Bagger mit Raupenketten geladen. Die schmale Straße in der Siedlung wird völlig blockiert, als das mächtige Baufahrzeug langsam die Rampe des Anhängers hinunterfährt. Der Bagger ist so breit, dass er durch die bestehende Garteneinfahrt nicht auf das Grundstück fahren kann. Um bis zum Bunker vordringen zu können, wird daher die gemauerte Hauseinfahrt abgerissen. Nachdem dieses erste Hindernis entfernt ist, geht's weiter, mit quietschenden Ketten, knapp neben der Hausfassade manövrierend, so nahe wie möglich an den Bunker heran. Durch den Lärm in der sonst so ruhigen Siedlung sind einige Anrainer aufmerksam geworden und kommen zum Grundstück um zu sehen, was hier nun geschehen wird. Der Juniorchef der Abrissfirma ist sich seiner Sache

sicher. Er lenkt heute den Bagger selbst und glaubt zu wissen, dass er in wenigen Stunden diesen lästigen Betonklotz zerkleinert und aus dem Weg geräumt haben wird.
Zu Beginn läuft auch alles glatt. Nach dem Austausch der zweiflügeligen Baggerschaufel gegen ein hydraulisches Stemmeisen, das den stolzen Durchmesser von 10 Zentimetern aufweist, hebt sich der lange „Arm der Zerstörung“ und die fast runde Spitze des Meißels nähert sich dem dunkelgrauen Beton an der obersten Stelle des Bunkers. Den Efeu hat man bereits am Vortag entfernt, dem Abriss steht nichts mehr im Wege.
Mit einem lauten gleichmäßigen Tuckern dringt der Meißel in den Beton ein. Die heftigen Erschütterungen, die dieser schwere Hydraulik-Meißel erzeugt, dringen bis zu uns, deutlich spüren wir das Vibrieren auf unseren Fußsohlen. Alle blicken gespannt auf das, was nun geschehen wird, Abrissarbeiten üben ja auf viele Menschen eine besondere Faszination aus. In kleinen Stücken bricht der Beton an der Spitze auseinander, die Brocken rutschen an der schrägen Außenwand des Bunkers herab. Zentimeter für Zentimeter dringt der gigantische Meißel in den Beton ein. Zehn Minuten nach Beginn hat der Meißel sich etwa 30 Zentimeter tief vorgearbeitet. Alle warten gespannt auf das Herausbrechen eines größeren Betonstückes. Immer und immer wieder drückt der Baggerarm auf den Meißel und plötzlich bemerken wir alle, dass etwas nicht stimmen kann: Mit einem lauten Knall zerbricht vor unseren Augen der Monstermeißel. Der Motor des Baggers heult noch einmal auf, dann – Stille. Der Juniorchef steigt aus seinem Führerhaus und schüttelt den Kopf. Noch nie ist ihm so etwas passiert! Sein Kommentar spricht Bände: *Jetzt verdien' ma nix mehr!* Die Spitze des Meißels steckt im obersten Bereich des Bunkerkegels. Sie lässt sich keinen einzigen Millimeter mehr bewegen. Irgendetwas, das sich im Beton verbirgt, lässt den Meißel nicht mehr los.
Nun tritt Plan B in Kraft. Sofort wird ein weiterer Meißel angefordert. Zeit ist Geld. Geplant ist, dass der gesamte Bunker bis spätestens Mittag dem Erdboden angeglichen ist. Eine Stunde später ist der LKW mit einem neuen Meißel da, der sofort am Baggerarm montiert und mit den Hydraulikschläuchen verbunden wird. Mit lautem Hammerschlag beginnt das Ungetüm erneut sein zerstörerisches Werk. Man versucht den abgebrochenen Meißel aus dem Beton zu stemmen. Wir staunen nicht schlecht, als im Beton massive Eisenteile auftauchen – es stellt sich heraus, dass es sich dabei um alte Eisenbahnschienen handelt, die dem ersten Meißel zum Verhängnis geworden sind. Vor dem Betonieren hatten die Erbauer einen Kegel aus schwersten Eisenbahnschienen errichtet, nicht unähnlich den Tipis der Indianer. Die Schienen waren noch dazu in ein massives Fundament einbetoniert worden. Nun erst ist der tatsächliche Arbeitsaufwand für den Abriss abzuschätzen: Vier Tage wird er dauern, die Kosten vervielfachen sich. Wir haben bis zu diesem Zeitpunkt kein anderes Schutzbauwerk aus dem Zweiten Weltkrieg kennen gelernt, das so massiv ausgeführt worden ist. Ein kurioses Relikt ist damit für immer verschwunden!

Das Perlmooser Zementterminal in Kaltenleutgeben

Mad-Max-Endzeitstimmung im Kaltenleutgebener Tal: das monströse Betongerippe des Perlmooser Zementterminals.

„Kaltenleutgeben ist ein sehr angenehmer Ort", schreibt der gelehrte Biedermeier-Cicerone Adolf Schmidl und führt begeistert weiter aus: „Je weiter man in dem Orte vordringt, desto lieblicher wird er. Sehr angenehm ist der Fußpfad, der längs des Baches über fette Wiesen am Abhange der südlichen Höhen die Richtung der Häuserreihe des Dörfchens verfolgt." Ganze 97 Häuser, durch „freundliche Gärtchen von einander getrennt", zählt Schmidl und nennt eine „Seelenzahl" von 560 – heute wohnen in dem engen Tal über 3.200 Menschen, der romantische Fußpfad ist längst verschwunden, dafür gibt es jetzt die „Hauptstraße", die den wachsenden Verkehr bewältigen muss.

Über die Vergangenheit Kaltenleutgebens, so muss Schmidl eingestehen, wisse er nichts zu sagen, er vermute nur, dass es die „reichhaltigen Kalkbrüche" gewesen seien, die einst „Veranlassung zu Ansiedlungen in diesem Thale" gegeben hätten, davon würden noch die „hellglühenden Kalköfen mit Gruppen geschäftiger Arbeiter" an den „grünen Ufern" der Dürren Liesing zeugen. Schmidl, der eifrige Heimatkundler, Topograf und Speläologe, dem wir das Wort „Höhlenkunde" verdanken, hat mit seiner Vermutung Recht: Es sind ladinische und friulanische Kalkbrenner, die auf Initiative Ferdinands I. nach der Ersten Türkenbelagerung das Tal der Dürren Liesing besiedeln, ein Martin da Valantin soll der erste Kalkbrenner gewesen sein, der hier 1538 sesshaft wurde. Ein Privileg sichert den *wällschen Kalch Prennern* die alleinige Lieferbefugnis von Weißkalk für den Bau der neuen Wiener Befestigungen sowie die Befreiung vom Zehent zu – wichtige Voraussetzungen für das Überleben in dem engen Waldtal. Wandersmann Adolf Schmidl ahnt nicht, dass die Kalksteinbrüche später zur Grundlage einer Industrie werden, die das Kalkbrennen ablösen und ein Jahrhundert lang das Tal beherrschen und seinen Bewohnern Arbeit geben sollte: der Zementindustrie. Mittlerweile ist auch sie bereits Geschichte, wir aber folgen ihren letzten Spuren.

Der unförmige Betonklotz neben der Hauptstraße, dem man das Attribut „hässlich" nur schwer absprechen kann, bringt einen Hauch von Mad-Max-Endzeitstimmung in das schöne Kaltenleutgebener Tal, das aus Sicht der Geologen „klassisches nordkalkalpines Gebiet" (Georg Rosenberg) ist. Zement wird hier, an der ehemaligen Abfüllstation der Perlmooser-Zementfabrik, die zuletzt von der Holcim GmbH, einem Tochterunternehmen des Baustoffriesen LafargeHolcim Ltd., betrieben worden ist, schon seit Jahren nicht mehr abgepackt und verladen, geblieben ist das monströse Betongerippe. Um in sein Inneres zu gelangen, nähern wir uns dem Terminal auf den Schienen der 2014 aufgelassenen Kaltenleutgebener Bahn – mit dem Zementwerk, dessen Betrieb 1996 eingestellt worden war, starb schließlich auch die Bahnverbindung. Von den Gleisen aus gelangen wir unschwer auf

Rechte Seite: Grau war die alles dominierende Farbe in einer Welt aus Beton und Stahl, die doch dem Untergang geweiht war. Die großen Abbruchbagger hatten Schwerarbeit zu leisten. Die riesigen Hallen des Perlmooser Zementwerkes wiesen beeindruckende Höhen auf (unten).

das Gelände des grauen Riesen. Ja, Grau ist hier die alles dominierende Farbe, eine Welt aus massivem Beton, die doch dem Untergang geweiht ist. Die Türen stehen offen, die Büroräume sind leergeräumt, Motoren und Maschinen abgebaut, die Liftanlage zerstört, Tausende in den Staub getretene Lieferscheine zeugen von dem einst blühenden Zementgeschäft.

Das Betreten der einzelnen Ebenen ist nicht ungefährlich – überall lauern tückische Öffnungen im Boden, absolute Vorsicht und Konzentration sind geboten. Mit einer riesigen Öffnung bricht die höchst gelegene Ebene ab, von hier aus bietet sich ein prächtiger Blick auf das Wienerwaldtal. Nördlich der Hauptstraße, wo sich einst die mächtigen Fabriksanlagen erhoben, steht nun eine riesige Wohnanlage der „Waldmühle Rodaun GmbH", die Ruinen des Zementwerks wurden 2013 gesprengt bzw. abgebrochen.

Die Produktion von Zement, dem Bindemittel für Beton, bestehend aus Klinker, Gips, Kalkstein, Hüttensand und Flugasche, reicht in Österreich bis zum Jahr 1856 zurück. Die österreichische Zementindustrie ist damit die drittälteste der Welt und untrennbar mit dem Namen Perlmooser verbunden. Ein gewisser Angelo Saullich ist es, der 1872 die „Actiengesellschaft der k. k. priv. hydraulischen Kalk- und Portlandzementfabrik zu Perlmoos" ins Handelsregister eintragen lässt. Das Grundkapital der Gesellschaft beläuft sich auf 1,5 Millionen Gulden, das Geschäft läuft zunächst gut, gerät aber nach dem großen Bankenkrach von 1873 in Turbulenzen, da die Bautätigkeit in der Monarchie infolge der misslichen Kreditverhältnisse auf Jahre hinaus stagniert. Erst 1882/83 wendet sich das Blatt: Der Bau neuer Eisenbahnstrecken, insbesondere der Arlbergbahn, und die Errichtung von diversen Festungswerken lässt die Nachfrage nach Zement stark steigen, Perlmooser hat Konjunktur und investiert in den Erwerb von Zementwerken in der Umgebung von Wien: Die Fabriken des Alex A. Curti in Scheibmühl und Oberpiesting und die „Cementgewerkschaft" von Förster & Co. in Lilienfeld werden dem Unternehmen einverleibt, 1905 kommt es schließlich zur Fusion mit der Kaltenleutgebener Kalk- und Zementfabrik – mit der Übernahme der Fabriken in Mannersdorf, dem größten Zementwerk seiner Zeit, Achau, Kaltenleutgeben und Weißenbach-Taßhof sowie der Anlagen der Firma Egger & Lüthi in Kirchbichl wächst Perlmooser zum größten Zementproduzenten der Monarchie heran, die Produktionskapazität im Jahre 1910 beträgt bereits stolze 220.000 Tonnen. Der Zusammenbruch der Monarchie und die wirtschaftlichen Turbulenzen der jungen Republik stellen das Unternehmen vor schwere Probleme, einen kurzzeitigen Boom löst schließlich der „Anschluss" aus: Die Produktion erreicht mit 329.000 Tonnen einen neuen Rekordwert, mit dem Zement von Perlmooser bauen die Nazis ihre Rüstungsbetriebe und militärischen Einrichtungen aus, nach dem Beginn des Krieges geht die Nachfrage allerdings wieder zurück, immerhin: Mit dem Werk in Rodaun, der 1896 gegründeten „Rodauner Cementfabrik AG", wird ein neuer Standort erworben, der auch die Endphase des Krieges glimpflich übersteht – nur der Ofenschornstein wird teilweise zerstört.

PAIN
BUSK
001

21

1997 wurde die Perlmooser AG von der weltweit tätigen Baustoffgruppe Lafarge übernommen.

Linke Seite: Seltsamer Kontrast zur apokalyptischen Szenerie: Ausgerechnet ein Wickeltisch bildet das letzte Inventar (oben). Im Inneren des Zementterminals: Maschinen beförderten den Zement zu den Abfüllstationen (unten).

Der versteckte Bach – die Dürre Liesing in Kaltenleutgeben

Die Wanderung entlang der Dürren Liesing, von der Adolf Schmidl schwärmt, ist wie erwähnt heute durchgehend nicht mehr möglich, denn – der „Liesingerbach" verschwindet im Ortsgebiet von Kaltenleutgeben in unterirdischen Welten. Für Schatzsucher ein Handikap, denn wie eine von Carl Calliano überlieferte Sage berichtet, soll 1683 ein reicher Kalkbrenner irgendwo am Ufer des Bachs aus Angst vor den Türken sein Geld vergraben haben, konnte jedoch den Schatz nicht mehr beheben, da er getötet wurde. Seitdem soll ein Hund mit glühenden Augen in der Umgebung des Schatzes sein Unwesen treiben, Zeichen dafür, dass der Kalkbrenner seinen Reichtum durch „unerlaubte Mittel" erworben hätte.
Möglich, dass der gespenstische Hund das Weite gesucht hat, als ihm der Bach abhanden kam. Wir machen uns jedenfalls daran, die Dürre Liesing im Untergrund wieder aufzuspüren. Feuerwehrmann Herbert Blau, Ehrenbrandmeister von Kaltenleutgeben, der unsere Forschungen zum unterirdischen Österreich immer gerne unterstützt, macht uns darauf aufmerksam: *Den Liesingboch müsst ihr euch amoi auschaun. Der ist leiwand!* So meint er bei einer unserer Begegnungen. *Do samma ois Buam maunchmoi einegaunga. Net so weit, oba scho a Schtickl!*
Nicht so weit, aber schon ein Stück – jeder als „freier" Jugendlicher aufgewachsene Mensch kennt dieses Gefühl. Ein Stück hineingehen. Ein Stück. Nur um zu sehen. Ein Stück, solange wir noch das Tageslicht und die damit verbundene Sicherheit verspüren. Da Robert ebenfalls Feuerwehrmann ist, gibt es kein langes Fackeln und er beschließt, gemeinsam mit Herbert Blau die unterirdische Welt des Liesingbaches zu betreten. Hier sein Bericht:
„Wir haben uns eine Leiter besorgt und steigen, begleitet von weiteren Feuerwehrmännern, die sich ebenfalls für den unterirdisch verlaufenden Bach der Liesing interessieren, hinab in das Bachbett.
Ein Vogel fliegt vor uns her. Er hat sich im Schutze des Gewölbes zwischen den Ziegelsteinen ein Nest gebaut. Mit Gummistiefeln an den Füßen waten wir durch das Wasser. Das Wasser des Baches ist glasklar. Die ständigen kleinen Gerinne, die von den Hängen in den Bach einmünden, werden auf der Straße erfasst und ergießen sich hier unterirdisch, über Rohre hergeleitet, in das Bachbett. An manchen Einläufen haben sich durch das Ausscheiden des Kalkes regelrechte Kalkkaskaden gebildet. Es hat stellenweise den Charakter einer Tropfsteinhöhle.
Die Überdeckung des Bachlaufes erweist sich als abwechslungsreich. Von Ziegel bis Beton ist hier im Laufe der Zeit alles verwendet worden. Beim Ziegelgewölbe sind bereits einige Steine gelockert und schieben sich stellenweise in Richtung Hohlraum. Die Überdeckung weist an einigen

Stellen auch Freiräume zur Oberfläche auf. An manchen Stellen sind einfache Aufstiegshilfen zu oberhalb von uns gelegenen Eisendeckeln errichtet worden. Eine Fledermaus fliegt nun vor uns her. Sie wundert sich sicher, wer da plötzlich in das Reich der ewigen Finsternis hereinschaut! Auch eine Blindschleiche entdecken wir in den zahllosen kleinen Wasserbecken, die sich hier gebildet haben. Zu unser aller Freude entdecken wir auch einen Krebs! Früher sollen sie in der Dürren Liesing sehr häufig vorgekommen sein, heute sind sie ein rarer Anblick geworden. Nach starken Regenfällen, wenn das Bachbett der Liesing viel Wasser ableitet, scheint es hier unten anders als jetzt gerade rundzugehen. Das sehen wir an so manchen Spuren an den Wänden."

Über eine Leiter geht es hinunter zur unterirdischen Dürren Liesing.

Ein Flusskrebs hat hier seinen Lebensraum – ein rarer Anblick, der uns besonders freut!

Es ist dies ein unbeachteter Bereich unserer Lebenswelt, der dennoch ständig präsent ist. Ein *Lost Place* einer dörflichen Gemeinde, deren Leben sich, so wie andernorts üblich, an der Oberfläche abspielt. Begegnungen der Menschen und die Bewusstseinsbildung der öffentlichen Wahrnehmung finden an der Erdoberfläche, da, wo das Tageslicht zu allen Jahreszeiten dominieren darf, statt. Kinder, ja Kinder sind diejenigen, welche den

Eingang zu solchen Orten kennen. Es sind die Eingänge zu den Orten der wirklichen Abenteuer. Es sind die dunklen Löcher, vor denen wir als Kinder mit einer flachen Taschenlampe, gespeist mit einer 4,5-Volt-Batterie, gestanden sind. Die Eingänge in ein neu zu entdeckendes Reich.

Der geheimnisvolle Stollen im Tal von Kaltenleutgeben

Das schmale Tal von Kaltenleutgeben birgt zahlreiche Geheimnisse, darunter auch diesen unterirdischen Ort, dessen Lage wir streng geheim halten wollen. Wir dürfen jedoch alles besichtigen und auch Fotos machen. Und es wird uns Zeit gegeben, das Objekt zu vermessen. Einzige Bedingung ist, dass wir keine Lageangabe zu dem Objekt veröffentlichen. Man möchte hier seine Ruhe haben und nicht durch neugierige Personen angesprochen werden, die dann den Stollen vielleicht sogar besichtigen wollen. Es ist ein *Lost Place,* der hier in dieser Region einzigartig ist. Wir kennen kein vergleichbares unterirdisches Objekt. Ja, Steinbrucharbeiten gibt es in diesem Tal an vielen Stellen. Man war sich seiner handwerklichen Fähigkeiten bewusst und nutzte diese an vielerlei Plätzen. Das Mundloch befindet sich auf privatem Grund. Von außen ist der Eingang nicht ersichtlich. Über einen Kellerraum, der als Lager benutzt wird, steigt man einige Stufen hinab. An der untersten Stufe befindet sich ein Wasserbecken. Die Wasser-Zuspeisung für dieses kleine Becken erfolgt über ein Eisenrohr, das in der Finsternis des tiefen Stollens verschwindet.

Schnurgerade führt der geheime Stollen in den Berg hinein.

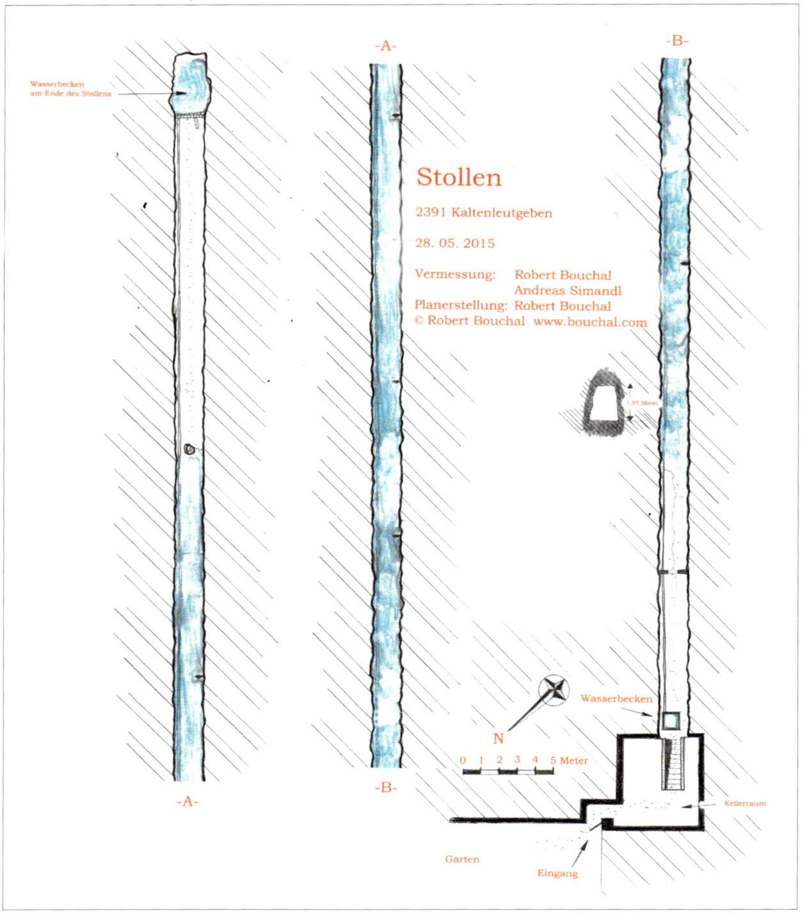

Plan des Stollens, der bis zu einem kleinen Gerinne führt. Suchte man hier einst nach einer Wasserquelle oder doch nach Kohle, wie alte Berichte vermuten lassen?

Der Stollen ist fast 100 Meter tief in den Berg vorgearbeitet worden. Die Ganghöhe variiert um die zwei Meter. Die Sohle ist rund 1,60 Meter breit. Zum überwiegenden Teil ist der Boden des Ganges mit Wasser überflutet. Am Ende findet sich wieder ein Wasserbecken, in welches das vorher bereits gekappte Eisenrohr einmündete. Außer einem Haarkamm und einigen verrosteten Fischkonserven ist in dem Stollen nichts zu finden.

Was war der Grund für diesen sehr beachtlichen Stollenvortrieb? Eine mögliche Erklärung wäre, dass man hier einer Wasserquelle nachgegangen ist, um diese für den Hauswassergebrauch zu nutzen. Auf eine zweite Erklärung hat uns unser Kaltenleutgebener Gewährsmann Herbert Blau hingewiesen: Wie Joseph Freiherr von Hormayr in Band 20 seiner Zeitschrift *Archiv für Geographie, Historie, Staats- und Kriegskunde* (1829) ausführt, suchte ein gewisser Laurenz Milpöck zusammen mit seinem Bruder Joachim im Jahr 1789 in Kaltenleutgeben nach Steinkohle und behauptete, auch einen „Steinkohlen-Anbruch" entdeckt zu haben – für das Auffinden des Kohlevorkommens forderten die beiden Brüder „die in den öffentlichen Blättern verheißene Belohnung" ein, gingen schließlich aber leer aus,

da der zuständige *Bergverwalter* der Meinung war, dass „sich zu Kaltenleutgeben kein anhaltender Steinkohlenbau hoffen lasse“. Tatsache ist, dass im Tal der Dürren Liesing nach Kohle gesucht wurde, wie auch der Mineraloge und Priester Andreas Xaver Stütz in seinem *Mineralogischen Taschenbuch* (Wien 1807) bestätigt: „Die Kohlen waren Holzkohlen, die beynahe keinen Schwefel hielten, gut brannten, also trefflich taugten; aber sie griffen, wie es bey den Holzkohlen gewöhnlich zu geschehen pflegt, nicht tief in das Gebirge, und schnitten sich leider nur zu bald aus.“
Wie dem auch sei – es ist jedenfalls in dieser Region ein außergewöhnliches, von Menschenhand geschaffenes unterirdisches Objekt.

Das einsame Schlafzimmer. Der Steinbruchstollen der Zementfabrik Kaltenleutgeben

Versteckt und nur dem Wissenden vorbehalten, liegt, umrahmt von üppigem Baumbestand, der kleine wundersame Steinbruchsee im Naturschutzgebiet Fischerwiesen auf dem Gemeindegrund von Perchtoldsdorf. Ganz in der Nähe befindet sich in einem Hang ein auffälliges Eisentor. Es ist verschlossen und der Zugang ist derzeit nicht möglich. Ein großer Stein wurde vor das Eingangstor gelegt. Kurze Zeit war dieser Munitionsstollen jedoch offen. Ein seltener und vor allem unerwarteter Anblick offenbarte sich dem hier Eintretenden. Nach dem Eingangstor befindet sich ein weiteres Gittertor, das man durchschreitet. Der Stollen hat zur Zeit unserer Vermessung keine elektrische Beleuchtung. Zweimal wechselt der Gang seine Richtung um 90 Grad. Am Ende des Ganges stehen ein Doppelbett und ein 4,40 Meter breiter Wandverbau. Von der hohen Luftfeuchtigkeit gezeichnet, sind das Bett dem Schimmel und der Wandverbau der unaufhaltsam voranschreitenden Vermoderung überlassen worden. Ein kurioser Anblick, den man hier nicht erwartet. Anscheinend hat eine uns nicht bekannte Person ihren Sommersitz am Steinbruchsee vorbereitet. Weiteres ist bis auf einige Sessel, einen Tisch, einen Heizkörper im Stollen nicht zu sehen. Er ist leer.

Verschimmelter Sommersitz: das einsame Schlafzimmer im Munitionsstollen am Steinbruchsee im Naturschutzgebiet Fischerwiesen.

Ausgebrannt.
Das Ziegelwerk in Schleinbach

Einst ein Hot Spot der Weinviertler Ziegelindustrie: leerstehende Halle des Ziegelwerkes in Schleinbach.

Es ist kalt, als wir mit dem Wagen die schmale, naturbelassene Zufahrtsstraße unter der Bahntrasse durchfahren und nach links abbiegen. Ein sonniger Wintertag hat uns dazu verlockt, dieser einstigen Geburtsstätte von Millionen von Bauziegeln im idyllischen Kreuttal noch einmal einen Besuch abzustatten. Wir haben Lust, den Verfall und die weitere Veränderung dieses Ortes zu verfolgen. Im September 2013 waren wir schon einmal hier im still gelegten Ziegelwerk in Schleinbach und staunten über diese so eindrucksvolle Industrieruine. Wie oft im Leben hat man auch schon die Möglichkeit, die verfallenen Betriebsanlagen eines Ziegelwerkes zu besichtigen? Ein seltenes Vergnügen, das uns eine Zeitreise in die nahe Vergangenheit erlaubt. Nach wie vor steht alles offen. Das gesamte Betriebsgelände offenbart sich wie eine plötzlich von allen Menschen verlassene Baustelle. Ein Ort der Stille. Fernab von jedem Lärm haben wir Gelegenheit, uns ganz auf diesen *Lost Place* der Weinviertler Ziegelindustrie konzentrieren zu können.

Die Erzeugung von Ziegeln war im Weinviertel einst weit verbreitet, an der Wende vom 19. zum 20. Jahrhundert gab es in den Bezirken Hollabrunn, Mistelbach und Gänserndorf Hunderte von Ziegelöfen, Weinviertel-Kenner Thomas Hofmann hat dafür sogar den Begriff „Ziegelviertel" geprägt. 1987 sind es nur mehr vier Betriebe, heute mit dem Wienerberger Ziegelwerk in Göllersdorf gerade noch ein Unternehmen. Die reichen Lehm- und Tegelvorkommen in der Region boten für die Ziegelproduktion die besten Voraussetzungen, zahlreiche Arbeitsplätze waren damit verbunden. Die Arbeit der „Ziegler" war kein Honiglecken: Der Brennofen durfte niemals ausgehen und so musste Tag und Nacht gearbeitet werden, auch am Wochenende – in drei Schichten sorgten die Ziegelarbeiter dafür, dass immer genug Ziegelrohlinge, geformt, gepresst und getrocknet, für den Ofen bereitstanden. Hier wachte der „Brenner" mit Argusaugen darüber, dass das Feuer entsprechende Qualität aufwies und nicht ausging. Unermüdlich karrten die „Einscheiber" die Rohlinge heran, die „Ausscheiber" brachten die fertig gebrannten Ziegel zum vorgesehenen Platz im Lager oder gleich zu den Waggons, die auf den Schienen der nahen Feldbahn für den Transport bereitstanden.

Schleinbach war geradezu ein *Hot Spot* der Ziegelindustrie: Gleich drei Ziegelöfen gab es hier, das Werk, in dem wir uns jetzt umsehen, wurde 1911 eröffnet und gehörte seit 1939 der Familie Hardegg. die es von Eduard Hauser, dem langjährigen Besitzer des Unternehmens, übernahm. 1986 wurde das Gewerbe ruhend gemeldet, der Betrieb eingestellt – seit über drei Jahrzehnten stehen alle Räder still.

Ein von einem schweren Ausgleichsgewicht reguliertes Garagentor steht sperrangelweit offen. Wir betreten eines der Betriebsgebäude. Wie erwartet, sind Ziegel und der hier zurückgelassene Ziegelbruch die dominie-

Das weitläufige, fast 14 Hektar große Gelände ist heute verlassen und wartet auf eine neue Nutzung. Einst wurde hier in drei Schichten rund um die Uhr gearbeitet, der Brennofen durfte niemals ausgehen. Heute regiert in den einsamen Hallen der Verfall …

renden Elemente am Areal. Große Bereiche der Betriebsstätte waren dem Trocknen der Ziegelrohlinge gewidmet, sie stehen heute jedoch völlig leer und ausgeräumt. Wir folgen einem von Pflanzen umwucherten Abstieg in einen unterirdischen Gang. Auch dieser ist völlig leer. Das Tor einer Werkstätte mit einer Montagegrube steht offen. Spuren einer wilden Party sind zu sehen, die Wände sind mit Graffiti übersät. Betrachtet man die hier zurückgelassenen Dinge, so stellt sich bei einigen die Frage über ihren Verwendungszweck. Ein Metallsockel, aus dem zerbrochene Glasröhren herausragen. Ein Filter? In einer der tiefen Gruben liegt eine Winterrodel neben einem Schrottauto. Ja, auch das hat man hier hineingeworfen.
Trotz aller mutwilligen Zerstörungen und trotz des Mülls ist die Welt der „Ziegler" noch immer seltsam gegenwärtig: Wir spüren, dass hier einst hart und konsequent gearbeitet wurde, ein Ort, der Respekt und Achtung verdient.

Die verfallene Mühle von Niederabsdorf

Es beginnt schon zu dämmern, als wir vor dem Gebäude aus dem Auto steigen. Einsam steht es da auf freiem Feld, weit abseits des Ortes, fast gespenstisch wirkt es in seiner Öde und Verlassenheit. Keine Spur von Leben, nur Verfall – ein unglaublich stimmiger *Lost Place,* das düstere Monument einer uralten Arbeitswelt, die vielfach abgelöst wurde von großindustriellen Produktionsbetrieben.

Die Francisco-Josephinische Landesaufnahme von 1869–1887 weist den Ort, an dem wir uns jetzt befinden, als „Schweiher-Mühle" aus – gemeint ist das Anwesen Niederabsdorf Nr. 94, gelegen zwischen Zaya und Steinberggraben am sogenannten „Äußeren Wiesboden", seit Jahrhunderten ein weithin bekannter Fixpunkt in der bäuerlichen Welt des Zayatals. Bei den Bauern der Region genoss die alte Mahlmühle, die im 19. Jahrhundert zur „Kunstmühle" umgebaut wurde, besonderes Ansehen, konnte sie doch auf eine lange Tradition und ausgezeichnete Mahlprodukte verweisen – die Landwirte nahmen mit ihren Weizen- und Roggenfuhren daher auch weite Anfahrtswege in Kauf, um hier ihr Getreide vermahlen zu lassen. Heute drohen auch die letzten Reste dieses Traditionsbetriebs für immer zu verschwinden.

Die Geschichte der Mühle in Niederabsdorf führt zurück bis in die Zeit vor der Zweiten Türkenbelagerung Wiens: Im Mühlenbuch von 1661 im Niederösterreichischen Landesarchiv erscheint als Inhaber der „Hofmühl" Hofkammer-Vizepräsident Graf Ferdinand von Hohenfeld (1612–1675), für das Jahr des Herrn 1684 nennen die Matriken der Pfarre Niederabsdorf einen Hans Züster als Müller und seitdem lassen sich die Besitzer der Mühle – was der Ringelsdorfer Heimatforscherin Silvia Klose in mühevoller Arbeit gelang – lückenlos dokumentieren. 1866 erwerben der aus Poysdorf stammende Bäckerssohn Carl Zacharias Schweiher (auch *Schwayer,* 1841–1918) und seine Frau Elisabeth den Betrieb und geben ihm den eingangs erwähnten Namen; 1894 wechselt die Mühle in den Besitz von Karl und Anna Dostalek. Auch Müllermeister Karl Dostalek (1851–vor 1936) ist der Sohn eines Bäckers, er stammt aus dem böhmischen Žamberk (Senftenberg), sein Sohn Wenzel folgt ihm in der Leitung des Unternehmens.

Zum Schicksalstag der Müllerfamilie Dostalek wird der 2. März 1908: Aus unbekannter Ursache gerät der Mahlraum in Brand, die Flammen schlagen bis zum Dachstuhl durch, nur mit Mühe gelingt es den Feuerwehren der Umgebung, das Wohngebäude zu retten. Karl Dostalek beziffert den Schaden auf 40.000 Kronen, nützt aber den Wiederaufbau des Mühlentrakts zur Modernisierung: Neue Maschinen und Transmissionen aus der Mühlenbauanstalt & Maschinenfabrik Jos. Prokop's Söhne in Pardubice *(Pardubitz)* werden installiert – kein Zufall, Karl Dostalek vertraut der Qualität aus seiner Heimat. Der Mahlraum wird auf nunmehr vier Geschosse aufge-

Der Läuferstein des einzig noch vorhandenen Mahlgangs, hergestellt 1950 in Wien – wenige Jahre später musste der Mühlenbetrieb eingestellt werden.

Im ehemaligen Wohnbereich ist der Verfall am weitesten fortgeschritten, die Decke droht bereits gänzlich einzustürzen.

stockt und erhält nach Plänen des Maurermeisters Heinrich Gessinger aus Rabensburg große quadratische Fenster mit Eisensprossengliederung, um für ausreichend Licht zu sorgen, die Fassaden werden glatt verputzt.
Sein Sohn Wenzel Dostalek stirbt bereits 1927, da er kinderlos ist, muss seine Witwe Ida, geborene Bohrn (1879–1957) den Betrieb übernehmen, übergibt diesen aber schließlich 1936 dem zweiten Mann ihrer adoptierten Tochter Rosa, dem aus Ysper stammenden Rudolf Wagner (1902–1958). Müllermeister Rudolf Wagner ist es beschieden, die Geschicke der Niederabsdorfer Mühle während der Nazi- und Besatzungszeit zu leiten, als er im April 1958 im Spital in Mistelbach stirbt, geht eine Ära zu Ende: Die Mühle, durch Jahrhunderte Teil der Weinviertler Industriekultur, muss geschlossen werden.
1961 wird die Liegenschaft von Josef Popp aus Niederabsdorf übernommen, der Mühlenbetrieb bleibt aber eingestellt, es beginnt der langsame Verfall.

Wir holen unsere Helme und Lampen aus dem Kofferraum und bereiten uns auf das Betreten des verwahrlosten Gebäudes vor. Zunächst blicken wir uns aber noch außen um – von den Gärten, die sich hier einst befunden haben, ist nichts mehr zu entdecken, wie eine Insel ragt das Mühlengebäude aus den weiten Feldern in den dunklen Weinviertler Abendhimmel – so, als hätten die Bauern mit ihren Pflügen einen magischen Ring um diesen verwunschenen Ort gezogen.
Dann geht es ans Erkunden: Die stark devastierten Räume im ehemaligen Wohntrakt sind leer, unverkennbar, dass sie manch wagemutigen Jugendlichen als verbotener Abenteuerspielplatz gedient haben.

Im Mahlraum sind die massiven Holzinstallationen der Mühle mit ihren Förderschächten und den Trichtern zum Abfüllen des Mahlguts noch immer vorhanden. Wir bewegen uns mit äußerster Vorsicht, der Boden im Obergeschoss ist bereits teilweise eingebrochen, jeder Schritt muss gut überlegt sein. Die Fundamente im Erdgeschoss lassen noch erkennen, wo sich einst die Hauptwelle befand, und auch die Anordnung des ehemaligen Transmissionssystems – es wurde bei der Umrüstung auf elektrischen Einzelantrieb demontiert – ist zu erahnen. Der Läuferstein des einzig noch vorhandenen Mahlgangs verrät uns, wann er montiert wurde: „I. VI. 1950" lesen wir da im Licht unserer Helmlampen – wohl eine der letzten Investitionen, die Rudolf Wagner vorgenommen hat. Der Läuferstein ist in Wien hergestellt worden, er trägt den Herstellerhinweis „L. WYT. – WIEN XX".
Inzwischen ist es völlig dunkel geworden, noch einmal machen wir eine Runde um das Gebäude, das, obwohl verloren und verlassen, uns dennoch Respekt abnötigt – lieferte die Mühle doch über Jahrhunderte Mehl und damit das Grundprodukt für unser tägliches Brot. Doch das scheint heute vergessen, wir ahnen, dass hier nichts mehr zu retten sein wird …
Von den alten Mühlen im Zayatal erlitt die Weinwurm-Mühle in Drösing, so benannt nach dem Müller Franz Weinwurm, der sie 1896 erworben hatte, ein ähnliches Schicksal: Die bereits im 16. Jahrhundert bezeugte Mühle, die 1705 und 1706 von den Kuruzzen geplündert und niedergebrannt wurde, musste 1956 den Betrieb einstellen – doch 2015 zog wieder Leben auf dem Gelände ein: Die noch wesentlich besser erhaltene Mühle wurde als *Old Mill Ranch* zu einem Westernreitstall umfunktioniert.

Gespenstisch: Der knappe Lichteinfall durch die schmalen Ritzen der Fensterläden und Bretterabdeckungen trägt zur unheimlichen Stimmung im Inneren des verwahrlosten Gebäudes bei.

Wo man in Mehl und Getreide watete: **die Kunstmühle Dornau, Mühlsteinstube Leobersdorf**

Versteckt auf privatem Grund: der Bunker im Garten der Kunstmühle Dornau.

Dornau im Triestingtal, so lesen wir in Adolph Schmidls einst populärem Biedermeier-Reiseführer *Wiens's Umgebungen auf 20 Stunden im Umkreise*, sei ein „Eigenthum Sr. Majestät des Kaisers". Schmidl empfiehlt den Besuch des „schönen Parks" und des „nach neuerem Geschmacke" umgestalteten Schlosses, dies besonders „wegen seiner Meubles", da jedes Stück aus einer anderen Holzgattung verfertigt sei. Heute ist das Schloss Kaiser Ferdinands, das seit 1817 in habsburgischem Besitz stand, eine Ruine – seit dem Kriegsende 1945 baufällig, wurde der 2-geschossige Bau größtenteils abgetragen, nur mehr geringe Reste erinnern an die einstige Pracht. Erhalten geblieben sind der Gutshof und jenseits der Triesting, im Südosten des Schlossparks, die 1740 erbaute Annakapelle. Wo aber, so fragen wir uns, sind die kostbaren Möbel geblieben, von denen unser Cicerone Schmidl so bewundernd spricht?
An der Zufahrtsstraße zum Schlosspark, noch vor dem Eingangstor, liegt das langgestreckte Gebäude der Kunstmühle Dornau.
Trotz des Ruhetages wird uns die Türe geöffnet. Der Zufall möchte es, dass gerade die Betreiberin Frau Susanne Kühn mit dem Auto vorfährt. Der Hund, der von seinem Schlaf in der Sonne erwacht ist und durch seinen torkelnden Gang seine Müdigkeit verrät, empfängt uns mit wedelndem Schwanz. Wir betreten hier das Areal der einstigen Mühle, auf dem heute ein heiß begehrtes Restaurant entstanden ist.
Im Garten, gleich neben dem Bach, liegt eine im Jahre 1900 eingebaute Wasserturbine. Jetzt bereits veraltet und kaputt, fristet, das einstige technische Wunderwerk sein Dasein, bewundert von den am Wochenende vorbeikommenden Gästen.

Saufgelage mit Bonzen und Weibern

1635 wird die Mühle das erste Mal erwähnt, 1928 geht der Traditionsbetrieb in den Besitz von Hans Polsterer aus der Müller-Dynastie Polsterer über. Er lässt die Mühle in eine kombinierte halbautomatische Weizen- und Roggenmühle umbauen und widmet sich ansonsten seinen politischen Aktivitäten: Hans Polsterer sympathisiert offen mit den Nazis und gerät bald ganz in das Fahrwasser Hitlers. Während des Krieges sollen hier, so das Gerücht, wahre Orgien stattgefunden haben. Eine Zeitzeugin, die bereits oben erwähnte Leobersdorfer Ziegelarbeiterin Marie Toth, erinnert sich: „Die Mühle gehörte Herrn Polsterer. Er war ein großer Nazi. Wie man öfter hörte, wurden Saufgelage mit Bonzen und Weibern abgehalten, scheußliche Dinge wurden dort aufgeführt." *(Marie Toth, Schwere Zeiten)* Knapp vor dem Eintreffen der Roten Armee kann Hans Polsterer

Rechte Seite: Ein echter „Hingucker“ für die Gäste der Kunstmühle: die verrosteten Reste einer mächtigen Turbine (oben).

Ein spezieller Erinnerungsort: der alte Backofen. Ein USIA-Betrieb hat hier für einen Teil der örtlichen Bevölkerung Brot gebacken (unten).

einen Teil seiner Mehlvorräte noch regulär – in Säcken zu 84 kg – verkaufen, dann verschwindet er mit dem Geld Richtung Westen. Das restliche „Körndl“ in der Mühle wird zur Beute der Bevölkerung aus der Umgebung. Alois Schabes spricht in seiner Geschichte des Marktes Leobersdorf von „sinnlosen Plünderungen“, man sei in der Dornauer Straße geradezu in Mehl und Weizen „gewatet“. Marie Toth bestätigt diese Exzesse in ihren Erinnerungen, selbst die Androhung der Todesstrafe hält niemanden mehr auf: „Wir Kleinen trugen es in Taschen heim, die Bauern fuhren mit den großen Wagen, Ochsen oder Pferde vorgespannt – und nicht nur einmal. Später verkauften sie es teuer.“
Am 3. April 1945 wird die Dornauer Mühle von Rotarmisten besetzt und beschlagnahmt, in der Bäckerei beginnt man für das russische Militär Brot zu backen, wie Marie Toth bezeugt, wird davon manchmal ein „großer Sack voll Brot“ an die Bevölkerung abgegeben. Hans Polsterer wird noch 1945 enteignet, kann aber 1955 die Mühle für ein „Sühnegeld“ zurückkaufen. Seine erste Maßnahme: Bis auf zwei Müller kündigt er alle Arbeiter und Fachkräfte, auch seinen früheren Obermüller, dann nimmt er den Betrieb wieder auf.

In der Gästestube sind in der Wand einige Öffnungen zu erkennen. Eine davon ist beleuchtet! Sieht man genauer hin, so erkennt man, dass es sich dabei um Ofentüren handelt. Ein Blick in das Innere des Ofens, der mit Holz beheizt wurde, zeigt uns einen riesigen Backraum von etwa 20 Quadratmetern. Ein spezieller Erinnerungsort, denn: Ein USIA-Betrieb der russischen Besatzungsmacht hat hier für einen Teil der örtlichen Bevölkerung Brot gebacken. Vor kurzem ist Herr Walzhofer, der letzte Zeitzeuge, der in der Mühle seinen Arbeitsplatz hatte und das Brotbacken noch selbst beobachten konnte, verstorben. Er erzählte uns, dass es manchen verwegenen Ortsbewohnerinnen immer wieder gelang, an den meist völlig betrunkenen Russen, die in der Stube auf dem Sofa ihren Rausch ausschliefen, einige Laibe frischen Brotes vorbeizuschmuggeln.

Das Areal der Mühle, das geografisch zu Schönau an der Triesting gehört, ist sehr groß. An den Gebäudetrakt grenzt ein wunderbarer Garten, der für seine Pflege allein aufgrund seiner Größe enorm viel Zeit in Anspruch nehmen dürfte, für uns aber auch eine Überraschung birgt: Genau in der Mitte des Gartens befindet sich ein kreisrunder Bunker, der vom bereits erwähnten Mühlenbesitzer Hans Polsterer für seine Mühlenarbeiter errichtet worden war. Die Geschichte des Schutzbaus passt zu dem Bild, das wir von Polsterer haben: Da es ihn ärgert, dass bei Fliegeralarm seine Arbeitskräfte aus der Mühle laufen, um sich irgendwo in der Umgebung vor den herabfallenden Bomben zu schützen, lässt er im Garten einen Bunker errichten. Bis zu 20 Mann konnten hier drinnen sitzen und während der Luftangriffe ausharren. Nach dem Krieg, so berichtete uns Herr Walzhofer, kam des Öfteren ein Jäger vorbei, der aus dem Bunker auf Raben schoss!

VERSUNKENE PRACHT ALTER SCHLÖSSER

Schicksalsort Schloss Pottendorf

Es ist ein Ort, an dem österreichische Geschichte geschrieben wurde, und der dennoch fast vergessen ist. Von seinem Lager in Pottendorf aus zog der letzte Babenberger Friedrich II., genannt der Streitbare, am 15. Juni 1246 in die verhängnisvolle Ungarnschlacht an der Leitha, die ihn das Leben kostete. Und zum Schauplatz einer dramatischen Episode wird die alte Wasserburg an der Fischa im Morgengrauen des 6. September 1670: 200 Dragoner unter dem Befehl eines Grafen Urschenbeck tauchen vor dem Ansitz auf, ihr Auftrag: die Gefangennahme des Burgherrn Ferenc Nádasdy, des Vizepalatins und obersten Richters Ungarns. Nádasdy, erst seit 1665 im Besitz von Pottendorf, wird der Verschwörung gegen den Kaiser bezichtigt, Leopold I. selbst hat die Aktion befohlen. Die Dragoner nehmen die Burg im Handstreich, ein Bediensteter verrät das Geheimversteck seines Herrn, der nur mit einem Nachthemd bekleidet festgenommen und von Urschenbeck nach Wien gebracht wird, zuvor plündern seine Dragoner noch die Ortschaft. Das Sondergericht, geleitet von Hofkanzler Johann Paul Hocher, kennt keine Gnade: Nádasdy wird zum Tode verurteilt und in der Bürgerstube des Alten Rathauses enthauptet.

Der Besitz des „Verräters“ wird eingezogen, 1702 erwirbt Gundacker Thomas Graf Starhemberg (1663–1745) pfandweise die Herrschaft Pottendorf und lässt die Burg 1738 umbauen – unter der Leitung von Johann Lucas von Hildebrandt oder Franz Anton Pilgram verwandelt sich die alte Grenzburg in ein barockes Lustschloss, aus dem bisher dreistöckigen Gebäude wird ein zweistöckiges, unverändert bleiben nur die beiden mächtigen mittelalterlichen Buckelquadertürme, die Wahrzeichen des ehemaligen Wehrbaus.

1803 kauft Fürst Nikolaus II. Esterházy das Schloss, das Wappen der Familie Esterházy über dem rundbogigen Portal an der Südfassade dokumentiert bis heute diesen neuen Besitzstand. Dem Geschmack der Zeit entsprechend, lässt der Fürst die barocke Gartenanlage in einen „modernen“ Landschaftsgarten umwandeln, die mächtigen Baumriesen, die wir heute auf dem Parkgelände bestaunen dürfen, werden wohl damals angepflanzt. Jahrzehntelang völlig verwildert, ist der von der Gemeinde Pottendorf erworbene und mit viel Sorgfalt neu gestaltete Park – er wurde im August 2009 wiedereröffnet – inzwischen zu einem Freizeitparadies geworden.

Nikolaus Fürst Esterházy ist aber auch Unternehmer und beteiligt sich mit 13 anderen Adeligen und Bankleuten an der Finanzierung und Errichtung der Pottendorfer Baumwollspinnerei, der ersten Maschinenspinnerei in Österreich. Er stellt den Grund für den Bau des Fabrikgebäudes zur Verfügung, bis zur Fertigstellung des Werkes werden die neuen Spinnmaschinen, entwickelt vom englischen Fachmann Johann Thornton aus Yorkshire, im Schloss aufgestellt und hier auch prompt in Probebetrieb genommen. Die k. k. privilegierte Garn-Manufaktur in Pottendorf beschäftigt zehn Jahre

Ein österreichischer Schicksalsort ist dem Verfall preisgegeben: Das Dach von Schloss Pottendorf ist längst eingestürzt, die Verwandlung vom feudalen Palastbau zur Ruine schreitet unaufhörlich voran.

Vorhergehende Doppelseite: Auch als Ruine noch ein Ort, der erfüllt ist vom magischem Zauber vergangener Größe: Schloss Pottendorf.

Ein Bild aus besseren Tagen: das Schloss im Jahr 1944. Ein Bombentreffer richtet zwar Schaden an, dennoch bleibt die Frage: Wie konnte es dazu kommen, dass dieses Juwel, Teil des kulturellen Erbes Österreichs, innerhalb weniger Jahrzehnte so devastiert wird?

nach ihrer Gründung 1802 bereits 1.800 Menschen und produziert jährlich 600.000 kg Garne – die größte Baumwollgarnspinnmanufaktur der Habsburgermonarchie.

Als 1938 die Nazis kommen, sind Ladislaus Esterházy (1905–2000) und seine Frau Marietta, geborene Gräfin Erdödy, Eigentümer von Schloss und Herrschaft Pottendorf. Sie ziehen es vor, Hitlerdeutschland zu verlassen und ihren Wohnsitz nach Ungarn zu verlegen, angeblich lassen sie zahlreiche kostbare Kunstgegenstände wie Wandgemälde und Bodenvasen zurück, die in der Folge verschwinden. Auch die große Bibliothek wird offenbar aufgelöst – beschlagnahmt von den Nazis?

Nach Kriegsende 1945 quartieren sich russische Soldaten im Schloss ein, die Räume sind leer, aber noch ist das Gebäude völlig intakt, nur ein Zubau zwischen der Kapelle und den Türmen ist durch einen Bombentreffer am 30. Mai 1944 zerstört worden. Inzwischen ist auch Ladislaus Esterházy mit seiner Familie aus Ungarn zurückgekehrt, er und seine Angehörigen finden im Jägerhaus des Schlosses, Badener Straße 18, eine Unterkunft und leben hier bis 1961. Das Schloss wird 1955 von den Sowjets geräumt und steht in der Folge leer – die Stunde der Vandalen ist damit gekommen: Es beginnt die Ausplünderung des Schlosses durch die Bewohner von Pottendorf und Umgebung. Gestohlen wird alles, was irgendwie brauchbar erscheint – von den kostbaren Holzfußböden bis zu den Kupferleitungen; Jugendliche feiern „wilde Feste" und zerstören mutwillig die verbliebenen Einrichtungen.

„Aus einem wunderschönen Schloss wurde binnen weniger Jahre eine Ruine." *(Hans Leopold, Menschen, Zeiten, Erlebnisse)* Erste Rettungsversuche scheitern, auf einem der beiden Türme kann Ende der 1960er-Jahre zumindest das Dach neu eingedeckt werden. Kostbare Zeit verstreicht – erst 2016 entschließen sich Bundesdenkmalamt, Niederösterreichische Landesregierung und die Marktgemeinde Pottendorf in gemeinsamer Anstrengung zu einer „Teilsanierung" der Schlosskapelle.

Die Kapelle, so haben wir den Eindruck, lässt sich wohl renovieren, auf der Baustelle wird mit großem Einsatz und Knowhow gearbeitet, sorgfältig rekonstruiert man die Details. Doch was tun mit dem Hauptgebäude? Hier ist der Verfall weit fortgeschritten, wir haben tatsächlich eine Ruine vor uns. Das Dach und die Räume im ersten Stock sind längst in sich zusammengestürzt, nur die Balkenlöcher im bröckelnden Mauerwerk und der massive steinerne Treppenaufgang erinnern noch an den Glanz des ehemaligen Palastes; aus den Schuttkegeln wachsen Bäume und Sträucher. Die Außenmauern mit den leeren „Fensterhöhlen" stehen zwar noch und vermitteln noch immer einen grandiosen Eindruck von der ehemaligen Schönheit des Schlosses, doch wenn nicht schnell gehandelt wird, werden auch sie einstürzen. Vom Verfall betroffen sind auch die beiden Buckelquadertürme, das Dach des nördlichen Turms ist bereits verrottet, der endgültige Zerfall, sollte nichts unternommen werden, nur mehr eine Frage der Zeit. Ein österreichischer Gedächtnisort wäre – mit Ausnahme der Kapelle – für immer verloren.

Der Ausdruck „Ruine" ist berechtigt: In den noch vorhandenen „Räumlichkeiten" herrscht eine unbeschreiblich trostlose Atmosphäre des Untergangs.

Der wunderbare Löwenkopf an der Außenfassade des Schlosses ist inzwischen wohl von einem „Liebhaber" barocker Plastik „gerettet" worden (oben).

Im Karner unter dem Altarstein der Schlosskapelle, die nun umfassend restauriert wird.

Robert ist nicht das erste Mal hier und erzählt mir das Abenteuer seiner frühen Bekanntschaft mit diesem imposanten *Lost Place* des alten Adels: „Begonnen hat alles im Sommer 1991, als uns ein Tischler namens Norbert berichtet, dass es in Pottendorf ein Wasserschloss geben soll, von dem man munkelt, dass es einen unterirdischen Geheimgang besitzen soll. Dieser soll beachtliche Ausmaße aufweisen. Als Größenangabe wird uns das klassische Maß aller Burgen und Schlösser genannt: Der Gang soll so breit sein, dass ein Pferdefuhrwerk darin umdrehen kann. Durch diese Geschichte neugierig geworden, beschließen Christian und ich, das Schloss in Pottendorf aufzusuchen, um diesen Gang zu finden und ihn zu dokumentieren. Als wir einige Tage später vor dem Eingang zum Schlosspark stehen, blicken wir in ein undurchdringliches Dickicht von Bäumen und Unkraut. Der Park ist so verwildert und voller Schlingpflanzen, dass wir das Schloss gar nicht sehen. Wir kämpfen uns durch den Dschungel, der von Dornensträuchern dominiert wird. Als wir endlich das Tor des Schlosses erreichen, sehen wir an der Wand neben dem Eingang einen großen Löwenkopf. Dieser wird einige Zeit später nicht mehr vorhanden sein. Viel später erfahren wir, dass das verwahrloste Schloss, bei dem es so gut wie keine Kontrolle gab, von vielen Menschen aufgesucht und alles, was nicht niet- und nagelfest ist, geplündert worden ist. Die Leute haben alles, was sie nur tragen konnten, herausgerissen und die eigenen Gärten damit verziert und geschmückt. Das Schloss der Esterházy wurde zum Selbstbedienungsladen – vor allem für Sammler, die sich hier nach Belieben bedienen konnten.

Über das Eingangstor steigen wir dann in die Ruine ein. Das Dach ist schwer beschädigt und die Balken der einzelnen Stockwerke sind bereits abgefault und herabgestürzt. Wir beginnen in dem Gewirr von eingestürzten Decken und verfallenen Stiegenhäusern den Zugang zu diesem angeblich vorhandenen unterirdischen Gang zu suchen. Fast zwei Stunden sind wir damit beschäftigt, bis wir schließlich in die Kapelle gelangen. Dort entdecken wir links unter dem Altarstein ein Loch im Fußboden. Wir zwängen uns durch das enge Loch, in der Hoffnung, hier endlich diesen Gang finden zu können. Hier unten ist der Boden mit Laub bedeckt, wir haben nur sehr wenig Platz. Zwischen der Decke und dem Raumboden vermögen wir gerade kniend in gebückter Haltung zu verharren. Als wir mit unseren Füßen das Laub zur Seite streifen, sehen wir plötzlich viele Knochen. Menschliche Gebeine! Wir liegen beide auf einem Berg von Menschenknochen! An einer Stelle klafft ein Loch im Haufen der Gebeine. Hier hat jemand etwas gesucht! Totenschädel? Wertvolle Grabbeigaben? Wir befinden uns an der obersten Stelle eines Karners. Schnell kriechen wir wieder aus dem Loch heraus. Das war bestimmt nicht der Zugang zu dem so heiß gesuchten Gang! Mit der Erkenntnis, dass hinter kleinen Löchern viele tote Menschen liegen können, verlassen wir das Grundstück, das zum damaligen Zeitpunkt wirklich im Dornröschenschlaf lag."

Auf den Spuren der Goldburg in Murstetten

Ein verwunschener Garten: Barocke Statuen, verborgen im Dickicht, künden vom einstigen Glanz der Goldburg, einer „Burg, die ihres Gleichen in ganz Österreich nicht hatte" (Franz Xavier Joseph Schweickhardt).

Murstetten, Untere Hauptstraße. Es ist ein kühler Herbstmorgen. Knarrend öffnet Severin Althan die Tür in der Begrenzungsmauer zum Areal der ehemaligen Goldburg. Er ist zu diesem Termin extra aus Wien gekommen, will uns persönlich durch das Gelände führen. Es war der Stammsitz unserer Familie, erzählt er, noch immer fühle er sich diesem Ort besonders verbunden, wecke er doch zahlreiche Kindheitserinnerungen. Aufmerksam folgen wir ihm über die Wiese zu einem Gebüsch – hier, versteckt inmitten der dicht wuchernden Vegetation, stehen sechs barocke Steinplastiken, geschaffen um 1710 von einem unbekannten Künstler. Einst die Zierde einer kenntnisreich und liebevoll angelegten Parkanlage, verschwinden sie jetzt schon fast gänzlich in der grünen Wildnis.

Jeder Schritt, den wir hier machen, führt über historischen Boden. Severin Althan macht uns auf die deutlich erkennbaren Stufen im Gelände aufmerksam, sie markieren die Grenzen des Areals, auf dem sich der legendäre Prachtbau einst erhob; jeder Spatenstich müsste hier, so sinnieren wir, reiches Material zutage bringen. Wir umrunden den ehemaligen Kernbereich des Schlosses und stoßen im Westen auf ein besonderes Kleinod: die alte Brücke über den Wassergraben. Eindrucksvoll spannt sich der kunstvoll gemauerte steinerne Brückenbogen über die Tiefe, ein letztes Zeugnis der feudalen Welt, die sich hier etabliert hatte. Ein Ort, der an die Welt eines Josephs von Eichendorff erinnert – Romantik pur, Verfall und Wehmut, Abschied von versunkenem Glanz! Maria Theresia und ihr Sohn Joseph sollen im Schloss in den Sommermonaten zu Gast gewesen sein, die Erste Gesellschaft des Habsburgerreichs fühlte sich hier zweifellos wohl, in den nahen Feldern und Wäldern lockte das Jagdvergnügen.

Die Reichsgrafen von Althan (auch: *Althann*), ursprünglich aus Schwaben stammend, kamen im 15. Jahrhundert nach Österreich und waren treue Diener der habsburgischen Herrscher. Michael Adolph von Althan (1574–1638) kämpfte in Ungarn gegen die Osmanen und ging als Gesandter nach Siebenbürgen und an die Hohen Pforte; Gundacker von Althan (1665–1747) wurde 1716 zum Hofbaudirektor ernannt und leitete die Erbauung der Wiener Karlskirche und der Hofbibliothek in die Wege; der spanienfreundliche Johann Michael von Althan (1679–1722) galt als Favorit Karls VI. – nach dem frühen Tod des Grafen übernahm der Kaiser sogar die Vormundschaft über dessen Kinder. Kurzum: Das rote Wappen derer von Althan mit dem A im silbernen Feld war im kaiserlichen Hof- und Militärdienst allgegenwärtig. Kaiser Maximilian II. hatte die Althans für ihre Verdienste schon 1574 zu „Freiherren von und zu der Goldburg zu Murstetten" erhoben, 1714 verlieh Karl VI. der Familie das Reichserbschenkenamt des Heiligen Römischen Reiches.

Als Stammsitz der Familie Althan war die Goldburg in Murstetten einst eines der prachtvollsten Schlösser des Landes unter der Enns: Eine „Burg,

Rechte Seite: Stillleben mit zurückgelassenem Schuhwerk: Fenster eines Zubaus unmittelbar an der umgebenden Mauer (oben). Ein Ort voller Romantik: der ziegelgemauerte Brückenbogen über den Wassergraben auf der Westseite der ehemaligen Goldburg (unten).

die ihres Gleichen in ganz Österreich nicht hatte", schreibt bewundernd der Topograf Franz Xavier Joseph Schweickhardt 1836 in seiner *Darstellung des Erzherzogtums Österreich unter der Enns.* Nach der Zerstörung des mittelalterlichen Vorgängerbaus durch die Türken begannen Christoph und Eustach von Althan, die Ahnen unseres jungen Cicerone, 1580 mit der Errichtung eines Schlosses im italienischen Renaissancestil, ein Stich von Georg Matthäus Vischer aus dem Jahr 1672 zeigt den eindrucksvollen Bau, der 1644 noch einmal umgestaltet worden war. Nach schweren Beschädigungen im Türkenjahr 1683 übertrug der „überreiche" Gundacker von Althan die barocke Ausgestaltung des Hauses 1706 dem Architekten seines Vertrauens: Johann Bernhard Fischer von Erlach. Auch Kaiser Karl VI., der große Förderer der Familie Althan, soll als Gast auf der Goldburg geweilt haben.

Woher aber stammt der Name „Goldburg"? Carl Calliano (1857–1934), der bedeutende Sagensammler und Heimatforscher, hat uns dazu in seinem *Niederösterreichischen Sagenschatz* eine Sage überliefert: „Im Schloßgarten befindet sich eine künstliche Grotte, wo ein steinerner Hund von ziemlicher Größe auf einer Art Kasten liegt, wovon die Sage geht: Daß einst ein Hund hier einen verborgenen Schatz entdeckte, welcher aus einer mit Gold gefüllten Kiste bestanden haben soll, von welchem Golde dann die prächtige Goldburg gebaut worden und den Namen erhalten haben soll." Reste dieser sagenumwobenen Grotte sind noch zu sehen, ein Betreten ist aufgrund der Einsturzgefahr allerdings nicht möglich.

Nach dem Tod Gundackers von Althan 1747 begann die Familie ihren Lebensmittelpunkt nach Schloss Zwentendorf zu verlegen, die Goldburg blieb aber weiter in ihrem Besitz. Dann rückte das Jahr 1809 heran. Die Habsburgermonarchie hatte Napoleon den Krieg erklärt, sah sich aber rasch in der Defensive: Anfang Mai drangen die Truppen des Korsen bereits Richtung Wien vor, ein Detachement französischer Infanterie wurde in der Goldburg, die zu diesem Zeitpunkt bereits leer stand, einquartiert. Die Überlieferung berichtet, dass die Soldateska bis in die Nacht hinein fleißig zechte, am Morgen folgt dann die furchtbare Ernüchterung: Im Hof des Schlosses liegt einer der französischen Soldaten – tot, erstochen von einem unbekannten Täter. Niemand hat etwas gesehen, dass Mordmotiv bleibt ein Rätsel. Der Kommandant der Truppe zögert daraufhin nicht lange: Er will Rache für den Ermordeten, lässt einige Geschütze auffahren und befiehlt die Goldburg in Brand zu schießen. Der Befehl wird ausgeführt, die Goldburg, der Stolz der Familie Althan, wird ein Raub der Flammen, an einen Wiederaufbau ist nicht zu denken. Die Ruine wird ihrem Schicksal überlassen, die Bevölkerung der Umgebung bedient sich an den verbliebenen Schätzen: Barocke Statuen wandern auf die Bauernhöfe, einige Plastiken aus der Goldburg treffen wir bei der alten Poststation in Perschling wieder.

Gemeinsam mit uns fährt Severin Althan anschließend zum Mausoleum der Familie Althan, das südlich oberhalb des Ortes liegt. Der neobarocke

Zentralbau, errichtet 1894 von Ludwig Richter, mit den Statuen des heiligen Karl Borromäus und der heiligen Elisabeth am Treppenaufgang ist Gedächtnisort und Wahrzeichen zugleich.

Überraschung am Kirchturm

Ganz im Zeichen der Familie Althan steht auch die Pfarrkirche von Murstetten, die an diesem Morgen noch verschlossen ist, doch Severin Althan weiß Rat: Er ruft die Mesnerin an und bittet sie, uns aufzusperren. Sie ist in wenigen Minuten zur Stelle, für den „Herrn Grafen" und dessen Gäste tut sie das gerne. Wir erkennen, dass diese zum „Mehrstraßendorf erweiterte Kirchsiedlung", wie es im *Dehio* so prägnant heißt, noch immer Althan-Land ist.

Die Kirche „Verklärung Christi" kann auf eine bemerkenswerte Geschichte zurückblicken: 1616 wurde an den Rest eines romanischen Rundbaus ein Langhaus mit frühbarocken Fenstern in spätgotischen Maßwerkformen angefügt; 1683 verwüstete eine türkische Streifschar das Gotteshaus, Gundacker von Althan sorgte 1712 bis 1724 für den Wiederaufbau nach Plänen von Antonio Beduzzi. Wir betreten die Kirche und sind beeindruckt: Die Kirche ist im Grunde ein Mausoleum der Familie Althan: Totenschilde und Epitaphien bestimmen den Raum, der älteste Epitaph für Christoph von Althan datiert aus dem Jahr 1578, das Grabmal für Gundacker von Althan besticht durch seinen schönen Marmorschmuck.

Die nette Mesnerin ist bemüht, uns alles Wichtige zu zeigen, auch die herrschaftliche Orgelempore mit den ungewöhnlichen Holzaufbauten dürfen wir betreten. Auf die Frage, ob wir auch auf den Glockenturm der Kirche steigen dürften, meint sie nur: *Nehmt's eich de Schlissl'n, de steckan eh in da Tia!* Genau das machen wir. Am Zugang der von außen zugänglichen Begräbnisstätte der Familie Althan vorbeigehend, öffnen wir mit den großen Schlüsseln die Tür zum Kirchenturm. Es sind die Glocken und das mechanische Uhrwerk, die uns beim Besteigen von Kirchtürmen besonders anziehen. Es ist immer schön zu sehen, wie an diesen Orten der Ruhe, in den meist vor langer Zeit errichteten Glockentürmen, die alte Technik ihren Platz behaupten kann und auch darf.

Als wir die steile alte Holztreppe weiter emporsteigen und vorsichtig den Kopf durch eine nächste Luke schieben, immer in Erwartung einer Taube, die aufgescheucht emporschnellt und mit ihrem Flügelschlag den Staub aufwirbelt, erblicken wir im Licht unserer Stirnlampen etwas, mit dem wir nicht gerechnet haben! Vor uns liegt ein offener Geigenkoffer, in dem eine Geige liegt. Ja, ein richtiges Musikinstrument, leider mit inzwischen gerissenen Saiten. Malerisch, dieser Anblick. Im Staub hier oben liegengelassen? Eine versteckte Geige? Von einem Schüler, der dem Geigenunterricht nicht mehr beiwohnen wollte? Oder gar Diebsgut? Was bewegt einen Menschen dazu, in der Einsamkeit des Kirchturms seine kostbare Geige zurückzulassen? Seltsam, oder?

Linke Seite: Zu den erhaltenen Teilen auf dem Areal der ehemaligen Goldburg zählt auch ein altes Stallgebäude (oben). Überraschung im Kirchturm von Murstetten: eine Geige, bedeckt vom Staub des Vergessens, verbannt in die Abgeschiedenheit des Turmhauses.

Das vergessene Kellertheater von Schloss Liechtenstein

Bei schönem Wetter ist der in Maria Enzersdorf gelegene Wald am Hausberg ein beliebtes Gebiet für lange Spaziergänge. Es ist ein sehr intensiv besuchter Bereich des Wienerwaldes. Man schlendert über weite, freie Wiesenflächen, vorbei an der malerischen Burg Lichtenstein. Im Rahmen einer Führung bietet sich die Möglichkeit, dieser imposanten, im 19. Jahrhundert umfassend restaurierten Stammburg des alten Geschlechtes Liechtenstein einen Besuch abzustatten.

In unmittelbarer Nähe zur Burg befindet sich das heute als Seniorenzentrum genutzte Schloss Liechtenstein. Die Adresse ist nobel gewählt. Am Hausberg 1 in Maria Enzersdorf gelegen, bieten die hier angebotenen Appartments die „perfekte Wohnlösung für mobile Senioren", aber auch betreutes Wohnen ist hier möglich – eine schönere Umgebung kann man sich für seinen Lebensabend wohl kaum wünschen. Das Café-Restaurant Waldmeierei Liechtenstein, vielen Ausflüglern bestens bekannt, lädt zum Verweilen ein. Vor allem in der warmen Jahreszeit ist das Sitzen vor dem schönen Schlossgebäude bei eine Tasse Kaffee ein besonderes Vergnügen.

Das Schloss wurde unter Fürst Johann I. von Liechtenstein 1820/21 erbaut, der es als Sommerresidenz nützte. Kern der Anlage war ein alter Gutshof, den die Türken 1683 zerstört hatten und der dann wieder aufgebaut worden war. Die Pläne für den klassizistischen Bau zeichneten Joseph Kornhäusel

und Joseph Franz Engel, der mächtige Portalbereich der mehrflügeligen Anlage – im Dreiecksgiebel der von vier Säulen getragenen Attika prangt das steinerne Wappen der Fürsten Liechtenstein – erinnert wohl nicht zufällig an die Weilburg, die zur gleichen Zeit in Baden für Erzherzog Carl und seine Gattin errichtet wurde. Was man auf den ersten Blick nicht ahnen würde: Die desolaten Seitentrakte wurden 1961 abgetragen und 1977 bis 1989 mit Genehmigung des Bundesdenkmalamts originalgetreu wieder aufgebaut. Während der Ungarnkrise 1956 befand sich hier ein Auffanglager für Flüchtlinge, zuvor schon hatten die Sowjets dafür gesorgt, dass der bauliche Zustand sich allmählich verschlechtert hatte.

Faszinierendes unterirdisches Gewölbe: die Kellerwelt unter dem Parkplatz der Seniorenresidenz Schloss Liechtenstein, ein Lost Place des Wienerwaldes.

Der für uns spannende Teil dieser Liegenschaft befindet sich jedoch unter der Erde und ist original erhalten: ein riesiges Kellergewölbe, das seit vielen Jahren in einer Art Dornröschenschlaf liegt. Ganz genau befindet sich dieser gewaltige Raum unterhalb des Parkplatzes, an der Rückseite des Gebäudes. Dieser Ort verwandelt sich gerade in einen *Lost Place* des Wienerwaldes. Das Betreten dieses Gewölbes ist nicht mehr gestattet, es ist kein öffentlich zugänglicher Ort mehr und auch keine Stätte der kulturellen Begegnung, wie dies bis vor einigen Jahrzehnten noch der Fall war. Es ist ein dunkles Reich, aus dem Leben und künstlerische Fantasie gewichen sind. Ein Ort des stetigen Verfalls.

Ausgestattet mit einer Sondergenehmigung, ist es uns möglich, dieses alte Gewölbe zu betreten. Alle Bestandspläne der unterirdischen Anlage sind verschwunden. Wie uns berichtet wird, hat ein Wassereinbruch sämtliche Planunterlagen im Verwaltungsarchiv des Schlosses zerstört. Mit der Ab-

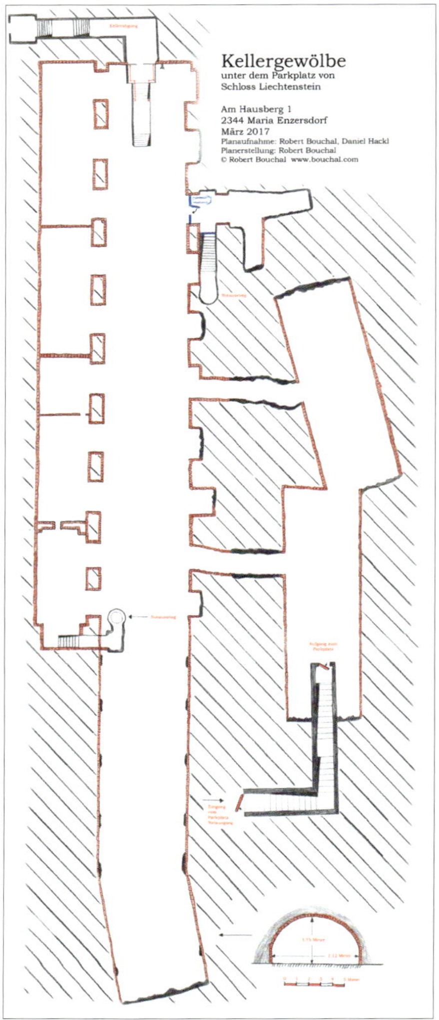

Der von uns erstellte Plan der Anlage kann die Mächtigkeit des Kellergewölbes nur bedingt wiedergeben. Im Bild rechts einer der beiden Verbindungsgänge zwischen den großen Kellerbereichen.

sicht, hier unten eine Vermessung durchzuführen, steigen wir über den Keller in das noch tiefer gelegene Gewölbe ab. Es ist kalt, kein Sonnenlicht dringt in das weitläufige unterirdische Reich. Im Licht unserer Helmlampen betreten wir eine Art Bühne. Wir durchschreiten über Treppen eine sich in ihrer Breite über den ganzen Hauptgang ausdehnende Holzkonstruktion. Eine zersägte Bühne? Ein zersägter Zuschauerbereich? Das Holz ist durch die hohe Luftfeuchtigkeit bereits sehr morsch. Die Holzpodest-Konstruktion stürzt an vielen Stellen bereits ein.

Besonders eindrucksvoll ist das große, lange, aus roten Ziegelsteinen kunstvoll gemauerte Hauptgewölbe, das man in dieser Ausdehnung hier unten so nicht vermuten würde – auch bautechnisch eine großartige Leistung, die leider im Verborgenen bleiben muss! Der Zugang ist über den Keller des Hauses und über ein eigenes Stiegenhaus möglich, das zum Parkplatz an die Erdoberfläche führt; daneben sind noch Notausstiege erhalten, die über Schächte nach oben führen. Die Beleuchtung im Keller ist sehr dürftig. Die Raumluft ist während unserer Anwesenheit nicht unangenehm.

Wir vermuten, dass die Ursprünge dieses einstigen Wein- und Lagerkellers noch auf den alten Gutshof zurückgehen, der sich hier einst befunden hat; sicher ist, dass er im Laufe der Jahrhunderte sehr unterschiedlichen Zwecken diente. So wird er in den Jahren des Zweiten Weltkrieges als Luftschutzkeller genutzt. Eine Gruppe von Hitlerjungen hatte die Aufgabe erhalten, hier unten täglich nach dem Rechten zu sehen. Ihre spezielle Aufgabe: die Säuberung und Überwachung der bereitgestellten Aborte. Beim Ertönen der Luftschutzsirenen musste ja alles sehr schnell gehen, da mussten sich diese bereits in einem ordentlichen Zustand befinden. Sich dieser Verantwortung sehr bewusst, kümmerten sich die Burschen in den kurzen schwarzen Hosen und den braunen Hemden darum. Sie erfüllten ihre Aufgabe zu 100 Prozent.

In den 1980er- und 1990er-Jahren wurde das Gewölbe noch als Veranstaltungsort für Theateraufführungen und Konzerte genutzt. Heute ist hier alles anders. Es ist hier unten sehr still geworden. Das Publikum ist vor langer Zeit gegangen. An einer Stelle finden wir noch einen Hinweis über eine Veranstaltung: Der bekannte Geigenvirtuose Toni Stricker gibt am Mittwoch den 27. August 1986 um 20 Uhr hier unten ein weiteres Konzert. Da das erste ausverkauft war, wird ein weiteres angeboten, der Preis der Eintrittskarte: 50,- Schilling.

Thalia hat ihre schützende Hand über diese unterirdische Theaterspielstätte zurückgezogen: das zerschnittene Interieur.

Die Residenz der Batthyány: **Schloss Trautmannsdorf an der Leitha**

Ja, schon aus der Entfernung von einigen hundert Metern wirkt der riesige Bau verlassen und „verloren", so, als gehörte er nicht mehr in diese Welt. Der Kontrast könnte denn auch größer nicht sein: Hier das imposante steinerne Monument der verschwundenen altösterreichischen Adelsgesellschaft, darüber schweben im Abstand von wenigen Minuten Flugzeuge aus aller Herren Länder Richtung Landepiste in Schwechat. Ein bedrückendes Szenarium, das das Aus-der-Zeit-Gefallen-Sein dieses Orts immens verstärkt – seine augenfällige vollkommene Nutzlosigkeit löst in uns ein Gefühl der Betroffenheit aus. Erbaut als repräsentativer Palast für eine der ersten Familien der Habsburgermonarchie, ragt das Batthyány-Schloss in Trautmannsdorf an der Leitha als trauriger „Kasten" in die Gegenwart.

Es ist wohl die Nähe zur kaiserlichen Residenz, die Karl Josef Graf Batthyány (1697–1772) 1756 bewegt, seinen ausgedehnten Ländereien auch noch den Besitz in Trautmannsdorf hinzuzufügen. Mittelpunkt des herrschaftli-

chen Guts, das er der Familie Windischgraetz abkauft, ist das 1292 erstmals als Burg erwähnte Schloss, ehemals ein wichtiges Glied in der Kette von Verteidigungsanlagen gegen die Ungarn. Die Aktivitäten des Grafen sind durchaus Teil eines großen Plans: Um seinen Besitzstand in der Region entsprechend zu arrondieren, kauft Batthyány auch noch die Herrschaften Götzendorf, Enzersdorf und Fischamend, alle vier Herrschaften werden wie damals oft üblich in einen Fideikommiss eingebracht.

Eine wundersame Erscheinung in der großen Ebene vor Wien: das monumentale Schloss Trautmannsdorf – ein Ort zum Innehalten und Träumen!

Das alte Gemäuer in Trautmannsdorf hat die Türkenkriege und die Einfälle der Kuruzzen gut überstanden und erfüllt vorerst seinen Zweck: Karl Batthyány und seine Angehörigen lernen den neuen Stützpunkt auf dem Weg zu den Besitzungen im Südosten rasch schätzen, Maria Theresia will den verdienstvollen Mann, der noch unter Prinz Eugen gegen die Osmanen gefochten und für sie im Österreichischen Erbfolgekrieg die Schlacht bei Pfaffenhofen siegreich geschlagen hat, in ihrer Nähe wissen und vertraut ihm schließlich 1751 auch die Erziehung des Kronprinzen Joseph, das Amt des „Ajo“, an. 1763 wird Batthyány, der ungarische Magnat, in den Reichsfürstenstand erhoben, eine Auszeichnung, die ihn dem Rang nach in eine Reihe mit den Fürsten Esterházy stellt.

Grüne Kuchel-Sachen

Die Regentin besucht ihren engen Vertrauten einige Male in Trautmannsdorf und ist von seiner neuen Domäne durchaus angetan. Eine Beschreibung des Schlosses, die 1756 aus Anlass des Eigentümerwechsels verfasst wird, hat sich erhalten und vermittelt einen sehr präzisen Eindruck vom Gebäude. So sei es, heißt es da, durchaus gerechtfertigt, von einer „kleinen Festung“ zu sprechen, denn die Verteidigungsanlagen würden sich in einem guten Zustand befinden. Betont wird die Besonderheit des zweifachen Wassergrabens, von denen einer sich wie üblich direkt um das Gebäude ziehe, während der zweite seinen Verlauf außerhalb der Bastionen nehme. Zwischen den beiden Wassergräben liege ein breiter, hoch aufgemauerter Wall mit den vorkragenden Bastionen, der befahrbar und mit Obstbäumen bepflanzt sei, ein angenehmer Ort zum Promenieren und Lustwandeln. Hier würden sich auch ein „Parterre-Gärtl“ sowie das „Stuckhaus“ (=Arsenal) des Schlosses mit immerhin 19 Geschützen befinden, weiters ein Zwinger, die Gärtnerwohnung, die Orangerie und das Glashaus.

Linke Seite: Mit dem Drachen aus der Vogelperspektive fotografiert: das Wappen der Fürsten Batthyány am Giebel des Schlosses (oben). Die einst kunstvoll ausgestatteten Räume sind leer, die kostbaren Möbel, zum Teil speziell für das Schloss angefertigt, sind verschwunden (unten).

Die *Sala terrena* im Erdgeschoss darf in dieser sorgfältig inszenierten spätbarocken Lebenswelt nicht fehlen: Sie ist „sehr wohl und in Fresco ausgemahlen, worinnen eine springende Wasser-Kunst angerichtet, und die Herrschaft Sommers-Zeit zu speißen“ pflege. Gleich daneben befinde sich ein kleiner Keller, in dem Obst und Gemüse („grüne Kuchel-Sachen“) aufbewahrt würden. Und dann erwähnt die Beschreibung noch einen „schönen gewölbter Keller für 3000 Eimer Wein“ (= rund 1754 hl) und die vor kurzem renovierte Schlosskapelle, die dem heiligen Bartholomäus geweiht ist. Hier würden sich außer dem Hochaltar auch zwei Seitenaltäre aus Marmor befinden. An die Kapelle schließe sich der eigentliche „Lustgarten“ an – mit Spalieren, einer sogenannten Wasserkunst, bestehend aus einer dreistufigen Fontäne, einem Vogelhaus und einem freskierten „Gängl“, das direkt von den herrschaftlichen Zimmern im ersten Stock zum Vogelhaus führe.

Einige Jahre vor dieser Beschreibung, 1751, gibt der Hofmathematiker, Kartograf und Geodät Johann Jakob Marinoni (1676–1755) sein berühmtes Lehrbuch für Vermessungskunde *(De re Ichnographica)* heraus, das auch einen Lageplan des Schlosses Trautmannsdorf enthält. Marinonis Grundriss zeigt eine unregelmäßig geschlossene Vierflügelanlage: Nord- und Osttrakt sind nicht verbunden, am Südflügel sind gegen die Bastionen zwei Risalite ausgebildet, am Ost- und Westtrakt je einer. Der frei stehende, mächtige Turm befindet sich im südöstlichen Teil des Hofes. Eine Brücke führt über den äußeren Wassergraben zum Meierhof des Guts.

Unter den Besuchern auf dem Schloss des Fürsten Batthyány ist anno 1782, Maria Theresia ist seit zwei Jahren tot, auch der Schweizer Astronom Johann III. Bernoulli (1744–1807), der im 10. Band seiner *Sammlung kurzer Reisebeschreibungen und anderer zur Erweiterung der Länder- und Menschenkenntnis dienender Nachrichten* (Berlin 1783) dem Ansitz einen be-

Rechte Seite: Blick in den Kuppelraum der Schlosskapelle, vom Dehio auch als „Schlosskirche" bezeichnet. Der Stuckdekor ist noch gut erhalten, die gemalten Elemente verblassen zusehends.

geisterten Bericht widmet. Auch er erwähnt den festungsartigen Charakter: „Das Schloß ist gedoppelt mit Wasserwällen und 6 Bastionen", es sehe von außen zwar alt aus, „inwendig" sei es aber „geschmackvoll" eingerichtet. Zimmer für Zimmer, Saal für Saal wird mit den hier vorhandenen Kunstschätzen und Möbeln ausführlich beschrieben, man hat den Eindruck, ein zweites Schönbrunn zu durchwandern. Bernoulli, der Mathematiker, zeigt sich dabei als wahrer Zahlenfanatiker und so erfährt der Leser, dass das Bibliothekszimmer sieben „Glasschränke von Nußbaumholz mit vergoldeten Beschlägen" aufweist und das Schreibkabinett der Fürstin mit exakt „68 chinesischen Blumenstücken" tapeziert ist, im „Türkischen Zimmer", das mit „carmosinsammtnen" Sofas aus Konstantinopel möbliert sei, zählt er fünf große Gemälde, eines, so weiß er, zeigt den „türkischen Kaiser mit einer Sultanin", umgeben von „15 sehr schönen Sklavinnen und 2 verschnittenen Mohren", dazu kommen „23 kleine Bildnisse", auch sie der exotischen Welt der Hohen Pforte verpflichtet. Der Garten, so Bernoulli, stehe dem Schloss in nichts nach: Von der Galerie des „chinesischen sehr prächtigen Lusthauses", dessen kunstvolle Ausstattung er in allen Details schildert, genieße man eine herrliche Aussicht in die umliegende Gegend, neben der „auserlesenen Orangerie" weise der Park noch „7 Fontainen und eine prächtige Cascade" sowie einen großen Fasangarten auf. Ein Vermögen von sechs Millionen Gulden, so behauptet er, habe Fürst Karl Batthyány bei seinem Tod hinterlassen. Auch dem Ort selbst kann der reisende Gelehrte einiges abgewinnen: „Der Marktflecken ist ansehnlich und alle Häuser sind nach holländischer Manier auf Ziegelart roth angestrichen, welches sehr schön aussiehet. ... außenher sind die Wege mit vielen Kastanien- und Lindenbäumen besetzt."

Dennoch muss diese geschilderte Pracht einem Neubau weichen: Fürst Philipp Batthyány-Strattmann (1781–1870) lässt die alte Anlage schleifen und ein „Lustschloss" im klassizistischen Stil errichten. Die Wassergräben, die die „kleine Festung" umgeben haben, werden zugeschüttet, mit den Trümmern des Baus wird ein Hügel aufgeworfen, bald nur mehr „Schlossberg" genannt und heute noch existent. Auch die Schlosskapelle bleibt nicht verschont, die Särge der Familie Windischgraetz verlegt man in eine neue Gruft in der nahen Pfarrkirche. Und was geschah mit den großartigen Kunstschätzen, von denen Johann Bernoulli erzählt? Wurden sie vor dem Abriss auf andere Schlösser der Batthyány verbracht?

Der Baumeister, dem Philipp Batthyány den 4.200 m^2 großen Neubau anvertraut, ist der aus Mainz stammende Architekt Ernst Koch. Der Mode der Zeit folgend, plant Koch, ein Spezialist für Schlossbauten, für seinen Bauherrn, einen großen Förderer der Künste – Philipp Batthyány unterstützt u. a. den Bau des Wiener Musikvereins –, romantische Elemente mit ein: Ein Rittersaal, versehen mit Wandmalereien, darf da nicht fehlen, ebenso wenig eine in den Bau integrierte Schlosskapelle. Rund eine Million Gulden beträgt das stolze Budget für die Neugestaltung des Besitzes, die auch die Flächen rund um das neue zweiflügelige Gebäude, das 1812 bis 1817 er

Der Verfall schreitet voran: Wenn die Deckenbalken an den Enden verfaulen, gibt es kein Halten – die in der Folge herabstürzenden schweren Balken durchschlagen dann auch die darunterliegende Decke.

richtet wird, miteinbezieht: Der vorhandene englische Park wird vergrößert und mit zusätzlichen Attraktionen versehen, zu Orangerie und Fasanerie kommt nun auch eine Menagerie, sie soll das Publikum aus der nahen Hauptstadt anlocken – bereits ab 1811 ist der Park öffentlich zugänglich. Seinen Verwaltungssitz hat Philipp Batthyány inzwischen in das 1812 erworbene Schloss St. Margarethen am Moos verlegt und so hat der riesige Neubau von Beginn an mit einem grundlegenden Problem zu kämpfen: Er dient nur der Repräsentation, ist aber nicht das von Leben erfüllte Zentrum des familiären Geschehens, ein Handikap, das nach Aufhebung der Grundherrschaft 1848 noch gravierender wird. Die Herrschaft verliert ihre Gerichtsbarkeit und das Recht auf Steuereinhebung sowie weitere Verwaltungsfunktionen, der Niedergang zeichnet sich bereits ab, daran können auch die beträchtlichen Ablösezahlungen aus dem Grundentlastungsfonds und der ehemaligen „Untertanen" nichts ändern. Eine Unterbrechung des beschaulichen Schlosslebens muss überdies1849 in Kauf genommen werden: Während des Feldzuges gegen die „aufständischen" Ungarn wird das Schloss als Militärlazarett genützt.

„Milch-Champagner" gegen TBC

Fürst Philipp Batthyány stirbt 1870, sein Nachfolger im Fideikommiss wird Gustav Batthyány, ein entfernter Cousin, der in England lebt und sich wenig um den Besitz kümmert, schließlich verpachtet er seine niederösterreichi-

Schuhwerk, Ledergamaschen Töpfe und Kanister aus den verschiedensten Zeitepochen: das Schloss als Spiegel historischer Momente.

schen Güter an ungarische Adelige, die ihrerseits Schloss Trautmannsdorf an den Unternehmer Dr. Arthur von Wich weiterverpachten. Der neue Pächter hat denn auch eine wie er meint brillante Geschäftsidee: Er richtet im Schloss ein Sanatorium für Lungenkranke ein, die hier eine ganz spezielle Therapie erwartet – sie erhalten Kumys, vergorene Stutenmilch von echten Tartarenpferden, die Arthur von Wich zusammen mit einem angeblichen Tartarenfürsten und mit Hilfe eines Grafen Woronzoff im Frühjahr 1872 aus Russland importiert hat. Kumys, so behauptet der clevere Unternehmer, sei ein wahres Wundermittel gegen die heimtückischen *Lungen-Affectionen.* Im Dezember 1872 unternimmt eine Gruppe von „Molkerei-Interessenten", mit dabei auch der k. k. Ackerbauminister Johann von Chlumecky und der Leiter der Schweizer Milchversuchs-Station, einen Ausflug in die neue „Kumys-Heilanstalt". Die *Neue Freie Presse* berichtet über die denkwürdige Kumys-Verkostung: „Unsere landwirthschaftlichen Zecher rühmten den Geschmack des Kumys als einen angenehm säuerlich-prickelnden; das Los zu einer Kumyscur verurtheilter Personen ist also in dieser Beziehung wenigstens kein allzu hartes. *(Neue Freie Presse, 20. Dezember1872)* Die „berauschende Wirkung" des Kumys, von den Zeitgenossen auch „Milch-Champagner" genannt, trägt dazu bei, dass die Besucher bester Stimmung sind, der Hausherr verabsäumt es auch nicht, ihnen die Steppenpferde selbst vorzuführen, vor allem auch das Melken der Stuten.
Die Nachfrage nach dem teuren Kumys und einem Kuraufenthalt im Schloss-Sanatorium Trautmannsdorf bleibt dennoch gering – wer es sich

Rechte Seite: Raum für Fantasie: Die Kellerräume des Schlosses stammen zum Teil noch vom Vorgängerbau, eindrucksvoll ein großes Gewölbe mit Deckenmalereien, die mythologische Szenen zeigen (unten).

leisten kann, fährt halt doch lieber nach Karlsbad oder Meran, und für die ärmeren Gesellschaftsschichten ist die Kumys-Heilanstalt viel zu teuer. Kumys gibt es auch in einigen Wiener Apotheken zu kaufen, die große Flasche kostet am Kohlmarkt 11 einen Gulden und 50 Kreuzer, die kleine immerhin noch 80 Kreuzer. Die Geschäftsidee Arthur von Wichs findet in der Nähe Wiens übrigens noch einen Nachahmer: Am Gaisberg unweit der Westbahnstation Neulengbach eröffnet der emeritierte Wiener Universitäts-Assistent Dr. W. Loebisch 1874 ein „Kumys-Etablissement“ für Brustkranke und preist den Einsatz des „vorzüglichen Heilmittels“ auch bei Blutarmut und Magen- und Darmbeschwerden an. Die große Flasche verkauft er in seiner Station um einen Gulden und 20 Kreuzer, die kleine um 65 Kreuzer.

Arthur von Wich muss in Trautmannsdorf nach wenigen Jahren aufgeben, der einige Zeit lang diskutierte Plan, im Schloss die niederösterreichische Landesirrenanstalt unterzubringen, wird 1882 endgültig fallengelassen. Auch Fürst Gustav Batthyánys Sohn Edmund zeigt wenig Interesse an dem Besitz und verpachtet ihn an die Brüder Karl und Alexander Krishaber, die das Schloss zumindest als Wohnsitz nützen.

Von 1899 bis 1915 existiert im Schloss eine „Landes-Winterschule für Landwirtschaft“; nach dem Ersten Weltkrieg werden hier 24 Familien untergebracht – für die stilgerechte Erhaltung der Räume nicht eben vorteilhafte Umstände. Dazu kommen noch ein Hochwasser im Februar 1921 und das schwere Erdbeben im Oktober 1927, beide Naturkatastrophen richten schwere Schäden an.

Da Edmund ohne Nachkommen stirbt, geht die Domäne 1915 in den Besitz von Fürst Ladislaus Batthyány-Strattmann von Nemet-Ujvar über, der bekannte Augenarzt und Wohltäter – er finanziert u. a. das Spital in Kittsee – zieht es allerdings vor, auf seinen ungarischen Schlössern zu leben, das Anwesen in Trautmannsdorf steht nun leer, dringende Renovierungsarbeiten werden nicht mehr durchgeführt. 1939, Österreich ist von der Landkarte verschwunden, wird es zwar unter Denkmalschutz gestellt, eine Sanierung bleibt aber weiterhin aus. 1945 findet Fürst Ladislaus jun. Batthyány-Strattmann, der seine ungarischen Güter durch Enteignung bzw. Verstaatlichung verloren hat, hier eine Unterkunft, an eine Revitalisierung des Schlosses ist jedoch nicht zu denken – um zu überleben, muss der vertriebene Adelige zahlreiche Grundstücke verkaufen, die Größe des Guts in Trautmannsdorf schmilzt dahin. Er stirbt 1966, seine Söhne Ladislaus, Franz, Adam und Anton erben das Schloss und den verbliebenen Grund, aber auch sie bekunden ihr Desinteresse an einer Sanierung, schließlich wird der Besitz von Lukas Graf Batthyány an eine Immobiliengesellschaft verkauft.

1988 kauft der Salzburger Unternehmer Thomas Wassibauer zwei Drittel des Schlosses und will mit der Restaurierung beginnen. Nun häufen sich aber Vandalenakte: Fast alle originalen Türbeschläge werden gestohlen, 1998 erdreisten sich Diebe, die Lünettenbilder über den Türen im Festsaal und einem weiteren Raum herauszuschneiden sowie in der Kapelle

Wandkapitelle herauszubrechen. Der neue Eigentümer plant zwar eine Revitalisierung des Schlosses, will aber gleichzeitig auf einem Teil des Parkareals Wohnhäuser sowie ein Golf-Hotel errichten – ein Konzept, das vom Denkmalamt verhindert wird. 2014 wird die 11 Hektar große Anlage von einem Immobilienunternehmer aus Wien erworben, gemeinsam mit der Sans Souci Group sollen das gesamte Gebäude und auch der englische Garten wiederhergestellt werden – es wäre zu wünschen, dass dieses ambitionierte Vorhaben gelingt, ansonsten droht dem imposanten „Lustschloss" der Fürsten Batthyány der endgültige Verfall, dem Land Niederösterreich und der Republik der Verlust wertvollen Kulturguts.

Als wir uns an einem Wintertag dem Gebäude nähern, liegt auf dem weitläufigen Areal vor dem Schloss der Raureif des Morgens. Es ist kalt. Die Sonnenstrahlen schaffen es nicht, durch die starke Wolkendecke zu dringen, eine seltsame Stimmung macht sich breit. Etwas wehmütig denken wir angesichts der kahlen Fläche an die verschwundene Erlebniswelt, die Johann Bernoulli so begeistert geschildert hat – von Lusthaus, Orangerie, Brunnen und Kaskade keine Spur mehr. Wir umwandern die Rückseite des

Schlosses und gelangen in den nach Norden ausgerichteten rechteckigen Ehrenhof, der von den zwei Flügeln umfangen wird. Die Attika im Mittelteil ist ansprechend gestaltet: Schlanke Säulen tragen einen großen Balkon, wir erkennen in der Wappenkartusche das uralte heraldische Symbol der Familie Batthyány, verliehen von König Matthias Corvinus 1481 an seinen treuen Obersthofmeister Balthasar Batthyány: ein im Nest sitzender Pelikan, der mit dem Schnabel seine Brust aufreißt und mit dem herausfließenden Blut seine drei Jungen tränkt, darunter in einer Felshöhle ein Löwe mit einem Säbel im Maul.

Die Spuren des Verfalls sind allgegenwärtig – dennoch: Schloss Trautmannsdorf wartet auf eine Revitalisierung. Auf das Glück der Wiedergeburt.

Als wir das Schloss durch einen Nebeneingang betreten, sehen wir erst, wie ernst es um die Substanz des zweigeschossigen Riesenbaus bestellt ist. Fußböden, Decken und Wände sind in einem sehr bedrohten Zustand. An manchen Stellen sind die Deckenbalken bereits eingebrochen, die wertvollen Parkettböden sind kaputt, die Vertäfelungen der Türen sind herausgerissen worden, die Wandbespannungen fehlen, nach Möbeln sucht man vergeblich – offenbar hat da jemand dem Zerstörungswerk der Zeit kräftig nachgeholfen. Von den romantischen Deckenmalereien ist kaum mehr etwas zu erahnen, die kostbaren Tapeten des sogenannten „Chinesischen Zimmers" sollen nach Laxenburg gebracht worden sein. Das Dach weist einige reparaturbedürftige Stellen auf, wenn hier nicht schnell gehandelt wird, ist der Bau endgültig verloren.

Am massivsten wirken noch die Stiegenhäuser mit ihren Steintreppen und einen guten Eindruck von der ehemaligen Pracht gibt auch der ovale Kapellenraum im südöstlichen Seitenflügel, der mit klassizistischen Wandmalereien und Stuckverzierungen ausgestattet ist. Der Blick in die großzügig gestaltete Kuppel lässt uns für einen Augenblick die triste Ruinenlandschaft in den Nebenräumen vergessen.

Eine Wendeltreppe neben der Durchfahrt zum Ehrenhof führt uns hinab in die Kellerräume, die mit einer Überraschung aufwarten: Der größte Raum zeigt in seinem Gewölbe gut erhaltene mythologische Szenen und scheinarchitektonische Elemente, offenbar hat man diesen zentralen Kellerteil, der noch vom Vorgängerbau stammen dürfte, in das neue Schloss integriert, die Kellerräume unter den beiden Seitenflügeln sind dagegen als einfache Magazine gestaltet.

Unwillkürlich stellen wir uns vor, wie diese große „Schlossmaschine" einst funktioniert haben mag: Eine beträchtliche Anzahl von „Bediensteten" war hier notwendig, um dem Feudalherrn das Leben so angenehm wie möglich zu machen. Eine Herausforderung war es bereits, diesen Riesenbau im Winter zu beheizen, man beschränkte sich dabei wohl auf einige Abschnitte. Dazu kam die aufwendige Logistik für die Erfordernisse des Alltags: von der Vorratshaltung bis zur Waschküche. Eine Revitalisierung des Schlosses würde Unsummen verschlingen – zu groß sind bereits die Zerstörungen. Beim Durchwandern der Räume bewegt uns daher die Frage: Kann man einen solchen Ort tatsächlich guten Gewissens dem Verfall preisgeben, wie es nun der Fall zu sein scheint?

Nachfolgende Doppelseite: Wenn der Mensch geht, kehrt Morbidität ein: verfallenes Mobiliar in der Post- und Pferdewechselstation Perschling.

VERSCHWUNDENER ALLTAG

Die Post- und Pferdewechselstation in Perschling

Wir stärken uns mit Würsteln mit Saft und genießen das Flair der gemütlichen Wirtshausstube in Perschling. Zum Mittagessen ist es noch zu früh, dennoch ist hier schon einiges los, wir ernten neugierige Blicke. Zu unserem nächsten *Lost Place* sind es noch etwa 150 Meter, also versuchen wir von den gewiss kompetenten Einheimischen noch einige Informationen darüber zu bekommen und fragen eine junge Frau, was sie denn über die alte Post- und Pferdewechselstation im Ort wisse – die Antwort ist ein staunend-fragender Blick: Poststation, hier in Perschling? Nie gehört! Wir sind etwas überrascht, lassen uns aber nicht beirren, das markante Gebäude an der Hauptstraße, der alten Poststraße Wien–Linz, ist nicht zu verfehlen –

mitten im Ort steht es da, unverkennbar ein Relikt aus einer anderen Welt. Beim Anblick der gelb gestrichenen Biedermeierfassade ist die alte Postkutschenzeit wieder gegenwärtig: *Hoch auf dem gelben Wagen sitz ich beim Schwager vorn, vorwärts die Rosse traben, lustig schmettert das Horn,* fällt uns da ein, wir gedenken der Postillione und Kutscher, die auf ihren beschwerlichen Fahrten über Land kaum romantische Gedanken hegten.
Der Nürnberger Postmeister Karl Joseph, der auch die Posthäuser in Purkersdorf und Melk errichtete, soll das stattliche Gebäude mit dem Doppeladler am Giebel einst erbaut haben, man erzählt sich, dass er für sein Personal besonders Sorge trug: Seinen Postillionen bezahlte er angeblich sogar den Friseur, damit sie reisende Damen nicht durch ihr ungepflegtes Äußeres abschreckten.
Auch wenn sich heute kaum jemand im Ort daran erinnert: Seit dem 16. Jahrhundert – eine Inschrift nennt das Jahr 1578 – hielten in Perschling die

Noch wachen der Doppeladler und die Statuen aus der Goldburg über das alte Postmeister-Haus in Perschling. Ein traditionsreiches Haus mit langer Geschichte, das leider zu wenig Beachtung findet!

Langsames Versinken in der Zeit: Die Patina des Verfalls hat diesen stilvollen Sessel nicht verschont.

Postkutschen, um frische Pferde vorzuspannen. Wenn die hochrädrigen, schaukelnden Gefährte aus Sieghartskirchen oder St. Pölten, den beiden nächsten Stationen an der Poststraße Wien–Linz, hier eintrafen, musste alles entsprechend vorbereitet sein: Für die erschöpften Pferde gab es Futter, für den Notfall standen im Stall einige Tauschpferde bereit. Kleine Reparaturen an der Kutsche wurden sofort durchgeführt, hatte ein Pferd ein Eisen verloren, so musste der Hufschmied kommen und das Pferd neu beschlagen. Nicht zuletzt durfte es den Fahrgästen an nichts fehlen: Für Essen und Trinken musste gesorgt sein, einige Zimmer für die Nacht bereitstehen, der Postmeister hatte also alle Hände voll zu tun. Wer am Morgen aus Wien wegfuhr, übernachtete meist in Melk, in Perschling wechselte man die Pferde.
Das Geschäft lief gut – bis die Eisenbahn kam. Mit dem Bau der Kaiserin Elisabeth-Westbahn geriet Perschling allmählich ins Abseits, mit dem Dampfross konnten auch die schnellsten Pferde nicht mehr mithalten. „Durch die Eisenbahnen", so schrieb Heinrich Heine, „wird der Raum getötet, und es bleibt uns nur noch die Zeit übrig." Und für immer verstummte der fröhliche Klang des Posthorns …
Franz Eppel spricht in seinem Führer zu den Kunstschätzen rund um Wien zu Recht von „schlichten, guten Proportionen" des um 1825 erbauten Anwesens, das offenbar dem Verfall preisgegeben ist. Die beiden barocken Wächterfiguren links und rechts neben dem Tor stammen aus der Goldburg in Murstetten und sind passend gewählt: Der Evangelist Matthäus, im „Zivilberuf" einst Zolleinnehmer, ist der Schutzheilige der Post und der Einsiedler Hervaeus, einst Zisterzienserabt in Ourscamp in der Bretagne,

beeindruckte durch seine Fähigkeit, Fröschen, die ihn beim Gebet störten, durch das Heben der Hände Schweigen zu gebieten – wenn man so will Symbol für das Postgeheimnis.

Der einst von Leben erfüllte Innenhof der Poststation hat sich in eine seltsam unwirkliche Oase der Stille verwandelt.

Im Hof treffen wir auf einige weitere barocke Figuren aus der Goldburg: Herkules, Venus, Pan und Pomona geben sich ein Stelldichein – sie passen, wie wir finden, ganz gut hierher, vermitteln sie doch ein bisschen Stimmung auf diesem Gelände, das überschattet ist von der Tristesse der Sinn- und Nutzlosigkeit. Die Wohnräume der dreiflügeligen Anlage sind leergeräumt, die ehemaligen Pferdeställe, noch gut an den Gewölben erkennbar, dienen jetzt als „Garage" für allerlei Geräte und Fahrzeuge, auch ein altes Feuerwehrauto hat hier seinen Platz gefunden.

Die Bilder des langsamen Versinkens in der Zeit sind allgegenwärtig: der wunderschöne Sessel mit seinen geschwungenen Beinen, der auf einen kleinen Käfig gefallen ist. Der von einer Maus aufgebissene Sesselbezug, hinter dem das Tier im Füllmaterial nach etwas Essbarem suchte. Oder war es doch ein Mensch? Ein Mensch, der hier eines der geheimen Verstecke hatte, in denen man einst seine Reserven an Geldscheinen oder Golddukaten aufbewahrte? Wir wissen es nicht. Der Staub der Zeit überdeckt alles, verschont nichts und niemanden!

Ein Türstock, der eine aus Ziegelsteinen errichtete Abmauerung aufweist, weckt unsere Aufmerksamkeit: Unsere Fantasie sieht sich beflügelt – wir rätseln über den Raum hinter der Mauer und stellen uns die Frage, die bei unserer Odyssee durch die Welt der *Lost Places* unser ständiger Begleiter ist: Ist da noch etwas?

Es scheint, als führe die Treppe ins Nirgendwo: Die vom grünen Pflanzwerk dicht umschlossene Baracke des k. u. k. Eisenbahn- und Telegraphenregiments in Korneuburg, gelegen im Niemandsland, wurde einfach vergessen.

Die vergessene k. u. k. Baracke in Korneuburg

Wir sind mit Norbert Glasl am Friedhof von Korneuburg verabredet. Der Friedhof ist sein kleines Reich, denn er ist hier Totengräber – aber nicht nur das: Norbert Glasl, umtriebiger Oberwachtmeister der Miliz, ist ein Mann mit reichem Spezialwissen: So weiß er etwa alles über russische Soldatengräber im Raum Wien, er kennt Korneuburg wie seine Westentasche und will uns hier einiges zeigen. Zunächst wollen wir einen Blick auf das Grab des k. k. Landwehr-Genieoffiziers Gunther Burstyn (1879–1945) werfen, der den ersten geländegängigen Panzerwagen mit drehbarem Geschützturm konstruiert hat, mit seiner Erfindung – er nannte sie „Motorgeschütz" – aber bei deutschen und österreichischen Militärs nur auf Ablehnung gestoßen ist: eine „bahnbrechende Erfindung zur falschen Zeit am falschen Ort" (Daniela und Ewald Angetter). Die ersten Panzer bauten daher die Rüstungsfirmen der Entente, von der Erfindung Gunther Burstyns gibt es nur ein Modell im Heeresgeschichtlichen Museum.
Burstyn, der am 31. März 1941 sogar von Hitler empfangen wird und diesem seine neuen Ideen zu einer Panzerfähre vortragen darf, begeht am 15.

April 1945, am Tag, an dem die Rotarmisten Korneuburg besetzen, Selbstmord. Seine stattliche Villa in Korneuburg existiert noch, als wir später an diesem Gebäude vorbeikommen, halten wir kurz an und gedenken dieses Mannes, der leider fast vergessen ist.

Nachdem wir uns auch noch die kleine, 1915 bis 1917 zusammen mit dem „Heldenfriedhof" errichtete Gedächtniskirche am Korneuburger Friedhof angesehen haben – ein sehenswertes Kleinod, entworfen vom Leutnant der Reserve Karl Lehrmann, mit ungewöhnlicher Innenausstattung, u. a. auch einem Porträt Kaiser Karls und einem eindrucksvollen Relieffries an der südlichen Außenwand, das den unerbittlichen Sensenmann zeigt, wie er die Soldaten ins Jenseits führt –, steigen wir in Norberts Wagen und los geht es. Gleich 72 Objekte verzeichnet die offizielle Liste der denkmalgeschützten Orte in Korneuburg, doch den Platz, den wir jetzt ansteuern, sucht man da vergeblich. Norbert hält auf dem Gelände einer Fabrik, dann geht es zu Fuß weiter durch hohes Gras, wir sind da richtig im Niemandsland gelandet. Dann, halb verborgen durch Gebüsch, taucht unser Ziel auf: eine noch original erhaltene Baracke der k. u. k. Truppen.

Der über hundert Jahre alte Holzbau ist gut erhalten, die massive Dachkonstruktion verrät uns, dass hier durchaus nicht nur für den Augenblick gebaut worden ist. Am westlichen Stiegenaufgang zur Baracke sind kreisrunde Abflüsse zu erkennen, vermutlich einst die Toilettenanlage der Unterkunft. Wir denken uns das hässliche Gerümpel weg, das mittlerweile das Innere der Baracke verunziert, und stellen uns vor, wie hier zu Kaisers Zeiten die Soldaten des Korneuburger Hausregiments, des k. u. k. Eisenbahn- und Telegraphenregiments, ihren Dienstpflichten nachgegangen sind. Gut möglich, dass in dieser Baracke einst Teile des Train- und Übungsmaterials der Feld-Telegraphen-Abteilungen lagerten – Übungen für den Kriegsfall standen im Mittelpunkt des Garnisonslebens. Die Leistungen dieser Spezialtruppe sind heute vergessen – an Gunther Burstyn haben wir ja schon erinnert, daneben gab es aber eine Reihe weiterer Regimentsangehöriger mit bedeutenden Entwicklungen: Oberleutnant in Reserve Ing. Friedrich Roth konstruierte eine zerlegbare Eisenbahnbrücke mit einer möglichen Spannweite bis zu 90 Metern; die Hauptleute Ludwig Leidl und Karl Mayer bauten zerlegbare Masten für die drahtlose Telegrafie und die Hauptleute Franz und Leopold Girak, später mit ihrer 1920 gegründeten Firma erfolgreiche Unternehmer, machten Furore mit zahlreichen Innovationen im Seilbahnbau.

Angeblich, so erzählt uns Norbert Glasl, soll es auf diesem Gelände mehrere große Holzbaracken gegeben haben. Nach dem Ersten Weltkrieg, als die Not am größten war, seien diese Baracken von den Einheimischen zerlegt und das Abbruchmaterial für den Eigenbedarf verwendet worden. Es sei die allerletzte, die hier inmitten des verwilderten Areals noch stehe, ein *Lost Place* des k. u. k. Militäralltags, der mit dem Zusammenbruch der Monarchie entstanden ist – der Staatsvertrag von St. Germain 1919 verbot der Republik die Aufstellung einer Eisenbahntruppe.

Geisterstätten der Bürokratie: **Die alten Zollamtshäuser in Ringelsdorf-Niederabsdorf**

Mit dem 4. Dezember 1989 verbindet wohl kaum jemand eine besondere Erinnerung, dennoch ist dieser Tag zum Schicksalstag für viele geworden: An diesem Wintertag fällt der „Eiserne Vorhang", die Grenze zwischen Österreich und der Tschechoslowakei wird geöffnet. Jahre später, am 21. Dezember 2007, tritt das zu Tschechien verwandelte Nachbarland dem Schengen-Raum bei, damit sind die Grenzkontrollen endgültig obsolet. Vorbei das leicht unbehagliche Gefühl, wenn der Fall eintrat, dass die Zollbeamten den bangenden Ankömmling zur Seite winkten, vorbei die unfreundlichen

Von den Nationalsozialisten als autarke Inseln außerhalb der Ortschaften errichtet: die „deutschen Zollhäuser", aufgenommen von der Kamera unseres Drachens.

Fragen, das neugierige Herumstöbern im Gepäck. Verdächtig war ja vieles; Bücher etwa und Zeitschriften, die vom freien Denken kündeten.
Was nicht immer bedacht wird: Mit den Zoll- und Passkontrollen verschwanden auch die Arbeitsplätze, lange Zeit hindurch für „sicher" gehaltene Posten. Niemand fürchtete mehr die Amtsstuben des Zolls, die nun zu Geisterstätten der Bürokratie wurden, zu *Lost Places* des geteilten Europas. Wo einst rund um die Uhr, in drei Schichten, Dienst geschoben wurde, voll besetzte Reisebusse und riesige LKW-Züge auf ihre Abfertigung warteten, kehrte die Stille des Verfalls ein, eine Stille, die nichts Heimeliges, Vertrautes an sich hat, sondern erfüllt ist von tödlicher Leere.
Genau dieser Stille und dieser beklemmenden Leere begegnen wir in den verlassenen Zollamtshäusern von Ringelsdorf. Direkt an der Bundesstraße 49, der Bernsteinstraße, stehen sie: zwei in die völlige Nutzlosigkeit gefalle-

Eben angekommen oder gerade bei der Abreise? Ein leerer Koffer als letzte Hinterlassenschaft in den verödeten Zollamtshäusern.

ne, heruntergekommene und – von außen betrachtet – völlig idente Häuser. Erbaut wurden sie 1938 von den Nationalsozialisten, die damit ihren Zollgrenzaufsichtsorganen an der „neuen" Reichsgrenze repräsentative Unterkünfte bereitstellen wollten, ähnliche Zollhäuser dieser Art – auch „deutsche Zollhäuser" genannt – entstanden in Schrattenberg, Bernhardsthal, Hohenau und Drösing. Das Bauprogramm belebte kurzfristig die Situation am Arbeitsmarkt der Region; der Stundenlohn der Bauarbeiter betrug 1 Reichsmark. Insgesamt vier Bautypen dieser NS-Wohnarchitektur sind bekannt: Die Wohnfläche je Haus betrug etwa 250 m^2, was die Infrastruktur betraf, so war die Zwillingsanlage eine autarke Insel: Die Stromversorgung erfolgte durch Aggregate, das Wasser kam aus einem Brunnen, das Abwasser wurde in Senkgruben abgeleitet. Seinen Dienst als „Hilfsgrenzschutzmann" versah hier auch Karl Frey, der Gründer des Kinos in Ringelsdorf *(siehe auch das folgende Kapitel).*

Nach Kriegsende wurden die Zollbeamten abgezogen und die Wohnungen vermietet, Mitte der 1970er-Jahre gingen die Häuser in Privatbesitz über und standen seit dieser Zeit leer, 2017 wechselten sie bislang ein letztes Mal den Besitzer. Wie wir erfahren, war die Dienststelle Hohenau der Finanzlandesdirektion für Wien, Niederösterreich und Burgenland damit beauftragt, in regelmäßigen Abständen die leerstehenden Gebäude zu kontrollieren. Bei einer dieser Kontrollen überraschten die Beamten zwei Männer, die eben einen Ofen demontierten und abtransportieren wollten.

Das riesige Auge hat fast die ganze Wand in Anspruch genommen: Graffiti-Kunst belebt die einsame Geisterstätte.

Beutezüge dieser Art erfolgten wohl öfter – das Grundstück, auf dem die beiden Häuser stehen, besitzt keinen Zaun, das heißt, dass sich offenbar niemand dafür wirklich zuständig fühlt. Das etwa 4.000 m^2 große Areal ist von außen frei zugänglich und weit und breit sind keine Verbotsschilder zu sehen. Kommt man hier am Tag vorbei, so ist die Atmosphäre sehr okay. Doch in der einsetzenden Abenddämmerung oder in der Nacht sind die Häuser recht unheimlich.

Im Freien entdecken wir einen der Brunnen, aus dem die Grenzschutzmänner einst ihr Wasser bezogen haben. Eines der Häuser besitzt keinen Außenverputz, man kann daher gut die aus Ziegeln bestehende Bausubstanz erkennen. Als wir uns dem ersten Gebäude nähern, gelangen wir zu einem Berg an Hausrat und zerstörter Inneneinrichtung. Das ganze Gerümpel liegt vor dem Fenster, es hat den Anschein, als hätte hier eine eilige Zwangsdelogierung stattgefunden. Die Fensterscheiben sind zerschlagen und die unvermeidlichen Grafitti-Sprayer sind auch hier vorbeigekommen. In einem der Zimmer steht ein Zelt. Einer der Räume ist völlig zugemüllt. Plötzlich fühlen wir uns beobachtet. Ein riesiges Auge, das die ganze Wand eines Raumes in Besitz genommen hat, starrt uns an – ein Ort, so finden, wir, dem es doch ein bisschen an Wohlfühlatmosphäre mangelt.

ZEISS
IKON

Das verlassene Kino in Ringelsdorf

Eine unglaubliche Entdeckung: die noch mit Kohlestäben als Lichtquelle betriebenen originalen Projektoren im ehemaligen Kino von Ringelsdorf. Ein seltener Fund!

Es war ein Ort der großen Leinwand-Emotionen – in Cinemascope, Technicolor und auf Breitwand: *Marschier oder krepier,* ein „Himmelfahrtskommando in Algerien" mit Stewart Granger und Dorian Gray, hielt die Besucher hier am 5. Juli 1964 in Atem, am Tag zuvor spielte man den „harten Farb-Western" *Die schwarzen Reiter von Dakota* und ein Woche früher den Orson-Welles-Klassiker *Der dritte Mann,* dazwischen den Kriegsfilm *Klar Schiff zum Gefecht* mit Lex Barker und Jeff Chandler. Am 30. Mai 1964 sorgten hier Christine Kaufmann und Hilde Krahl im Psycho-Krimi *90 Minuten nach Mitternacht* für Gänsehaut und wer weniger Action wollte, konnte sich in diesem Sommer bei den *Traumstraßen der Welt I. und II. Teil* entspannen, das Programm bot für jeden etwas. Seit 1923 sorgten die „Lichtspiele" hier in Ringelsdorf in der Bahnhofstraße 329 für Unterhaltung und Abwechslung, immerhin 169 Sitzplätze fasste der Zuschauerraum. Im angeschlossenen Gasthaus konnte man sich vor dem aufregenden Kino-Abenteuer noch ausreichend stärken; unmittelbar nach Errichtung des Lokals nach dem Ersten Weltkrieg – sein Erbauer Karl Frey (1892–1951) hatte sich dabei der Unterstützung der Floridsdorfer Mautner-Markhof-Brauerei zum St. Georg erfreut – hatten sich hier noch die Mitglieder des „Deutschen Turnerbunds 1919" getroffen und mit ihren aufdringlichen „Heil!"-Rufen für Stimmung gesorgt. Das unscheinbare Eckgebäude, einst ein beliebter abendlicher Treffpunkt der Weinviertler Jugend, steht heute leer und befindet sich in Privatbesitz. Wir besuchen es gemeinsam mit dem Besitzer.

Das Brecheisen sitzt mit seiner schmalen Seite fest zwischen Türblatt und Türrahmen. Mit aller Kraft versucht Herr Othmar Schweinberger die verschlossene Tür zu öffnen. Da es keinen Schlüssel mehr gibt, rückt er dem widerspenstigen Hindernis mit Muskelkraft und zwei Eisenstangen zu Leibe! Fast 40 Jahre lang hat niemand mehr den Bereich hinter dieser Türe betreten. Nun ist die Neugier sehr groß und wenn kein Schlüssel vorhanden, so muss eben eine andere Gangart eingelegt werden. Das Türschloss wehrt sich vehement, hier beim Zugang zum Projektionsraum des bereits 1970 stillgelegten Dorfkinos. Der Aufstieg des Fernsehens und die zunehmende Mobilität des meist jüngeren Publikums sorgten dafür, dass die Besucher allmählich ausblieben. Da halfen auch Sex und Crime statt Western und Kriegsfilm nicht mehr: Die Ringelsdorfer Lichtspiele mussten schließen – ein Schicksal, das sie mit zahlreichen anderen Kinos der Region teilten. Über 50 „Lichtspielhäuser" gab es einst im Weinviertel, heute sind es gerade noch fünf: Stockerau, Retz, Laa an der Thaya, Mistelbach und Deutsch-Wagram.

Eigentlich war es ein Dorfgasthaus, das nebenbei auch noch mit dem Kino Gäste anlockte. Nach seinem Besitzer Karl Schmida (1922–1987), der es von seinem Vater Mathias übernommen hatte, sprach man daher in Kurzform vom „Gasthof Schmida-Kino". Auch das Gasthaus Schmida wird

schon lange nicht mehr betrieben. Über dem Zugang zur Wirtshausküche hängt ein Kreuz. Auf dem Türstock prangt mit Kreide geschrieben der letzte Segen der Heiligen Drei Könige Kaspar, Melchior und Baltasar, der das Lokal erreichte: *19 K + M + B 92.* Im Gasthaus selbst sind keine Tische und auch keine Bestuhlung mehr vorhanden, nur die originale Schankbudel steht noch da. Zwei *Almdudler*-Jahreskalender aus den Jahren 1982 und 1983 zieren die Wand. Ansonsten ist es hier sehr leer. Ein Gasthaus ohne Einrichtung, ein weiter Raum – unser Blick schwenkt hinauf zur Decke. Ein sonderbares Gemälde! Ein Bild, das einige Augenblicke benötigt, um erfasst zu werden. Italienische Künstler, welche sich in der Kunst der Überkopf-Deckenmalerei üben wollten, so wird uns vom Gasthausbesitzer Othmar Schweinberger berichtet, hätten hier geübt. Ein recht eigenwilliges Gemälde, das jedoch beim Betreten der leeren Gaststube die Aufmerksamkeit sofort auf sich zieht!
Das Gasthaus besitzt hinter der Schank eine im Boden eingelassene Falltür, über die man in den Keller hinuntersteigen kann. Ein leerer Keller, von dem man jedoch in einen schönen, beachtenswerten, aus Ziegeln errichteten Eiskeller gelangen kann. Es ist feucht hier unten und das Wasser tropft von der Decke herunter! Wieder an der Oberfläche angekommen, schreiten wir durch den Innenhof hinter dem Gasthaus. Auch die angrenzenden Gebäude neben dem Gasthaus sind im Besitz von Herrn Othmar Schweinberger. Auf dem Dachstuhl machen wir erneut eine Entdeckung: Vor uns liegt eine unglaubliche Menge an „Waffen". „Waffen", die wir aus unserer Kindheit kennen. Niemals hätten wir geglaubt, hier so ein geheimes „Waffenlager" zu finden. Einige der Modelle befinden sich sogar noch in der ursprünglichen Klarsichtverpackung, in der sie früher einmal zum Kauf angeboten wurden. Kindheitserinnerungen werden wach! Wir spielten im Sommer Cowboy und Indianer, manchmal aber auch Agent und Detektiv. Detektive waren in den Filmen immer bewaffnet, um sich selbst schützen zu können! Wir hatten als Kinder jeder nur eine einzige dieser Plastikpistolen. Keiner von uns hatte zwei! Und jetzt plötzlich liegen so viele vor uns. Nie im Leben hätten wir gedacht, hier im tiefsten Weinviertel noch einmal eine Begegnung mit der „Wasserspritzpistole" erleben zu dürfen.
Wir stehen nun im ehemaligen Zuschauerraum, dem Ort der großen Emotionen. Romy Schneider als „Sissi" und John Wayne als treffsicherer Westernheld am Rio Grande zogen hier einst das Publikum in ihren Bann. Auch hier wurden alle Sessel entfernt. Nichts ist hier mehr vorhanden. Auch die Leinwand fehlt, nur die Wandhaken, an denen sie befestigt war, sind noch zu erkennen. Einzig und allein die kleinen Gucklöcher für die Objektive und die ganz kleinen Fenster für den Vorführer sind noch da. Dennoch spürt man hier noch ein wenig die Atmosphäre des Kinos. Wir bilden uns ein, noch das Rattern des Projektionsmotors, bei dem die breiten Walzen mit ihren seitlichen Noppen exakt in die Perforierung des Filmes zum Weitertransport greifen, ganz leise hören zu können. Als Cineasten und Liebhabern der projizierten Bilder ist sie uns sehr vertraut, diese mit

Eine Huldigung an die Filmlegenden: der Traum von Hollywood im kleinen Dorfkino.

Erwartung geladene Atmosphäre, in der wir von einer Sekunde auf die andere optisch und akustisch in den Wilden Westen oder auf einen klingonischen Sternenkreuzer versetzt werden.

Heute als Lagerplatz für den alljährlichen Dorf-Umzug genutzt, hat das Kino auf uns noch immer eine anhaltende Wirkung. Auch wenn alle Kinosessel verschwunden sind und das letzte Filmplakat abmontiert ist, kann es doch nicht sein, dass der leere Raum ohne Klappsessel das einzige ist, was uns an die große Zeit des Kinos erinnert! Und genau aus diesem Grund versucht Herr Othmar Schweinberger seit Minuten und mit aller Kraft diese Eisentür zu öffnen. Der Zugang zum Projektionsraum war nur von außen gegeben, das Vorführen von Filmen nur dem geschulten und mit der Gefahr vertrauten Personal gestattet – galt es doch diese unter großer Hitzeeinwirkung betriebenen Projektoren sicher zu bedienen.

Es dauert eine ganze Weile, bis es zu dem alles entscheidenden Ruck kommt, mit dem die Zugangstür geöffnet werden kann. Doch dann ist es so weit: Gespannt und hellwach betreten wir die nach oben führenden Treppen des Raumes. Seit fast 40 Jahren hat dieser Raum auf Tageslicht gewartet

Im feuchten Untergeschoss des Gasthauses entdecken wir einen aus Ziegeln errichteten Eiskeller.

Rechte Seite: Ein Höhepunkt unserer Entdeckungsreise: originale Standbilder von Gewerbetreibenden der Region, die damit vor Beginn des Hauptfilms ihre Produkte und Leistungen bewarben.

und nun ist es so weit. Wir sehen die auf jeweils einem mächtigen Standfuß ruhenden mächtigen Projektionsmaschinen der Firma Zeiss Ikon AG aus Dresden. An der Wand hängen in einem Bilderrahmen hinter Glas die beiden im Jahre 1961 durch das Amt der Niederösterreichischen Landesregierung ausgestellten Vorprüfzeugnisse mit den Nummern 924 und 925. Es sind Bildwerfer mit der Typenbezeichnung Ernemann II, die hier betreut von Karl Schmida zum Einsatz kamen. Diese beiden Bildwerfer-Vorprüfzeugnisse waren offenbar aushangpflichtig und fanden deshalb ihren Platz an der Wand.

Ein mächtiges Rohr führt von jedem dieser Projektoren als Hitze- und Rauchabzug hinaus ins Freie. Beim letzten Verlassen des Projektionsraumes wurden die Optiken noch vorbildlich mit einer Plastikhülle vor dem Staub geschützt. Beim Öffnen der Lichtkammer eines der Projektoren sehen wir den Sitz des Brennstabes und den dahinterliegenden Parabolspiegel, der das Licht nach vorne zur Leinwand projizierte. Die Halterungskammern für die Filmspulen des Projektors sind mit dem damals üblichen Asbest ausgelegt. Die Kombination aus Filmmaterial und großer Hitze, die bei den Projektoren entstand, war eine besondere Gefahrenquelle. Wir machen nun im Refugium des Filmvorführers Karl Schmida eine unglaubliche Zeitreise. Noch immer liegen Filmspulen, Sicherungen, Reserveoptiken, Brennstäbe in mehreren Varianten und nagelneue Reservereflektoren hier bereit. Alles das, was der auf sich alleine gestellte Vorführer so braucht. Er allein ist verantwortlich für den tadellosen Ablauf der von den Zuschauern erwarteten Vorstellung. Er alleine entscheidet, was auf der Leinwand zu sehen sein wird und ob der Abend für den zahlenden Besucher zu einem beeindruckenden Erlebnis wird.

Ein *Lost Place* der besonderen Art offenbart sich uns jedoch, als wir einen in einem Karton abgelegten Film ohne Spule entdecken. Einen Film, der den Weg zurück zu seinem Besitzer anscheinend nicht mehr gefunden hat. Auf der Schachtel steht: „Englands erste Siedler“: Ein Kurzfilm mit der Nummer 1698. In der Schachtel liegt ein Begleitschreiben vom Dezember 1967.

Und dann? Dann kommt es zum Höhepunkt unserer Entdeckungsreise! Das Kino war nicht zuletzt der Ort, an dem jeder Gewerbetreibende der Region seine Kunden erreichen konnte. Die Möglichkeit, auf sein Produkt oder sein Gewerbe aufmerksam zu machen, war genau hier ideal und wurde recht früh erkannt. Werbung im Kino war jedem vertraut und war vor allem vor dem Film, wenn die Erwartungshaltung und die Aufmerksamkeit der Zuseher noch sehr hoch waren, immer gut platziert. Wir können unsere Freude nicht verbergen, als wir die hier zurückgelassenen Werbedias vorfinden.

Die Projektionsmaschinen des ehemaligen Kinos von Ringelsdorf werden mit Sicherheit nie wieder in Betrieb genommen werden. Wer weiß, wie lange es diesen *Lost Place* der ländlichen Kinowelt noch geben wird!

Der stille Schüttkasten in Ringelsdorf-

Eines der wirklich alten Gebäude in Ringelsdorf ist der Schüttkasten in der Meierhofgasse. Einst befand er sich im Besitz der Fürsten von und zu Liechtenstein, die hier auf mehreren Geschossen Getreide lagerten. Das Untergeschoss jedoch, ausgestattet mit einem breiten Ziegelgewölbe, wurde für den Wein genützt – gleich 150 Eimer der herrschaftlichen Kreszenzen sollen hier verwahrt worden sein, wie es in einer *Zusammenstellung über den Wirtschaftsstatus der Herrschaft Rabensburg* aus dem Jahr 1782 heißt. Über die Qualität des Weins schweigt diese Quelle, einige Jahrzehnte später, anno 1814, beklagt sich allerdings der *Fürstlich Liechtensteinsche* Amtmann Ferdinand Blumenwitz in seiner ausführlichen *Beschreibung des landwirtschaftlichen Zustandes der Herrschaft Rabensburg* über das fehlende Wissen der Weinbauern der Region: So würden sie viel zu früh mit der Lese beginnen, auch von der Bodenbeschaffenheit und den dafür passenden Rebsorten hätten sie wenig Ahnung. Dafür würde sich speziell Ringelsdorf „in der Kultur des Möhrenanbaus vorzüglich auszeichnen". Die Möhren würden sie auf dem Wochenmarkt in Zistersdorf gut verkaufen.

Eine atmosphärisch dichte „Zeitkapsel", wie sie im Weinviertel immer wieder anzutreffen sind: der Schüttkasten in Ringelsdorf. Getreide wird hier schon lange keines mehr gelagert – dafür sind Erinnerungen aus der bäuerlichen Welt von gestern versammelt: vom Pferdekummet bis zum Schlitten.

Blumenwitz, ein aufmerksamer Beobachter von Land und Leuten, weiß auch einiges über die Sitten des „Landvolks" zu berichten. So fällt ihm bei den slawischen Burschen auf, dass sie gerne ringen und einen Tanz praktizieren, der darin besteht, dass sie in die Höhe springen. Bei beiden Übungen, so Blumenwitz, würden sie sich oft verletzen, was schade ist, da sie eigentlich einen schönen Körperwuchs hätten, noch dazu würden sie dadurch auch für den Wehrdienst „unbrauchbar".

Uns wird erlaubt, durch die einzelnen Ebenen zu gehen und wir entdecken hier allerlei abgestellte Dinge, die offenbar keine Beachtung mehr finden. Eine Zeitkapsel, in der Erinnerungen an die Welt von gestern wach werden. Ein Fundus für jenen, der in die Epoche seiner Vorfahren reist. Laut Aussage eines Einwohners von Ringelsdorf soll es hier auch einen unterirdischen Gang gegeben haben – eine Legende oder steckt da doch etwas dahinter?

Wahrzeichen und Symbol der Region: das „Rote Haus“ von Parndorf, angeblich einst ein Getreidespeicher, heute Teil des Truppenübungsplatzes Bruckneudorf.

Das Rote Haus von Parndorf

Der Nebel legt sich über die Felder und das Buschwerk, als wir bei einsetzendem Regen das seltsame Bauwerk nahe der A 4 in Parndorf erreichen. Alle Leute kennen es als das „Rote Haus“, ein merkwürdiges Wahrzeichen dieser Gegend, das einen etwas unheimlichen Eindruck macht! Wir verstehen jetzt Parndorfs Bürgermeister Wolfgang Kovacs, der das alte Gemäuer in den Besitz der Gemeinde bringen will. Das Haus, so hat er in einem Interview mit der *Burgenländischen Volkszeitung* erklärt, sei es wert, als „Symbol“ erhalten zu bleiben, es habe für die Parndorfer einen „emotionalen Wert“.
Die Zugänge waren mit Baustahlgittern verschraubt, so dass wir im November 2014 nicht hineingegangen sind. Möglicherweise schaut es heute da schon wieder ganz anders aus!? Wir sollten hinfahren!
Das Haus befindet sich noch im Besitz des Österreichischen Bundesheers und ist Teil des Truppenübungsplatzes Bruckneudorf, errichtet wurde es vor dem Ersten Weltkrieg, angeblich als Getreidespeicher – warum aber hat es dann so viele große Fenster? Das war für diesen Zweck doch eher unpraktisch!

Der Parndorfer Gemeinderat Franz Reinbacher hat dies bei seinen Recherchen bestätigt gefunden: Das Haus sei im Jahr 1912 von Stift Heiligenkreuz mit dem Gutshof Königshof – dem Verwaltungszentrum der ungarischen Besitzungen des Stifts – an das Militär verkauft worden, das eine Vergrößerung seines Übungsgeländes anstrebte. Das bedeutete, dass das Haus definitiv vor dem Ersten Weltkrieg erbaut worden ist.

An einem windstillen Jännertag suchen wir das Rote Haus noch einmal auf und merken rasch: Es hat sich hier nicht sehr viel getan! Der Lärm der Autobahn direkt neben dem Militärgelände ist ständig zu vernehmen. Das Unkraut und die Dornenhecken rund ums Haus sind etwas mehr verwachsen. Dafür wurde der Wald nahe dem Roten Hauses gelichtet. Hohe Stapel von Baumstämmen sind abgelegt worden und warten auf den Abtransport. Ein Rundgang um das verwachsene Gebäude, das hier im wahrsten Sinne des Wortes alleine und verlassen steht, ergibt, dass die Absperrungen an den Fenster und den Türen bis heute intakt sind. Deutlich wird darauf hingewiesen, dass das Betreten des Hauses nicht gestattet ist! Hierher verirrt sich selten ein Mensch. Durch die Absperrungen bei der Vorderseite des Hauses blickend, erkennen wir in einer der Ecken den Stiegenaufgang in die oberen Bereiche. Im Keller des Hauses hat sich einiges an Unrat angesammelt! Da wir keine Absperrungen öffnen, bleiben wir auch dem Inneren des Hauses fern.

Mit Eisengittern gut verschlossen: Blick in die Erdgeschossebene des „Roten Hauses".

Nachfolgende Doppelseite: Von der Vegetation wie ein Dornröschenschloss umsponnen: der Beobachtungsbunker in der Hügelgasse in Enzesfeld.

ARCHITEKTUR
DER ANGST

Am höchsten Punkt der Landschaft errichtet: Der Besatzung des Bunkers bot sich von hier aus ein perfekter Ausblick auf das Grenzland an der March.

Luftraumüberwachungsbunker in Sierndorf an der March im Weinviertel

Sie sind vielfach nicht sichtbar, aber doch immer gegenwärtig: die Stollen- und Bunkeranlagen der NS-Zeit. *Lost Places* aus der Zeit des Terrors und des Krieges, dunkle Röhren, in aller Eile vorgetrieben in Fels und Gestein. Meist unvollendet, zeugen sie von der Angst vor dem Tod aus der Luft und einem einzigen großen Wunsch: dem Wunsch nach Überleben. Im Inferno des Bombenhagels werden die düsteren Gänge, umhüllt von schützendem Beton, zu „Überlebensmaschinen" (Paul Virilio), zu Orten der Hoffnung, aber manchmal auch zur letzten Zuflucht der Nazi-Rüstungsindustrie, die weiter verzweifelt an den Endsieg glauben will. Es ist eine Architektur der Angst, die keine Annehmlichkeit kennt, reduziert auf die Schutz- und Versteckfunktion, auf genug Luft zum Atmen und etwas Licht zum Sehen. Eine unterirdische Welt, die uns heute kalt, unheimlich, menschenfeindlich dünkt, einst aber eine Art von Geborgenheit bedeutete.

Die schmale Straße führt hinauf in die Weinberge oberhalb von Sierndorf an der March. Im Normalfall verirrt sich wohl niemand hier herauf auf den 216 m hohen Goldberg, dennoch, so meinen wir, sollte man es versuchen. Wir halten bei einem Wegkreuz am höchsten Punkt der Landschaft – die Weite des Ausblicks schlägt uns in den Bann: Zu unseren Füßen liegt das Grenzland, heute eine friedliche Welt, einst aber trennte die March West und Ost.

Unsere Aufmerksamkeit gilt einem begrünten Hügel gleich neben dem

Kreuz: Als wir näher herantreten, wird klar, dass sich unterhalb der Grasnarbe ein Bauwerk befindet, das nicht aus den letzten Jahren stammt. „Betreten verboten“ steht da auf einer Tafel, die Spuren im Gelände zeugen jedoch davon, dass sich niemand um dieses Verbot kümmert. Rasch wird uns klar, worum es sich handelt: Ein Luftraumbeobachtungsbunker aus dem Zweiten Weltkrieg hat die letzten 70 Jahrzehnte überdauert. Eine Treppe ermöglicht es uns, in diesen kleinen Bunker abzusteigen. Ein großer Raum und ein Beobachtungsrondeau, von dem der Blick zum Himmel in alle Richtungen gut gewährleistet ist, bilden das Herz der Anlage.
Die Geschichte des Bauwerks ist rasch erzählt. Bereits im August 1938 ließen die neuen Machthaber hier mit Spaten eine Grabenstellung ausheben, im Dezember 1938 erhielt dann der Maurermeister Ferdinand Gerber aus Jedenspeigen den Auftrag zum Bau des Bunkers, der nach seiner Fertigstellung Tag und Nacht von drei Mann besetzt war. Der Dienstauftrag: Überwachung, Registrierung und Identifizierung von einfliegenden Flugzeugen, dann telefonische Weitergabe der Type, der Flugrichtung und der Flughöhe. Zur Identifizierung der Feindmaschinen hatte man Flugzeugmusterbilder zur Verfügung, die Beobachtung erfolgte mit einem auf einem Dreibein montierten Fernrohr.
Die Aufgabenverteilung für die drei Mann: ein Beobachtungsposten, ein Telefondienst, eine Schlafpause im einzigen Bett des Bunkers. Alle zwei Tage kam die Ablöse, anschließend daran hatten die abgelösten drei Mann 48 Stunden dienstfrei. Die Grundausbildung der Flugbeobachter erfolgte in Bad Vöslau, ihre vorgesetzte Stelle war das „Fluko“ (Flugkommando) Wien am Schillerplatz, die Einberufung erfolgte durch das Wehrkommando Gänserndorf. Kommandant des Postens war Feldwebel Anton Hartmann aus Marchegg, seine mit Karabiner und Feldstecher ausgerüsteten Männer kamen aus Sierndorf und Jedenspeigen. Täglich inspizierte Feldwebel Hartmann den Posten, ein Chauffeur kutschierte ihn dazu auf den Goldberg.

Der Grundriss des Bunkers. Drei Flugbeobachter hatten hier rund um die Uhr Dienst. Ihr einziges Hilfsmittel: ein Fernrohr, montiert auf einem Dreibein.

Ein Bauer fährt mit seiner sehr großen und schweren Erntemaschine an uns vorbei. In den Rieden hängen die prallen Trauben und warten auf ihre Verwandlung in Wein. Nachdem das lärmende Gefährt unseren Ort verlassen hat, wird es wieder still in der friedlichen Welt des Goldbergs. Wir halten noch kurz inne und denken daran, dass es die „Reichsgrenze“ und den „Eisernen Vorhang“ nicht mehr gibt – wir sollten daran arbeiten, dass dies auch so bleibt!

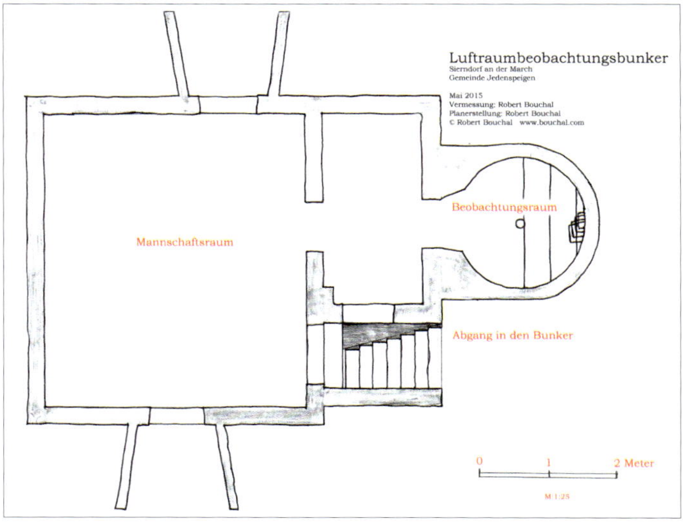

Erbaut zum Schutz für die in der Erdölgewinnung tätigen Zivilisten: Wohl deshalb befindet sich der Eingang zum Bunker in unmittelbarer Nähe einer Straßenkreuzung.

Rechte Seite: Willkommene Orientierungshilfe: die Kompassrose an der Decke des Schutzraums.

Der Bunker mit der Kompassrose bei Windisch Baumgarten

Das Weinviertel ist aufgrund seines Erdölvorkommens zu Ende des Zweiten Weltkrieges ein erbittert umkämpfter Bereich der „Ostmark". Der Krieg ist zwar längst verloren, dennoch setzen Einheiten der deutschen 8. Armee und der SS dem Ansturm der Sowjets heftigen Widerstand entgegen. Sogar für Verstärkung wird gesorgt: Aus dem „Protektorat" wird eine SS-Kampfgruppe in Regimentsstärke, befehligt von SS-Oberführer August-Wilhelm Trabandt (1891–1968), in das Zistersdorfer Erdölgebiet verlegt. Trabandt, wegen einer legendären 1000-Flaschen-Wein-Wette mit dem Ritterkreuzträger Max Wünsche einst aus der SS ausgestoßen, inzwischen aber längst rehabilitiert, trägt mit seinen Männern wesentlich dazu bei, dass der Durchbruchsversuch der 2. Ukrainischen Front in blutigen Kämpfen, die vom 18. bis zum 22. April 1945 dauern, abgewiesen wird.
Letzte Zeugen dieser dramatischen Tage sind erhalten gebliebene Schutzbauten – vor allem auch für die in der Erdölgewinnung tätigen Zivilisten. Einer davon ist ein Bunker, der sich nahe einer Straßenkreuzung befindet. Genau da, wo sich die Mistelbacher Straße 40 mit der L 3039 kreuzt, ist direkt an der Straße ein dichter Grünstreifen vorhanden. Ja, es ist eher ein

Buschwerk, in dessen Schutz sich ein aus Beton errichteter Unterstand befindet. Das Areal liegt auf dem Gemeindegebiet Zistersdorf. Es ist ein einfacher Schutzbau mit einem Treppenabgang und einer Rutsche. Diese führen zu einem Eingang und der in eine Vorkammer. Von da führt ein Gang weiter bis zu einer Abzweigung, die in einen etwas tiefer gelegenen Schutzraum führt. Dieser Raum weist auch einen Sicherheits-Notausstieg auf. Der Bunker ist gut befahrbar, einzig der hier entsorgte Müll stört etwas. Das Highlight entdecken wir an der Decke des Schutzraumes: eine als große Zeichnung dargestellte Kompassrose.

In unmittelbarer Nähe, gleich neben dem Beobachtungsbunker, befindet sich ein weiteres Objekt. Dieses ist völlig zugemüllt, weshalb wir von einer Vermessung Abstand nehmen.

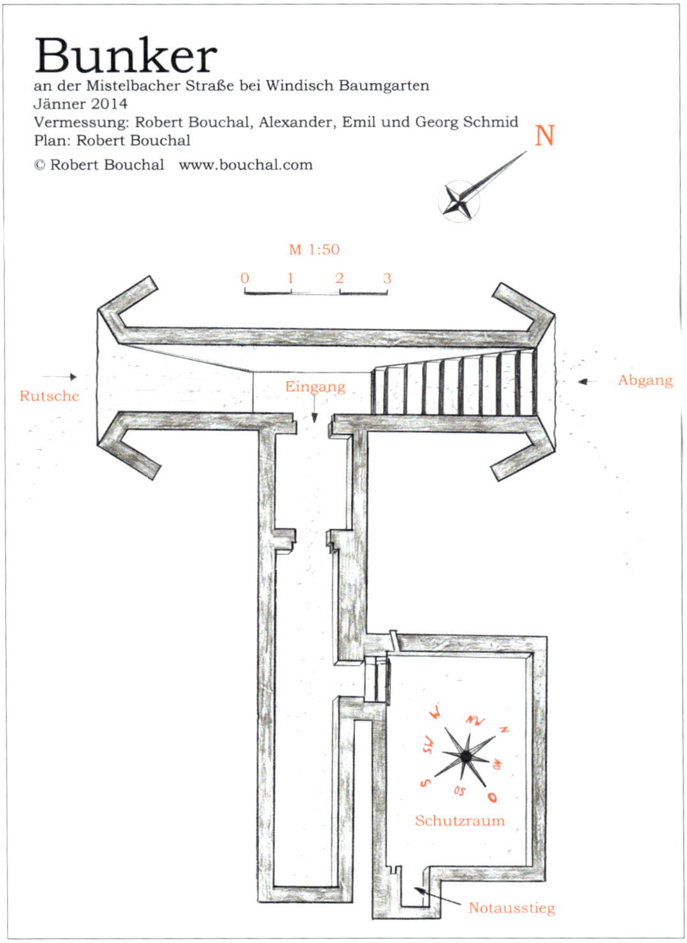

Die genauen Umstände seiner Entstehung liegen im Dunklen: der große Luftschutzstollen „Auf der Schießstätte“ in Zistersdorf.

Lehmiges Labyrinth in Zistersdorf

Es waren die letzten Erdölfelder, die Nazideutschland im Endkampf des Zweiten Weltkrieges noch zur Verfügung standen: Trotz der Angriffe der Alliierten auf die Förderanlagen am 16. und 26. Juni 1944 wurde in Zistersdorf und Umgebung weiter Öl aus den Tiefen der Erde gepumpt – lebenswichtig für Wehrmacht und Waffen-SS. Zistersdorf wurde daher im April 1945 zu einem der wichtigsten Angriffsziele der Sowjets nördlich von Wien, noch einmal leisteten die Deutschen heftigen Widerstand.

Wer nicht kämpfen musste, suchte Schutz in Kellern, Bunkern und Stollen. Bis zur letzten Minute arbeitete man an neuen Schutzbauten, einer von ihnen entstand am Ostrand von Zistersdorf, auf einem Areal, das den passenden Flurnamen „Auf der Schießstätte“ trägt. Das geheimnisvolle unterirdische Objekt ist heute in Privatbesitz und der Öffentlichkeit nicht zugänglich, die genauen Umstände seiner Errichtung sind nicht bekannt. Geblieben aber ist ein Ort, den man freiwillig nicht aufsuchen möchte, der noch immer etwas vom Schrecken des Krieges in sich birgt.

Wir öffnen eine eiserne Tür und gelangen in den Einstiegsbereich des Luftschutzstollens. Das Licht unserer Helmlampen weist uns den Weg zu einem Abstieg. Keine Treppe ist da, sondern ein steil nach unten führender Gang. Vorsichtig tasten wir uns auf dem lehmigen Untergrund in die Tiefe, an den Stollenwänden erkennen wir die Reste eines einstigen Geländers. Auf dem eigentlichen Stollenniveau angekommen, passieren wir eine Stelle, die als Druckbrecher diente. Von hier an steht der Boden bereits unter Wasser, jemand hat hier klugerweise Autoreifen platziert – wir steigen von Reifen

zu Reifen, bis wir den Hauptraum erreichen, der einst noch großzügig ausgebaut worden ist. Vor uns am Boden liegt ein Strommast, die Isolatoren stecken noch im Holz. Die Wanne eines Grubenhunts zeugt noch von den Bauarbeiten, die offenbar bei Kriegsende fluchtartig abgebrochen worden sind. In einem Nebenraum entdecken wir einen Brunnen – umsichtig hat man hier auch an die Versorgung mit Wasser gedacht.
Vom breiten Hauptgang aus setzen vier Räume an, die wiederum durch einen gemeinsamen Gang miteinander verbunden sind. In der Mitte dieses Verbindungsganges befindet sich ein Notausstieg, der jedoch verschüttet ist. Über ihn ist im Lauf der Zeit sehr viel Erde in die Anlage gespült worden, das Bodenniveau hat sich dadurch erheblich nach oben verlagert, nur in sehr gebückter Haltung ist es möglich, diesen Abschnitt zu passieren. Der Notausstieg ist angeblich, so wird uns von zwei Seiten übereinstimmend berichtet, mit einem Militärfahrzeug blockiert. Wenn Jugendliche den Stollen nach dem Krieg über den Notausgang betreten wollten, mussten sie immer zuerst dieses Fahrzeug passieren, nur so konnten sie in den Stollen gelangen. Dass hier wirklich ein Fahrzeug vergraben liegt, können wir bis zur Stunde nicht bestätigen.

Verborgene unterirdische Welt: Der nicht fertig ausgebaute und zum Teil unter Wasser stehende Luftschutzstollen ist heute in Privatbesitz, es gibt nur mehr eine einzige Möglichkeit ihn zu betreten!

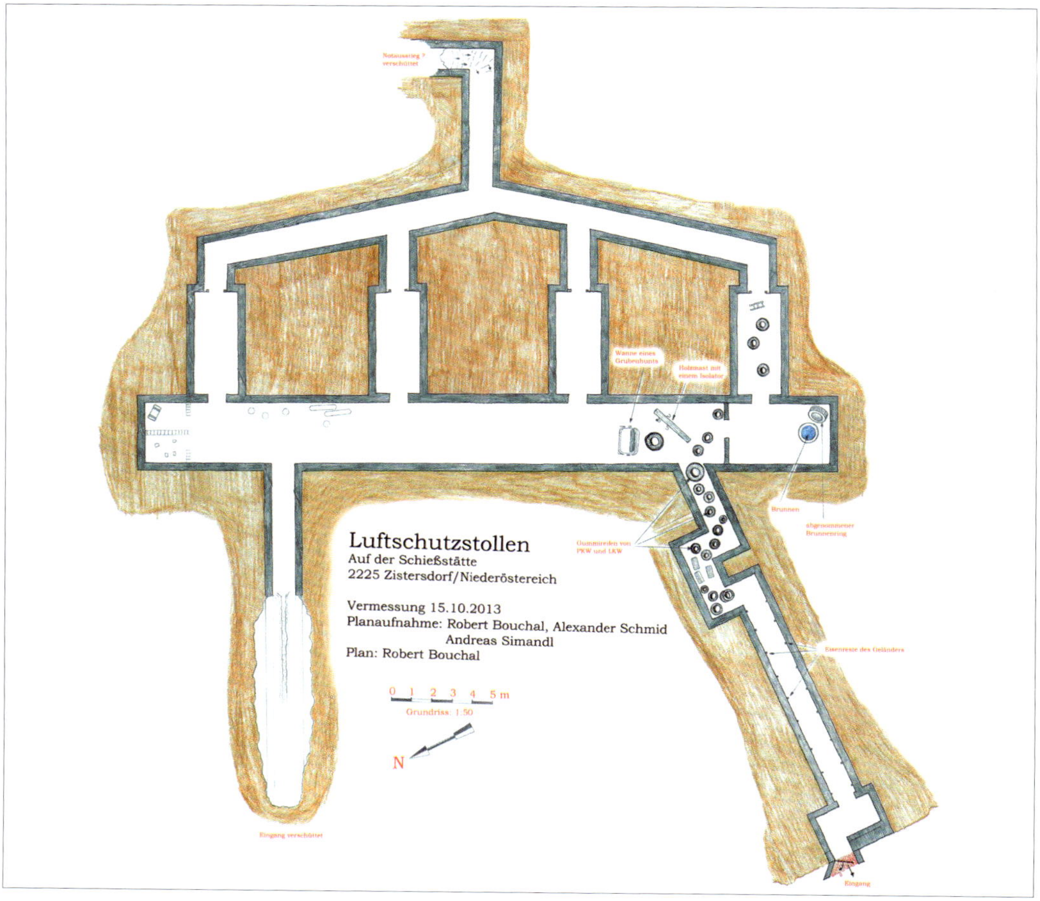

Das Spiel am Ort des Schreckens. **Durchgangslager Strasshof**

Der Ort des Schreckens hat sich in einen Abenteuerspielplatz verwandelt: Splitterschutzdeckungsgraben auf dem Areal des ehemaligen Durchgangslagers Strasshof.

Sie laufen mit dem GPS-Gerät über das Feld. Nur noch wenige Meter. Genau hier muss es sein! Alle sind gespannt, was es nun zu sehen geben wird. Der Jagdinstinkt der ganzen Familie ist geweckt. Geocaching heißt der Sport. Eine Schatzsuche mit Hilfe von Navigationsgeräten, das weltweit eine große Anhängerschar gefunden hat. Der Spaß an diesem Geländespiel für alle Altersklassen ist das Suchen und Finden von im Freien versteckten Behältnissen, die man „Geocaches" nennt. Ist der „Schatz" gefunden, teilt man seine bei der Suche gemachten Erfahrungen online.

Mitten im Feld auf dem Gemeindegebiet von Strasshof erstreckt sich ein Stück Grünfläche, das vom Bauern nicht bewirtschaftet wird. Die Familie, die im hohen Gras zu suchen begonnen hat, erkennt auch rasch, warum: Eine kleine Öffnung erscheint im Boden. Sie ist mit Ästen zugedeckt worden. Als das Gestrüpp beseitigt und die mitgeführte Taschenlampe eingeschaltet ist, blicken vier Augenpaare in die Finsternis eines unterirdischen Bauwerks. Ein Gang aus Beton zieht sich vor ihnen in den Untergrund. Mit so etwas Unheimlichem hatten sie nicht gerechnet! Die beiden Kinder verschwinden zuerst in dem dunklen Einstieg, der Vater folgt ihnen nach. Die besorgte Mutter, die mit Grausen die vielen Spinnennetze gesehen hat, ruft ihnen nach: *Ich bleib heraußen! Ich warte da auf euch! Aufpassen! Habt ihr gehört?* Der Vater und die beiden Kinder tasten sich im Licht ihrer Taschenlampen vorwärts. Hier muss er irgendwo sein, der Schatz. Der Gang ist mannshoch, der Boden ist mit Brettern ausgelegt. Gleich dreimal passieren sie eine 90-Grad-Biegung. Nun gelangen sie zu einer Abzweigung, bei der sich ein Reifenstapel befindet. Sie umgehen diesen und kommen zu einer Tür. Nach dem Öffnen dieser Tür bleibt ihnen der Atem weg – eine echte Schatztruhe! Hier steht eine echte Schatztruhe! Sie öffnen die Truhe und finden darin den heiß begehrten Geocache. Mit sehr viel Liebe wurde der Inhalt wie ein Piratenschatz gestaltet. Sie nehmen ein Stück aus der Truhe und legen zwei Gegenstände hinein. So will es die Regel der Spielgemeinschaft. Doch Halt!

Halten wir einen Augenblick inne! Keines von diesen Kindern ist sich bewusst, wo es sich gerade befindet. Der Ort, an dem sie ihren Schatz gefunden haben, ist einer von drei Splitterschutzdeckungsgräben des ehemaligen „Durchgangslagers" Strasshof. Auch die beiden Eltern haben keine Vorstellung davon, wie schwer dieser Ort mit Leid erfüllt ist. Woher auch – heute ist hier nur ein weites Feld zu sehen. Die Sonne scheint und die ganze Familie ist gemeinsam auf Schatzsuche. Nichts Schöneres kann es geben. Wir aber, die diese Szene beobachten, erinnern uns daran, dass dieser Ort einst für Tausende von Menschen Demütigung, Misshandlung, Angst, Verzweiflung oder gar den Tod bedeutete.

Blicken wir daher zurück in die Jahre des Krieges: 1941 errichtet das Gau-

Nach dem Öffnen der Tür stehen die Teilnehmer des Geocache-Spiels tatsächlich vor einer „Schatzkiste“ – die wahre Bedeutung dieses Ortes bleibt ihnen leider verborgen!

Rechte Seite: Die Luftaufnahme eines US-Aufklärungsflugzeuges (oben) zeigt die Ausmaße des Durchgangslagers Strasshof, das ursprünglich für etwa 6.000 Menschen eingerichtet ist.

arbeitsamt für Niederdonau in Strasshof ein Auffang- und Durchgangslager (DULAG) für deutsche Umsiedler aus den eroberten Ostgebieten sowie für freiwillige Fremdarbeiter aus der Ukraine. Gegen Ende des Krieges, 1944, bitten die Gauleitungen von Groß-Wien und Niederdonau das Reichssicherheitshauptamt in Berlin wegen des Arbeitskräftemangels um jüdische Arbeitssklaven, denn die Gelegenheit scheint günstig: In Ungarn hat am 15. Mai das „Sondereinsatzkommando der Sicherheitspolizei und des SD in Ungarn“ (SEK) mit der Deportation der jüdischen Bevölkerung begonnen. Etwa 300.000 Menschen werden nach Auschwitz verschickt und sofort nach ihrer Ankunft in den Gaskammern ermordet – auf einen kleinen Teil wartet jedoch ein anderes Schicksal: Am 26. und 27. Juni 1944 fertigen Adolf Eichmanns Deportationsexperten in der Serly-Ziegelei bei Debrecen, der „Einwaggonierungszentrale“ des Komitats Hajdú, zwei Züge ab. An Bord der Viehwaggons insgesamt 6.641 Jüdinnen und Juden. Das Ziel: Strasshof an der Nordbahn. Auf Befehl von Reichsführer-SS Heinrich Himmler hat sich Eichmann bereit erklärt, 30.000 ungarische Juden in der „Ostmark“ „auf Eis“ zu legen, insgesamt 15.011 jüdische Männer, Frauen und Kinder werden schließlich nach Strasshof gebracht.

Die Fahrt ins Marchfeld dauert mehrere Tage und wird für die in den Viehwaggons zusammengepferchten Menschen zur Hölle. 80 bis 100 Menschen drängen sich in einem Waggon zusammen, alles, was sie haben, sind zwei Kübel: einer mit Wasser, der andere für die Notdurft. Um ein wenig frische Luft atmen zu können, kämpft man um die besten Plätze an den Türritzen. Manche sind diesem Horror nicht gewachsen, werden wahnsin-

nig oder begehen Selbstmord. Erst an der Reichsgrenze werden die Türen geöffnet, die Begleitmannschaft bringt endlich frisches Wasser zum Trinken, die Toten werden aus den Waggons geworfen.
Mit der Ankunft der Deportierten sind die Holzbaracken des DULAG Strasshof hoffnungslos überfüllt, es gibt keine ausreichende Verpflegung, kranke Menschen liegen tagelang im Freien, Dutzende Menschen sterben. Die Ärztin Dr. Charlotte Wieser schilderte nach dem Krieg vor dem Volksgericht Wien den Terror im Lager: „Als wir nach Strasshof kamen, wurden wir sogleich in die Desinfektion getrieben. Da uns unsere sämtlichen Kleidungsstücke und überhaupt unser ganzes Hab weggenommen wurde, mussten wir einen ganzen Tag splitternackt vor der SS herummarschieren.“ *(Zitiert nach Eleonore Lappin.)* Jene, die den Schrecken überlebt haben, werden nun vom Gauarbeitsamt als Arbeitskräfte an diverse Unternehmen, Gewerbebetriebe und Bauernhöfe vermittelt, Strasshof wird zur Drehscheibe für die „Verteilung“ der ungarisch-jüdischen Zwangsarbeiterinnen und Zwangsarbeiter, selbst Kinder im Alter von zehn bis zwölf Jahren werden zu schweren Arbeiten gezwungen.
Im März 1945 wird ein Teil der Deportierten wieder in Strasshof zusammengezogen und soll von hier nach Theresienstadt gebracht werden – dabei kommt es am 26. März 1945 zur Katastrophe, als US-Bomber den strategisch wichtigen Bahnhof Strasshof angreifen und ein mit Munition beladener Militärzug explodiert: Zahlreiche Insassen des in der Nähe auf die Abfahrt nach Theresienstadt wartenden Zuges sterben. Zwei Wochen später, am 10. April 1945, befreien die Russen das DULAG Strasshof – für etwa 3.000 Überlebende ist der Alptraum vorbei.

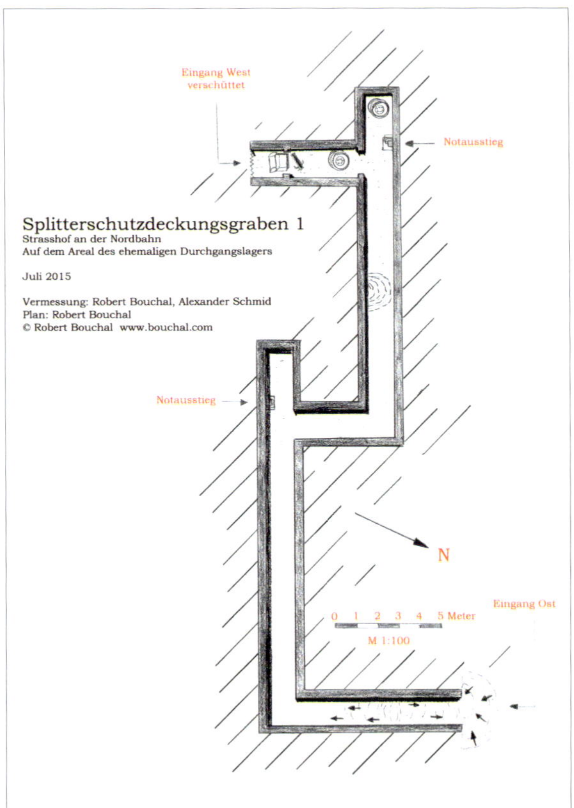

Eine Höhle verwandelt sich in einen Luftschutzstollen

Luftschutzraum im Inneren des Kalenderbergs: Die vom Speläologen Rudolf Pirker dokumentierte Boja-Höhle wird von den Nazis zum Bunker ausgebaut.

Renatus Rudolf Pirker (1904–1982), 1931 ausgezeichnet vom Hauptverband deutscher Höhlenforscher mit der bronzenen Höhlenbärenplakette, ist begeisterter Speläologe, ein Mann, der mit den unterirdischen Welten des Wienerwaldes auf du und du ist. Als 1932 das aufgelassene Gipsbergwerk „Seegrotte" in der Hinterbrühl zu einem Schaubergwerk umgestaltet wird, hilft er bei den Aufräumungsarbeiten tatkräftig mit und übernimmt schließlich die Geschäftsführung des Schaubetriebs, ja, manchmal steuert er sogar das Boot, das die Besucher über den unterirdischen See bringt. Wenn dann noch Zeit bleibt, macht er sich auf die Suche nach Kleinhöhlen in der Umgebung, so auch am 18. November 1934. Im Südabsturz des Kalenderbergs, ganz in der Nähe des Aquädukts der I. Wiener Hochquellenwasserleitung, hat er so eine Kleinhöhle aufgespürt, der er den Namen „Boja-Höhle" gibt und die er an diesem Novembertag unter der Katasternummer 1915/2 vermisst. Rudolf Pirker, der einst in jungen Jahren den berühmten Biologen Paul Kammerer im Wiener Vivarium mit lebenden Grottenolmen beliefert hat und inzwischen Mitglied der „Arbeitsgemeinschaft für den österreichischen Zentralhöhlenkataster" geworden ist, ist bekannt für seine äußerst präzisen Höhlenpläne und so fertigt er auch den Plan dieser für den Wienerwald typischen Kleinhöhle im Dolomit mit großer Genauigkeit an. Noch ahnt er nicht, dass sich in wenigen Jahren dieses von einer Laune der Natur geschaffene Objekt in einen Ort der Zuflucht und des Überlebens wandeln sollte.

Der Mann mit dem großen Faible für Höhlen ist auch für die Nazis interessant und so engagieren sie Rudolf Pirker nach Kriegsbeginn für den zivilen Luftschutz, gut möglich, dass er den zuständigen Dienststellen in „Groß-Wien" auch den Tipp mit der fast schon wieder vergessenen Boja-Höhle gibt – die neuen Herren sind von diesem Vorschlag angetan und so beginnen im Inneren des Kalenderbergs die Umbauarbeiten. Inzwischen hat man schon erkannt, dass bloße Kelleranlagen keinen ausreichenden Schutz bieten können – man benötigt „bombensichere" Luftschutzräume. In den steilen Wänden der alten Steinbrüche der Region werden daher weitere Stollen vorgetrieben, Eile ist geboten, denn die Gefahr aus der Luft wird von Tag zu Tag größer!

Im Garten des Hauses Brühler Straße Nr. 36 machen sich so plötzlich Bauarbeiter zu schaffen, allerlei Gerätschaften und Materialien werden angeliefert: Die „Boja-Höhle" ist zum Startplatz für den Vortrieb eines Luftschutzstollens geworden. Bohrhämmer durchdringen das Gestein und brechen Stück für Stück den Fels heraus, um noch mehr Platz zu schaffen, ohrenbetäubender Lärm und Staub erfüllen die engen Gänge. Besonderer Luxus ist nicht gefragt – der Stollen soll einfach nur Schutz bieten, diesem Zweck entsprechend wird er auch ausgestattet: spartanisch.

Gewölbe und Wände sind nicht fertig ausgebaut, im unteren Eingangsbereich findet sich noch allerlei Eisenteile, ein verrosteter Meißel (unten) zeugt noch von den Bauarbeiten in der ehemaligen Naturhöhle.

Heute wissen nur mehr wenige Menschen über die Existenz dieser im Kalenderberg verborgenen Bunkerwelt Bescheid. Letzte lebende Zeitzeugen haben uns erzählt, dass sie hier als Kinder mit ihren Eltern einst Schutz gesucht hätten, und so versuchen wir, neugierig geworden, Zutritt zu ihr zu bekommen. Hinter dem Haus gelegen und von der Straße aus so gut wie nicht sichtbar, kann der Stollen nur mehr über den Garten auf der Liegenschaft von Ferdinand Hauser betreten werden. Herr Hauser unterstützt unser Anliegen gerne und erlaubt uns, die Höhle, die zu einem Luftschutzstollen geworden ist, zu befahren und – über acht Jahrzehnte nach Rudolf Pirker – neuerlich eine genaue Planaufnahme durchzuführen.

Der Stollen führt heute 20 Meter in nordöstlicher Richtung in den Kalenderberg und endet zehn Meter höher direkt am Promenadenweg, wo sich einst ein Ausgang befand. Dieser ist nun vermauert, da sich von Zeit zu Zeit dunkle Gestalten im Stollen einquartiert hatten. Im Eingangsbereich liegt eine große Leiter, wie so oft dient ein ehemaliger Schutzraum als idealer Abstellplatz. Im unteren Eingangsbereich liegen noch allerlei Eisenteile, die man hier entsorgt hat. Der Großteil des Stollens ist als Naturstollen belassen worden, nur an wenigen Stellen kam Beton zum Einsatz – vielleicht war auch keine Zeit mehr, um Gewölbe und Wände entsprechend auszubauen. Bei der Neuvermessung fallen uns die vielen Bohrlöcher in der Stollenwand auf und zu unserem Erstaunen entdecken wir auf dem Boden sogar noch einen stark verrosteten Bohrmeißel, der offenbar nach Einstellung der Bauarbeiten hier zurückgelassen worden ist. Zusammen mit einem genauen Vermessungsplan der „neuen" Boja-Höhle übergeben wir unseren Fund dem Museum Mödling.
Wer die Atmosphäre eines ehemaligen Luftschutzstollens hautnah erleben möchte, dem sei ein Besuch des „Theaters im Bunker" empfohlen, der Eingang zu diesem Stationentheater befindet sich nur wenige Schritte weiter in der Brühler Straße 26–48. Regisseur und Schauspieler Bruno Max und das von ihm 1987 gegründete „Theater zum Fürchten" bieten in dem 930 Meter langen Labyrinth eine „theatralisch-literarische Geisterbahn" im wahrsten Sinne des Wortes!

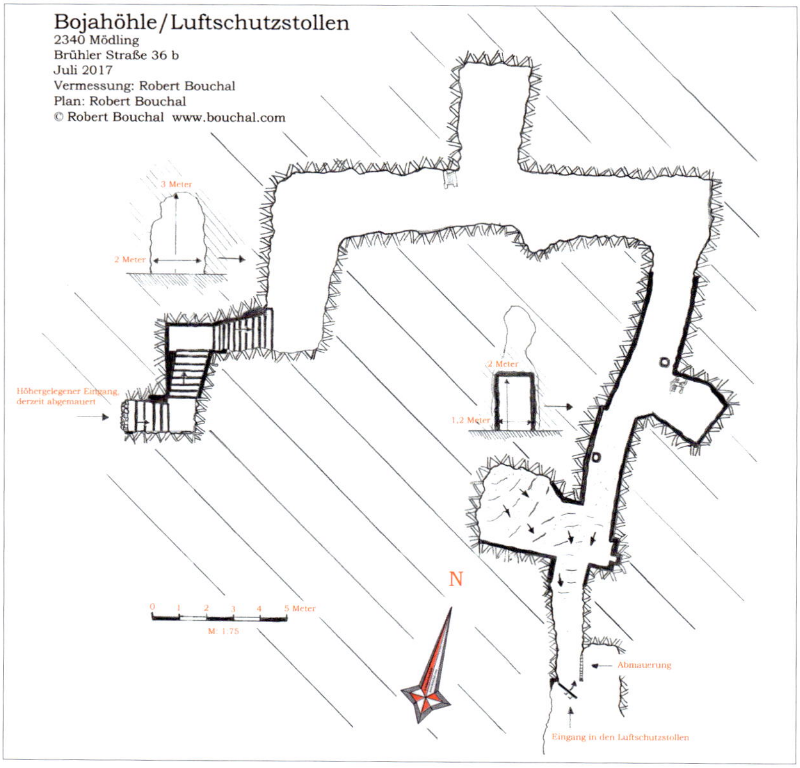

Der zweite Ausgang ist heute vermauert: Grundrissplan des Luftschutzstollens im Kalenderberg.

Ziegel kombiniert mit Beton: der große Luftschutzstollen unter dem Kurpark von Baden.

Dunkle Zeitkapsel unter dem Kurpark von Baden

In einer Lokalzeitung starten wir einen Aufruf. Wir suchen Personen, die uns aus ihrer Kindheit in der Zeit des Nationalsozialismus berichten können. Unsere Aktion hat Erfolg – ein Zeitzeuge ruft uns an, er möchte uns über ein Kindheitserlebnis berichten. Als kleiner Junge, so berichtet er, sei er mit seinem Vater im Kurpark in Baden spazieren gegangen. Er könne sich noch sehr gut daran erinnern, dass sich hinter dem Casino ein für ihn damals sehr großer Eingang in den Hang befunden habe. An der Hand seines Vaters sei er vor dem Eingang zu einem unterirdischen Bau gestanden, er könne sich auch noch an das elektrische Licht erinnern, das im Inneren leuchtete.
Heute ist der Stollen, den unser Zeitzeuge sah, für die Öffentlichkeit nicht mehr zugänglich. Der Eingang befindet sich auf dem abgesperrten Gelände eines Turnvereins gleich hinter dem Casinogebäude. Um den Schutzsuchenden einen sicheren Zugang zur Anlage zu gewährleisten, errichtete man an der Felswand einen Splitterschutzvorbau aus massivem Beton. Der Stollen selbst ist derzeit mit einem Eisentor verschlossen, wir dürfen ihn jedoch betreten: Die ersten Meter nach dem Durchschreiten der Absperrung begleitet uns noch das elektrische Licht, dann wird es stockdunkel. Über eine verwinkelte Gangführung – den sogenannten Druckbrecher – gelangt man in den weiteren Bereich der Anlage. Das Stollengewölbe ist hier mit Säulen, die aus Ziegeln und Beton errichtet worden sind, abgestützt. An den Seitenwänden

sind Vorkehrungen für die Sitzbereiche geschaffen worden: Auf Holzpfosten, die mit einbetoniert wurden, sollten einmal die tatsächlichen Sitzflächen angeschraubt werden. Einer der zwei Eingänge ist heute verschüttet. Da die Anlage nach dem Krieg längere Zeit offen stand, hat sich hier einiges an Unrat angesammelt. Immerhin: Dieser Luftschutzstollen ist der größte Schutzraum, den die Stadt Baden im Zweiten Weltkrieg besessen hat! An einer aus Beton errichteten Abstützung entdecken wir die Jahreszahl *1944/45*.

Der vergessene Beobachtungsbunker beim Beethoventempel

Ein Besuch in der sonnig-heiteren Welt des Kurparks von Baden ist für jeden Gast der ehemaligen Sommerresidenz von Kaiser Franz I. ein absolutes Must-have. Dieser wundervolle Park, der von den Garten- und Landschaftsgestaltern der Kurpark Stadtgarten-Verwaltung Baden mit rührender Sorgsamkeit gepflegt wird und der jeden Tag so viele Menschen erfreut, birgt ein Geheimnis, das meist unbeachtet bleibt: Hinter dem Beethoventempel, gut getarnt durch einen mächtigen Baum, steht still und verlassen ein kleiner Beobachtungsbunker. Obwohl an so prominenter Stelle errichtet, wird er von den meisten Besuchern kaum wahrgenommen. Im Inneren sammelt sich alljährlich das Herbstlaub und nur der aufmerksame Betrachter erkennt, dass sich an der Decke noch das Schalungsholz befindet. An der Außenseite ist ein Elektrokasten montiert worden.
Das wuchtig wirkende Betonrelikt ist mit seinen drei Sehschlitzen ein typisches Bauwerk aus der Spätphase des Zweiten Weltkrieges. Niemand kann uns über diesen Beobachtungsstand etwas berichten und dennoch ist er da. Zur Zeit seiner Errichtung war der Baumbestand wohl nicht so dicht wie heute, der Ausblick von der Anhöhe bei freiem Sichtfeld war daher mit Sicherheit eindrucksvoll.

Erinnert mit seinen schmalen Sehschlitzen an das Visier eines Ritters: der bis heute erhalten gebliebene Beobachtungsbunker im Kurpark von Baden.

Mysteriös: der mit ganz besonderen Ziegelsteinen ausgekleidete „Maitalkeller" in Bad Vöslau. Bei seiner Errichtung sollen französische Kriegsgefangene zum Einsatz gekommen sein.

Das Geheimnis des Kirchenbergs: **der Maitalkeller in Bad Vöslau**

Auch wenn Otto von Habsburg angeblich einige Zeit lang das *Bomb Target Command* in Washington davon abhalten kann, Bad Vöslau zu bombardieren – mit der Verlagerung eines Teils der Wiener Neustädter Flugzeugwerke auf den Fliegerhorst Vöslau-Kottingbrunn und der Produktion von Bf-109-Tragflächen in den Kottingbrunner Maschinenfabriken „Congo" und „Johann Kolp" gerät der Ort endgültig ins Visier der US-Bomberflotte. Zwischen 7. Jänner 1944 und 30. März 1945 heulen in Bad Vöslau gleich 172-mal die Sirenen, der „Kuckuck!"-Warnruf im Radio wird zum nervtötenden Alltag.

Für Tausende von Schutzsuchenden ist in diesen Tagen das Maital unmittelbar neben dem Bad der einzige Ort der Hoffnung. Hier befinden sich zwei öffentliche Schutzräume: der ehemalige Schlumberger-Weinkeller, der 5.000 Personen Platz bietet und zu den größten Luftschutzräumen Niederösterreichs zählt, und der Maitalkeller, eine Anlage, die beinahe vollständig in Vergessenheit geraten ist. Trotz intensiver Recherchen gelang es uns nicht, eine Person zu finden, die über diesen Stollen, der sich im Besitz der Gemeinde befindet, irgendeine Angabe machen konnte. Auch das Bauamt und das Stadtmuseum Bad Vöslau vermochten uns keinen konkreten Hinweis zu liefern.

Fährt man die schmale Straße des Maitals hinauf, so gelangt man zu einem kleinen Platz, auf dem ein großes Tor auffällt – das ist der Eingang zum berühmten Felsenkeller Robert Alwin Schlumbergers, der hier mit der Sekterzeugung in Österreich begonnen hat. Noch bevor man aber dieses Tor erreicht, passiert man auf der linken Straßenseite einen grauen unscheinbaren Betonklotz, der etwas störend aus der Bauflucht hervorragt – dass ist der Splitterschutzvorbau zum Maitalkeller, im Volksmund auch als „Franzosenkeller" bezeichnet. Am steil abfallenden Fuß des Kirchenbergs gelegen, boten sich für die Errichtung eines Luftschutzstollens die besten Voraussetzungen. Über seine Erbauung kursieren unterschiedliche Versionen: So sollen dabei französische Kriegsgefangene zum Einsatz gekommen sein, einer anderen Überlieferung zufolge waren es jüdische Zwangsarbeiterinnen und Zwangsarbeiter aus Ungarn, die im Herbst 1944 den ursprünglich nur schmalen und kleinen Keller ausbauen mussten (Petra Kostroun).

Heute werden im eingangsnahen Bereich Fahrräder abgestellt. Viele dieser Drahtesel dürften bereits so lange hier abgestellt sein, dass sie bereits zu rosten beginnen – und wir sind überzeugt, dass die braven Radfahrer, keine Ahnung davon haben, was sich da weiter im Inneren des Kirchenberges verbirgt. Die ersten Meter des Stollens sind mit einem Ziegelgewölbe, das auf Natursteinen aufgesetzt ist, ausgekleidet worden. Doch schon nach wenigen Metern wird die bogenförmige Deckenwölbung des Stollens aus sehr markanten Bausteinen gebildet – sie verleihen dieser Anlage ihr besonderes Gesicht. Der Keller ist leer, immerhin finden wir aber aus Bakelit hergestellte Transportdosen für Granatzünder, die einst in Kisten zu 24 Stück transportiert und als „Zünderbüchsen 2" bezeichnet wurden. Wir übergeben unsere Funde der Leiterin des Stadtmuseums Bad Vöslau.

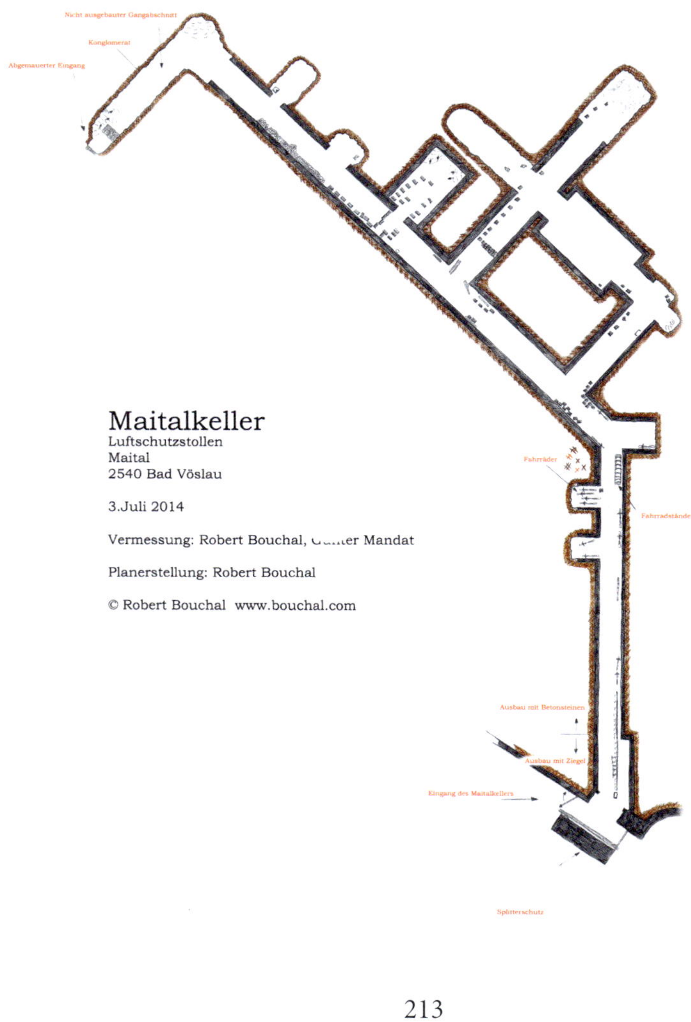

Unser Grundrissplan dokumentiert erstmals die beträchtlichen Ausmaße dieser fast unbekannten Anlage.

Mitten in einer idyllischen Wohngegend verbirgt sich dieser Lost Place des Krieges: der von Brandrauchübungen der Feuerwehr geschwärzte Beobachtungsstand in der Hügelgasse in Enzesfeld.

Rechte Seite: Gerettet werden musste bei den Übungen zum Glück nur eine Puppe! Die ungewöhnliche Größe des Bunkers, der auf zwei Ebenen zu begehen war, verweist auf seine Bedeutung.

Der schlafende Feuerwehrmann im Bunker. **Beobachtungsstand Hügelgasse Enzesfeld**

Fährt man die steile Hügelgasse in Enzesfeld hinunter, so reiht sich links und rechts der Straße ein schönes Einfamilienhaus an das andere. Niemand kommt hier auch nur im Geringsten auf die Idee, dass sich zwischen diesen meist relativ neuen Häusern ein *Lost Place* befinden könnte – und doch existiert er: ein Bauwerk wie ein Dornröschenschloss, umsponnen von dichter Vegetation, unseren Blicken entrückt.

Durch einen Hinweis werden wir auf ihn aufmerksam und einmal mehr ist es die örtliche Feuerwehr, die uns hilfreich zur Seite steht: Wir bekommen dank ihrer Unterstützung von der Gemeinde die Schlüssel und die Genehmigung, den vergessenen Betondinosaurier zu besichtigen und zu vermessen. Der Bunker befindet sich auf einem dicht bewachsenen Grundstück zwischen zwei Häusern, wohl viele gehen hier achtlos vorbei, obwohl bei einiger Aufmerksamkeit einer der Eingänge vom Gehsteig aus zu sehen ist. Wir aber kämpfen uns mühsam durch das Gestrüpp an ihn heran. Die äußere Betonhülle beginnt bereits zu zerbröseln. Wasser, Schnee und ständig wechselnde Temperaturen haben der Bausubstanz schwer zugesetzt. Es ist ein Ort mit leichtem Gruseleffekt, beim Betreten des vom Rauch geschwärzten düsteren Inneren erhöht sich unser Pulsschlag. Der ehemalige Beobachtungsstand selbst ist auf zwei Ebenen zu begehen und weist mehrere Räume auf. Eine funktionierende elektrische Beleuchtung sucht man vergebens – ganz im Gegenteil: Der allgegenwärtige Ruß und die geschwärzten Wände schlucken das Licht unserer Helmlampen, durch unsere Schritte werden unzählige Staubpartikel aufgewirbelt, die Luft ist trotz vorhandener Bewetterung vom Gestank nach Feuer und Rauch erfüllt – kein Ort zum Wohlfühlen!

Im Obergeschoss besteht der Bunker aus einem großen runden Raum. Die zahlreichen Sehschlitze ermöglichten einst einen perfekten Ausblick auf das Gelände unterhalb der Straße; aufgrund der Verbauung und des dichten Baumbestands wäre das heute nicht mehr möglich. Feindliche Bewegungen zu Land und in der Luft wurden von hier aus geortet und die Informationen weitergegeben. Auf dem Dach über dem Beobachtungsraum befindet sich eine auffällige runde Säule – über ihre Funktion können wir allerdings nur rätseln.

Kurz stockt dann der Atem, wenn man einen Raum im Untergeschoss betritt: Auf dem Boden liegen zwei Matratzen, auf einer von ihnen döst die Attrappe eines Menschen vor sich hin. Wie uns später berichtet wird, stellt diese Puppe die verunglückte Person im Rauchmeer dar, die es bei den Übungen der Feuerwehr zu retten gilt – ein letzter „Sinn", der diesem seltsamen Bauwerk zugefallen ist. Seine wilde, ruppige, brutale Ursprünglichkeit fasziniert und lässt uns so rasch nicht los!

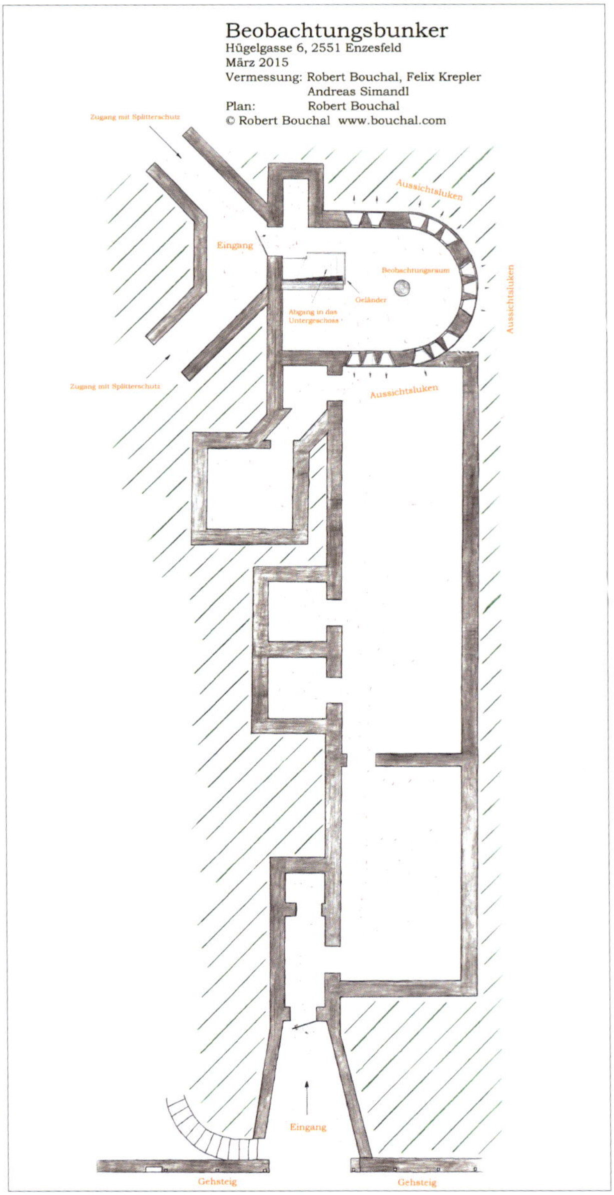

Gut versteckt und nur für den aufmerksamen Wanderer sichtbar: die Luftschutzzelle im Wald in der Nähe des Rehabzentrums Alland.

Überraschung am Wegesrand: **Schutzzelle beim Rehabzentrum Alland**

Es ist ein friedliches Paradies im Herzen des Wienerwaldes. Das Rehabilitationszentrum Alland, eröffnet 1897 als „Heilanstalt für Brustkranke", liegt in einem weitläufigen Naturpark in Groisbach, das stattliche Gebäude, angeschmiegt an einen Waldberg und errichtet nach Plänen des Architekten Leopold Theyer, kündet von der Pracht des klassischen k. u. k. Sanatoriums, auf den stillen Wanderwegen rundum finden die Patienten willkommene Erholung.

Am 13. Februar 1945, es ist Faschingsdienstag, verwandelt sich dieses Paradies in ein tödliches Inferno: Alliierte Bomber greifen um die Mittagszeit das Gebiet um Alland an, dabei fallen auch Bomben auf die Lungenheilanstalt. Der Pavillon Schrötter und der Küchentrakt werden getroffen, es sterben acht Patienten und fünf Angestellte des Hauses. Im angrenzenden Wald sprengen die Bomben tiefe Trichter heraus, die bis heute zu sehen sind, an den Rändern der Trichter findet man noch immer zahlreiche Bombensplitter.

Der Gefahr eines Luftangriffs war man sich aber auch in dieser Enklave des Friedens sehr wohl bewusst gewesen – davon zeugen zwei kreisrunde

Luftschutzbunker, die in der Nähe der Heilanstalt errichtet wurden. Einer dieser beiden Bunker liegt neben einem Spazierweg, gut versteckt unter Bergen von Schnittgut, das hier jedes Jahr von aufgeschüttet wird, nur der aufmerksame Wanderer wird dieses verlassene Bauwerk aus dem Krieg wahrnehmen. Das grüngraue Betonrelikt am Wegesrand passt so gar nicht in die sanfte Parklandschaft, wohl auch deshalb hat man den Ort zum schnöden Abfallplatz bestimmt.
Wir werden von Einheimischen auf den Bau aufmerksam gemacht und beschließen ihn uns näher anzusehen – bei dieser Gelegenheit genießen wir an einem sonnigen Herbsttag, verzaubert von der rot-goldenen Farbenpracht, die wunderbare Wienerwaldstimmung. Der Eingang zur Schutz-

Erinnert eher an eine Höhle, ist aber doch von Menschenhand geschaffen: der unvollendete Luftschutzstollen auf dem Gelände des Rehabzentrums Alland.

zelle ist unschwer zu finden, rasch erkennen wir, dass auch sie nicht fertiggestellt worden ist: Im Inneren vermodert noch das Holz, das zur Schalung des Baus benötigt worden ist. Wir fragen uns, warum man diesen Bunker gerade hier, eher schon am Rande des Parks, errichtet hat? Für wen war er bestimmt? Für die Patienten, die es bei einem Luftangriff nicht mehr bis zum Hauptgebäude schaffen konnten? Wie uns Zeitzeugen berichten, soll es auf dem Gelände einen zweiten, baugleichen Bunker gegeben haben, und zwar im Bereich des heutigen Besucherparkplatzes. Im Zuge der Neugestaltung dieses Areals sei dieser jedoch zerstört worden.

„Feste Anlage Igel“: der Abstieg zu einem der ehemaligen Geheimbunker des Österreichischen Bundesheeres – ein Lost Place des Kalten Krieges.

Der Wille zum Widerstand.
Verlassene Bunker im Wienerwald – Lost Places aus dem Kalten Krieg

Mit einem kräftigen Ruck heben wir die Platte, die den Eingang in den unterirdischen Bereich abdeckt, vom nassen Erdreich hoch. Sofort huschen einige fette Spinnen, welche sich noch wenige Sekunden zuvor sicher und ungestört gefühlt haben, in die nahen Spalten und Ritzen, um sich vor uns in Sicherheit zu bringen. Wir befinden uns in einem Waldstück zwischen Alland und Heiligenkreuz. Das herbstlich gefärbte Blätterkleid beginnt sich zu lichten, der Waldboden ist mit hohem Laub bedeckt. Das Areal, auf dem wir stehen, ist von einem grünen Zaun umgeben, eine unscheinbare Holzhütte in der Mitte des Geländes hat unsere Aufmerksamkeit erregt: Wir stehen vor einem ehemaligen Geheimbunker des Bundesheeres, im Jargon der Soldaten einst „Fanigel“ genannt, kurz für „Feste Anlage Igel“. Bunker wie dieser bildeten in der Zeit des Kalten Krieges das Rückgrat der österreichischen Raumverteidigung, wie sie von Armeekommandant Emil Spannocchi (1916–1992) entwickelt worden war.
In der Gegend um Alland liegen gleich fünf solcher Verteidigungsstellungen in unmittelbarer Nachbarschaft zueinander – eine Kette feuergewaltiger Sperranlagen, die den Weg nach Westen über Autobahn und Bundesstraße blockieren sollten. Ziel war es, den aus dem Raum Wien vordringenden

Armeen des Warschauer Pakts das Weiterkommen zu erschweren und ihnen heftigen Widerstand entgegenzusetzen. Der mittlerweile in Pension gegangene „Waldmeister" Franz Vukovich kann sich noch gut an die Anfänge der Bunker erinnern: Das Bundesheer kaufte von den Grundstückseigentümern kleine Grundstücke. Im Anschluss daran wurde eine Zufahrt geschaffen. Eine Baufirma errichtete nun im Wald die Bunkeranlagen, die mit Sesseln, Tischen und Betten für den Aufenthalt der Soldaten ausgestattet wurden. Ein Ofen und ein Stromaggregat sorgten für Wärme und den benötigten Strom. Bestens versorgt wartete man auf den Feind, der niemals kam.

Herzstück war bei jeder dieser Bunkeranlagen ein in alle Richtungen drehbares Geschütz. Zu Beginn wurde die 90-mm-Kanone (PAK) des amerikanischen Kampfpanzers M 47 Patton in die Geschütztürme eingebaut, die Fahrgestelle verschrottete man. Anfang der 1990er-Jahre baute man diese Geschütze jedoch aus und tauschte sie gegen neue 105-mm-Panzerkanonen aus. Die erwähnte Holzhütte diente als Abdeckung und Tarnung der Kanone, die so fast unsichtbar war und bei Wanderern keinen Verdacht erregte. Bei den Einsatzübungen der Soldaten wurde diese Hütte vorher abgebaut und das versteckte Geschütz einsatzbereit gemacht.

Das Aus für die Sperrbunker des Bundesheers kam mit dem Fall des Eisernen Vorhangs: Bis zum Jahr 1998 wurden alle Geschütztürme abgebaut, die Bunker ausgeräumt und zum Teil an Privatpersonen verkauft, andere blieben einfach leer stehen. Das gilt auch für den Bunker, in den wir nun hinabsteigen – es gibt hier drinnen nichts mehr zu finden. Nichts wurde zurückgelassen. Die Kanone samt Drehturm ist verschwunden, das dabei entstandene Loch wurde mit einer Betonplatte, die auf einer Dichtmasse ruht, verschlossen. Alle elektrischen Einrichtungen sind demontiert worden, auch der Ofen ist weg. Diese unterirdischen Bauwerke sind nun die letzten vorhandenen Erinnerungsstücke an die Zeit des Kalten Krieges. Die Bauwerke warten auf einen neuen Verwendungszweck, der hoffentlich einer friedlichen Vision folgen wird.

Ein unscheinbares Holzhäuschen verbarg die todbringende Waffe: Die Bunker waren zum Schluss mit 105-mm-Panzerkanonen ausgerüstet worden.

Perfekte dunkle Welt:
Luftschutzstollen Heidwerke Stockerau

Beeindruckt durch seine außergewöhnliche Länge: der hinterste Teil des für die Heidwerke Stockerau errichteten Luftschutzstollens.

Schon das etwas feudal anmutende Einfahrtstor in imperialem Gelb mit den beiden seitlichen Türmchen signalisiert uns traditionsreiche Industriekultur – auf dem Gelände der Maschinenfabrik Heid AG in Stockerau ist der altösterreichische Gründergeist noch immer zu spüren. 1883 beginnt der aus der Eifel stammende Schmiedegeselle Nicolaus Heid (1850–1912) mit der Herstellung von Getreidereinigungsmaschinen, sogenannten „Trieuren"; mit der Entwicklung von gefrästen Blechen und anderen innovativen Spezialartikeln erwirbt sich Heid auf dem Weltmarkt rasch einen hervorragenden Ruf. 1901 wird das Unternehmen in eine Aktiengesellschaft umgewandelt, der ehemalige Schmiedegeselle zum Präsidenten und Generaldirektor.

Wie viele andere Betriebe beschäftigt auch die Maschinenfabrik Heid in der Endphase des Zweiten Weltkrieges ungarisch-jüdische Zwangsarbeiterinnen und Zwangsarbeiter. 46 Menschen sollen hier gearbeitet haben, untergebracht in einem kleinen Lager. Wie Irene Grosz, eine der Überlebenden, später zu Protokoll gibt, seien sie und ihre Leidensgenossen gut behandelt worden: Es habe täglich drei warme Mahlzeiten gegeben, stillende Mütter hätten auf Initiative des Lagerleiters eine zusätzliche Ration erhalten (Eleonore Lappin). Und auch für die Sicherheit der Belegschaft wird vorgesorgt: Ein großer Luftschutzstollen soll als Zuflucht bei Luftangriffen dienen.

Nach Rücksprache mit der Geschäftsleitung bekommen wir die Genehmigung, diese beachtliche Anlage genauer unter die Lupe nehmen. Wir passieren den Zugangsbereich, gelangen in einen breiteren Querstollen mit Seitennischen und stehen dann bereits im „Herzstück" des Schutzbaus: in einem Stollen, der schnurgerade weiter in die Dunkelheit führt, sein Ende ist nicht abzusehen. Beeindruckend die Sorgfalt, mit der dieser Hauptgang ausgebaut worden ist: Die Wände aus Beton werden von einem perfekten roten Ziegelgewölbe überdacht, störend ist nur das Wasser, das bald knöcheltief steht und ein Vorwärtskommen erschwert. Zu erkennen sind noch die Reste einer Feldbahn, auf der man das herausgebrochene Material abtransportiert hat – ein defektes Drehkreuz und eine Lore zeugen noch von den Bauarbeiten, die auch hier bei Kriegsende abgebrochen worden sind. Langsam, aber unaufhaltsam erobert sich die Natur ihr dunkles Reich zurück: Einige Stellen der Betonverschalung weisen bereits undichte Stellen auf. Hier kann das Wasser ungehindert eindringen und bildet wunderschöne weiße Sinterröhrchen aus. Noch leuchten aber an den Wänden die Orientierungshilfen in fluoreszierendem Grün und weisen uns den Weg zurück ans Tageslicht.

Nachfolgende Doppelseite: Historische Aufnahmen dokumentieren die Bauarbeiten für diesen Stollen, so etwa die Errichtung der Belüftungsschächte. Da die Heidwerke in Stockerau zu den wichtigen Rüstungsbetrieben zählten, kam dem Schutzbau besondere Bedeutung zu. Der von uns erstellte Plan zeigt die Dimensionen.

Luftschutzkeller Maschinenfabrik Heid AG

Heid- Werkstraße 4
2000 Stockerau

Planaufnahme:
Robert Bouchal, Felix Krepler, Wolfgang Frühwirth

Planerstellung:
Robert Bouchal

Juli 2013

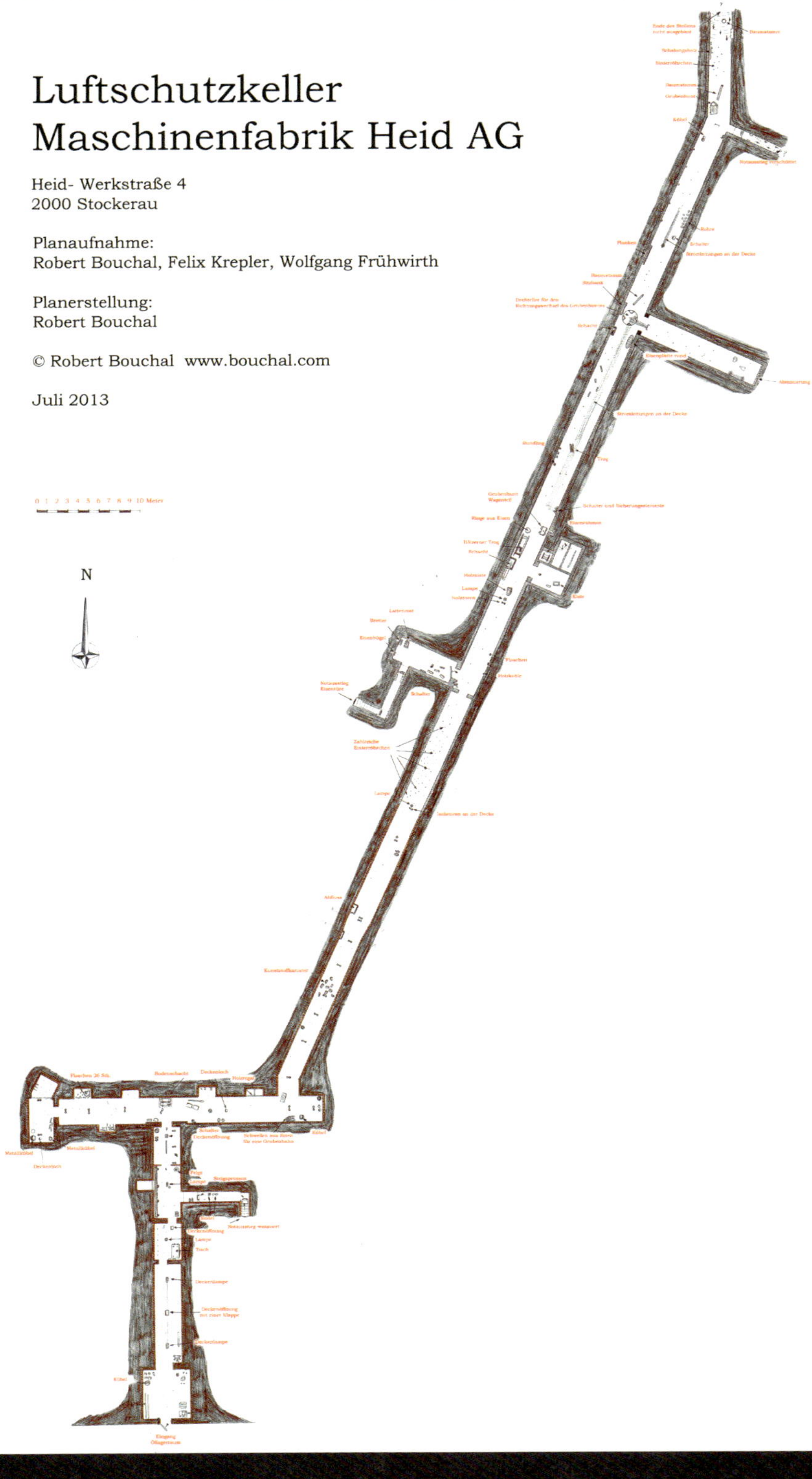

Arbeiten beim Luftschutzbunker

Bereich Erholungszentrum

4

Das graugrüne Gartenmonster: **Ein Klosterbunker in Stockerau**

Der Name erinnert uns an ein schreckliches Ereignis: Anno 1012, am 17. Juli, soll hier der irische Königssohn Koloman das Martyrium erlitten haben. Man hielt den auf der Pilgerschaft ins Heilige Land befindlichen Wanderer für einen böhmischen Spion, nahm ihn fest, folterte ihn tagelang und erhängte ihn schließlich, so die Überlieferung, zwischen zwei Mördern an einem Holunderstrauch. An seinem Grab sollen sich zahlreiche Wunder ereignet haben, der Ermordete, bis 1663 Landespatron von Österreich ob und unter der Enns, wurde zu einem der populärsten Heiligen Europas.

Massives Mauerwerk war für den oberirdischen Bau notwendig: Grundrissplan des Bunkers im Klostergarten.

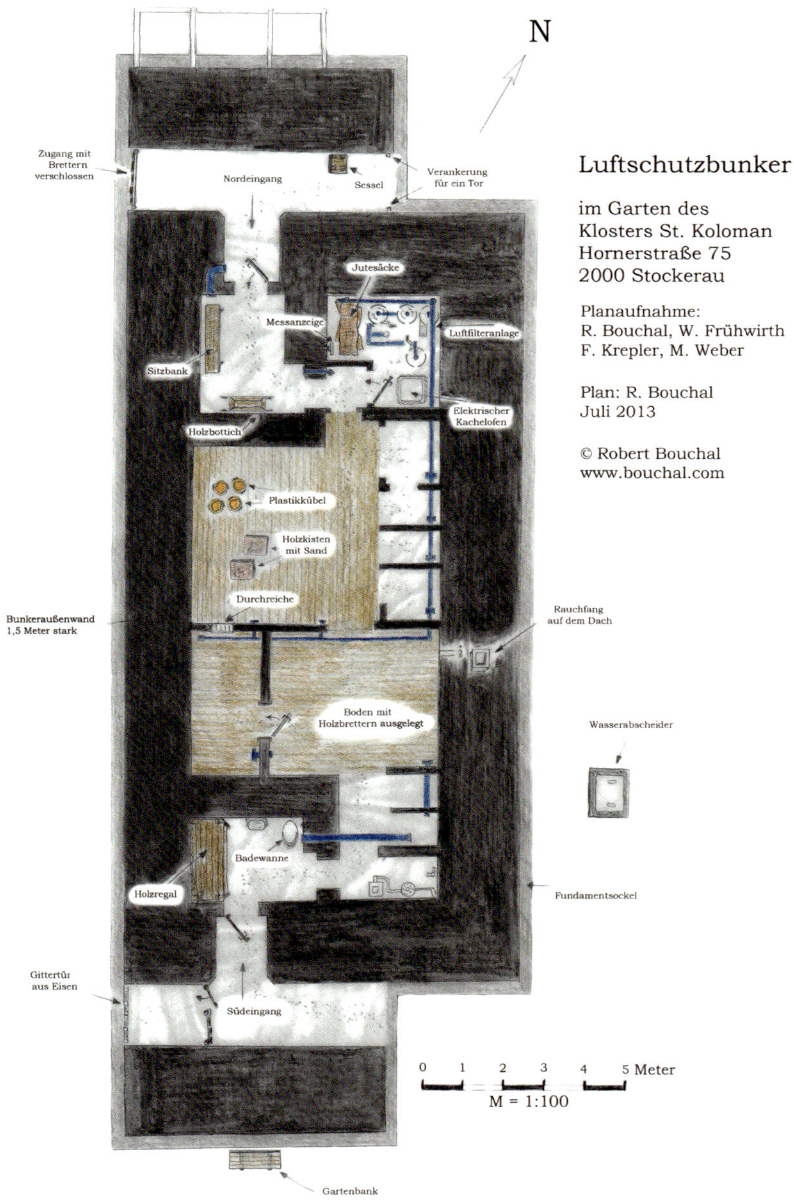

Der wundersame Holunderbaum, so haben wir gelesen, soll im Garten des Klosters noch immer stehen und sogar Blüten austreiben, doch wir sind einem anderen Geheimnis auf der Spur: einem geheimen, der Öffentlichkeit nicht zugängigen *Lost Place*, der sich hinter Klostermauern verbirgt – ein Hinweis von Heimatforscher Reinhard Graf hat uns zu ihm geführt. Das Kloster St. Koloman, Provinzhaus der Steyler Missionsschwestern, befindet sich direkt in Stockerau. Hornerstraße 75 ist die genaue Adresse. Hier betreiben die Klosterschwestern den erwähnten, von außen nicht einsehbaren, gepflegten Klostergarten. Eine Idylle, die die ehrwürdigen Schwestern zu keiner Jahreszeit missen möchten – die grausame Geschichte vom Heiligen Koloman vergisst man hier gerne. Doch in dieser wunderbaren Umgebung befindet sich ein unglaubliches Kriegsrelikt. Ein ech-

ter *Lost Place.* Ein Bunker aus dem Zweiten Weltkrieg! Ja, ein Bunker den man eigentlich in dieser so angenehmen und harmonischen Gartenlandschaft nie vermutet hätte.
Die Ordensschwestern präsentieren uns einige Fakten aus der Zeit des Nationalsozialismus. Es werden uns ein Teller und ein Löffel mit Hakenkreuz ge zeigt, die hier zurückgelassen wurden. Im Krieg enteignete man die Klosterschwestern und warf sie aus dem Kloster raus!
Der Bunker ist ein mächtiges Bauwerk. In der warmen Jahreszeit von Pflanzen umwuchert, fällt er im ersten Moment gar nicht gleich auf. Über 70 Jahre ständig der Witterung ausgesetzt, haben ihn Regen und Frost bereits sehr stark mitgenommen. Es fehlt ein Dach, eine Verkleidung. Der Beton löst sich an vielen Stellen auf und das eindringende Wasser verursacht bei der Frostsprengung einen massiven Schaden am gesamten Baukörper. Das Objekt weist zwei Eingänge auf. Einer befindet sich im Norden und der zweite im Süden. Beide Eingänge sind durch eine massive Betonwand, den sogenannten Splitterschutz, geschützt. Die Bunkertüren sind noch vorhanden. Elektrisches Licht gibt es hier drinnen nicht.
Im Inneren befindet sich in den beiden größeren Räumen ein aus Brettern gefertigter Fußboden. Die Räume sind heute leer und werden zum Abstellen von diversen für den Garten benötigten Gerätschaften genutzt. Ein etwas kleinerer Raum erweckt jedoch unsere Aufmerksamkeit. Hier steht ein elektrischer Kachelofen, gleich daneben eine sehr gut erhaltene Lüftungsanlage der Firma Dräger aus der Zeit der Erbauung. Die Luftverteilerrohre, die Ventile und auch die Überdruckanzeigen sind alle noch vorhanden. Der mit zwei Meter starken Außenmauern gebaute Bunker weist keine unterirdischen Bereiche auf.
Eine der Ordensschwestern erzählt uns ausführlich über das Schicksal des Klosters während der Nazizeit, vor allem über die Rücksichtslosigkeit, mit der die Wehrmacht gegen das Ordenshaus vorging.
Besonders freuen wir uns jedoch über ein Abschiedsgeschenk der Schwestern: einen herzhaften Butternuss-Kürbis für jeden von uns!

Heute fügt sich der graugrüne Betonkoloss fast schon harmonisch in die Landschaft des Klostergartens von St. Koloman.

Was versteckt sich hinter Leo?
Das große Geheimnis des Bisambergs

Der Schauplatz einer rätselhaften Geschichte: die Gewölbe des Champagnerkellers in Langenzersdorf.

Die Geschichte von „Leo“ ist unglaublich – dennoch: Sie hat sich genau so zugetragen und sie führt uns in eine Welt voller Rätsel! „Leo“, so die Überlieferung, war der Deckname eines streng geheimen unterirdischen NS-Rüstungsbetriebs im Bisamberg; Flugzeugteile sollen hier produziert worden sein, doch viel mehr als diese allgemeine Feststellung ist dazu nicht bekannt. Dann stoßen wir jedoch bei unseren Recherchen auf eine heiße Spur.

Alles beginnt ganz unspektakulär mit einer neuen Bekanntschaft, die Robert 2012 in Langenzersdorf macht: Er lernt den leider am 24. Dezember 2017 verstorbenen Heimatforscher Erich Gusel kennen, der ihm empfiehlt, sich doch den sogenannten „Champagnerkeller“ in der Oberen Kirchengasse genauer anzusehen, er sei gegen Kriegsende zu einem Rüstungsbetrieb ausgebaut worden. Gemeinsam mit Professor Gusel besichtigt Robert den Keller, der zu diesem Zeitpunkt mit bäuerlichen Gerätschaften vollgestopft ist. Beim gemeinsamen Rundgang erzählt ihm der Heimatforscher von einer Anfrage, die er 1992 aus München erhalten und die ihn veranlasst habe, sich näher mit dem Thema zu beschäftigen. Robert fotografiert das Antwortschreiben Gusels, macht sich eine Skizze von der Kelleranlage und legt alles in seinem Archiv ab. Vorerst will er es dabei belassen.

Doch dann, im Herbst 2017, gewinnt „Leo“ plötzlich Aktualität: Ein uns bis zur Stunde nicht bekannter Herr Ing. Alexander Jirges möchte sich mit uns treffen. Er wisse einiges über die Lebensgeschichte seines Großvaters Rudolf Prohaska, ein besonderes Anliegen sei es ihm aber, über ein Kindheitserlebnis zu sprechen, das ihn nachhaltig geprägt habe. Als wir uns mit ihm an den Kaffeehaustisch setzen, ist noch nicht klar, was uns da erwartet – es wird eine Geschichte, die wohl viele von vornherein als unglaubwürdig abgetan hätten.

Der rätselhafte Weg in den Berg

Alexander Jirges erzählt zunächst die Lebensgeschichte seines am 5. Juli 1914 in Laa an der Thaya geborenen Großvaters Rudolf Prohaska, der nach dem „Anschluss“ in der Militärakademie Wiener Neustadt eine Arbeitsstelle findet. Schon während dieser Zeit unternimmt er zahlreiche Dienstreisen nach München, Berchtesgaden, Peenemünde, Berlin und Köln. Ab dem Jahre 1941 ist der junge Soldat in den Raxwerken in Wiener Neustadt für die Logistik zuständig. Im März 1943 zieht der Großvater mit seiner Familie nach Laa an der Thaya, um den Bombenangriffen zu entgehen; ab dem Oktober 1943 hält er sich vorwiegend in Langenzersdorf auf. Was er hier genau macht, sei, so sein Enkel, bis jetzt leider nicht bekannt. Zu Kriegsende gerät Rudolf Prohaska in amerikanische Gefangenschaft, die Jahre 1945 bis 1948 soll er in den USA verbracht haben. 1948 kommt er aus der Gefangenschaft zurück – in einem beigefarbenen Overall und mit einer Schiffchenmütze als Kopfbedeckung. Er spricht perfekt Englisch.

Von 1948 bis 1961 ist der Großvater Mitarbeiter der Gemeinde Laa an der Thaya. Plötzlich, im Jahre 1961, erhält Rudolf Prohaska vom späteren Verteidigungsminister Georg Prader (1917–1985), der gleichzeitig Parteiobmann der ÖVP Langenzersdorf ist, ein Angebot. Es kommt zu einem Treffen, wobei Prader dem Großvater angeblich einen hohen Posten beim Bundesheer anbietet! Doch Prohaska lehnt dankend ab. Ein zweites Angebot, den Job des Gemeindesekretärs von Langenzersdorf, nimmt er jedoch an – es ist verbunden mit der merkwürdigen Verpflichtung, in seine ehemalige Dienstwohnung in der Oberen Kirchengasse 23 einzuziehen und hier zu wohnen.

Ebenso merkwürdig ist, dass ab diesem Zeitpunkt zumindest zweimal im Monat ein Wagen des Bundesministeriums für Landesverteidigung vor der Haustür hält. Ein Mitarbeiter oder der Minister selbst steigt aus dem Wagen aus und betritt das Haus in der Oberen Kirchengasse, gemeinsam mit dem Großvater verschwindet man in der „Halle". Oft für mehrere Stunden. Die „Halle", so Alexander Jirges, sei die Bezeichnung für den Keller gewesen, auf dem das Haus erbaut worden ist – für den „Champagnerkeller".

Der Situationsplan des Rüstungsbetriebs, wie ihn Alexander Jirges erinnert.

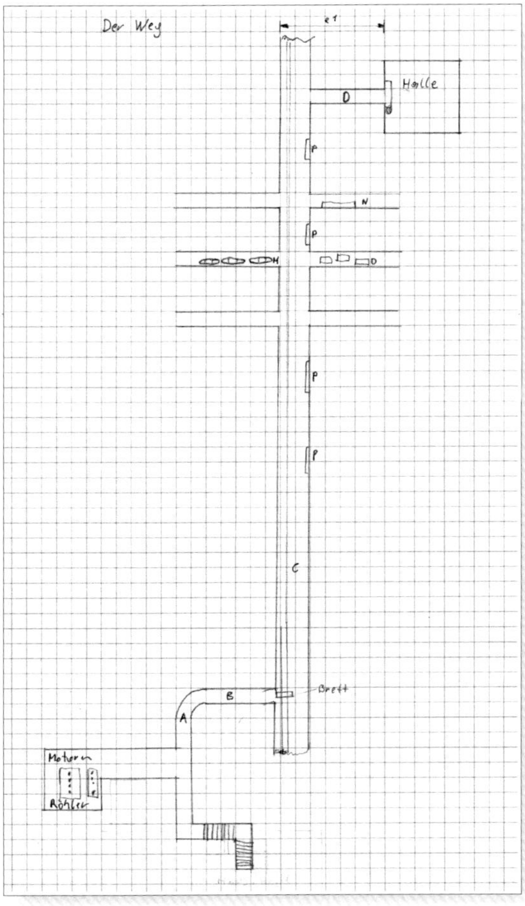

Dann kommt unser Gesprächspartner auf sein Kindheitserlebnis zu sprechen. Es sei im Jahre 1979 und er damals zehn Jahre alt gewesen. Mit einem Kugelschreiber beginnt er eine Skizze zu zeichnen, um uns zu veranschaulichen, was er damals erlebt hat. Und dann berichtet Alexander Jirges:

„Mein Großvater nahm mich bei der Hand und wir stiegen diese Treppen hinunter, die ich bis dahin nie hatte betreten dürfen. Es war sehr dunkel und wir gingen einen langen Gang entlang. Wir kamen an einem Maschinenraum vorbei, wo große Dieselgeneratoren standen. Wir sind dann weiter durch einen langen Gang gegangen. Auf unserem Weg konnte ich Feldbahnschienen erkennen. Der Gang hatte viele Abzweigungen. Auf dem Boden lagen viele Kisten, die bereits vermoderten. Wir gingen so lange, bis wir zu einer riesigen Halle kamen. Wir standen plötzlich auf einer Art Balkon. Neben diesem führte eine große Wendeltreppe nach unten, aber auch nach oben! An der Decke der Halle konnte ich im hellen Schein des von Großvater immer wieder entzündeten Magnesiumlichts riesige Laufkatzen erkennen. Wir standen auf diesem Balkon und blickten wie in einen Dom! Er war gigantisch groß. Vor uns standen vier gewaltige Metallkörper." Der Großvater erklärt dem kleinen Alexander, dass es sich dabei um vier Stück Aggregat-9-Raketen handle.

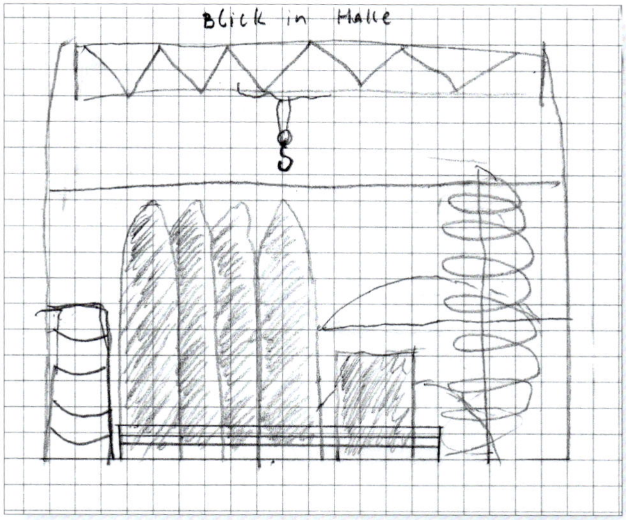

Aus dem Gedächtnis entwirft Alexander Jirges diese Skizze von der großen Halle, die dem 10-jährigen Jungen wie ein riesiger „Dom" erscheint.

Wir haken an dieser Stelle ein und fragen nach: Die Metallkörper dieser geflügelten Version der V 2, so Alexander Jirges, seien nicht verrostet gewesen!

Der 10-jährige Enkel Alexander war offenbar der einzige Mensch, dem sich Rudolf Prohaska anvertrauen konnte. Mit offenem Mund und völlig überrumpelt sitzen wir nun da – eine unterirdische Raketenfabrik im Bisamberg? Ging's da vielleicht gar nicht um Flugzeugteile? Wir beschließen, uns vor Ort ein Bild zu machen und nach Langenzersdorf zu fahren – wir wollen den Erinnerungen von Alexander Jirges etwas Sichtbares, Handfestes gegenüberstellen.

Die Fakten & die Fragen

Die erwähnten Unterlagen von Erich Gusel erweisen sich nun als sehr hilfreich, sie fassen alle bekannten Tatsachen zusammen: Die Flugzeugwerke Heinkel, so seine Auskunft auf die Anfrage aus München, hatten in der Oberen Kirchengasse 23 in Langenzersdorf eine Produktionsstätte eingerichtet. Das unterirdische Objekt selbst wurde bereits 1877/78 vom Großjedlersdorfer Brauereibesitzer Anton Dengler (1838–1900) als Bierkeller errichtet, später wurde dieser für die Sektproduktion genützt und deshalb „Champagnerkeller" genannt. Die Liegenschaft besteht aus einem oberirdischen Gebäudeteil und einer in den flachen Abhang des Bisambergs hineinführenden Kelleranlage. In ihr war das Heinkel-Werk untergebracht, im Gebäude darüber die Büros. Wir wissen heute, dass dieser Ort streng geheim gehalten wurde. Angeblich hat es sogar eine Verplankung an der Straßenseite gegeben, um den Betrieb vor neugierigen Blicken zu schützen. Am 15. April 1945 treffen die Russen in Langenzersdorf ein, bereits kurz danach werden die großen Maschinen in der Kelleranlage demontiert und mit der Eisenbahn nach dem Osten abtransportiert. Einige Jahre später richtet man in der Kelleranlage eine Champignonzucht ein; 1970 geht man schließlich daran, das Gebäude zu renovieren und hier ein Museum für den Bildhauer Anton Hanak einzurichten, ein Teil der Kelleranlage wird seit 1972 von der Schützengilde Langenzersdorf genutzt.

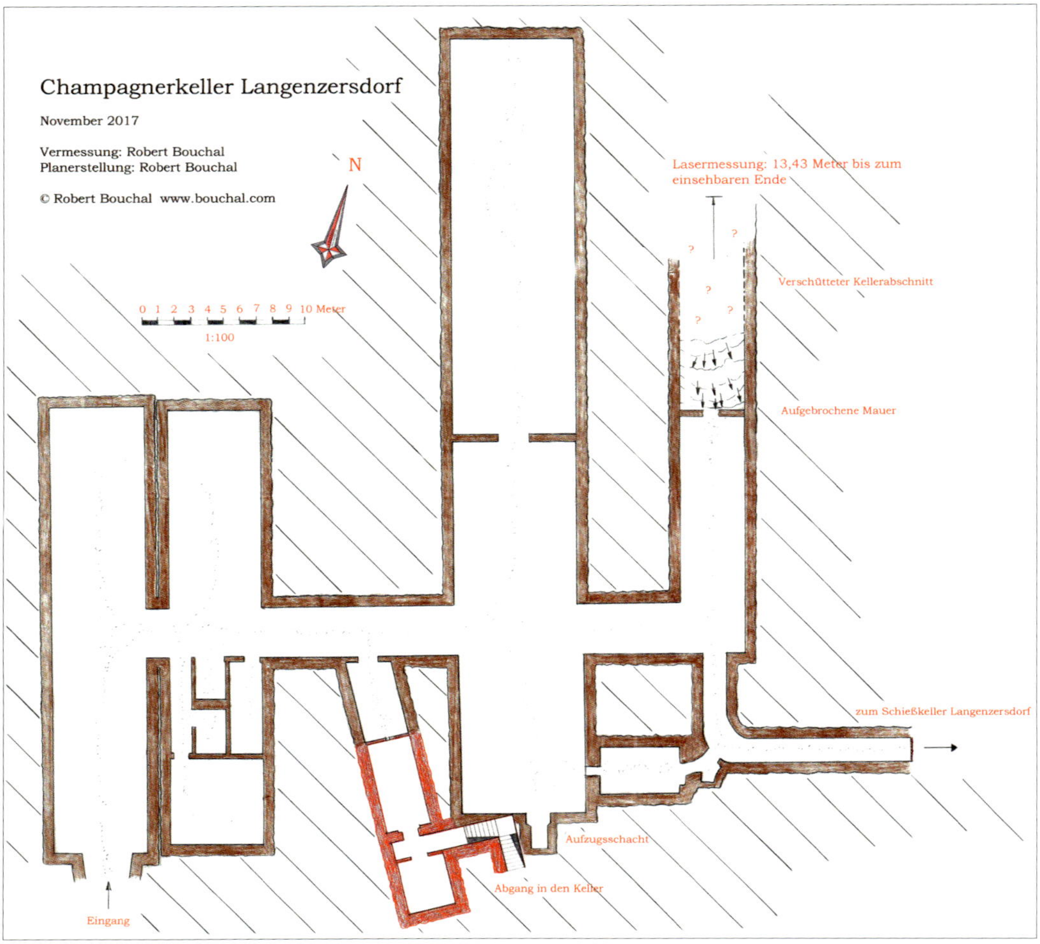

Akribisch genau vermessen wir den Champagnerkeller, um uns einen Überblick zu verschaffen.

Bei seinen Recherchen befragt Gusel auch die im Ort lebende Zeitzeugin Johanna Bella, deren Vater in den 1920er-Jahren das Gasthaus Roderich gegründet hat, das sich nur etwa 250 Meter Luftlinie von der Heinkel-Fabrik entfernt befindet. Die dort beschäftigten Arbeiter bekamen im Gasthaus Roderich ihr Mittagessen, und zwar wurden ca. 75 Leute jeweils in zwei Gruppen verpflegt. Gelegentlich wurde auch Kaffee oder kleine Speisen vom Gasthaus zum Werk gebracht. Der Direktor des Werkes hieß Krestin, er habe vor ca. 15 Jahren – aus Deutschland kommend – das Gasthaus Roderich besucht und nach Erinnerungen an die damalige Zeit gefragt. Herr Krestin sei damals schon ein älterer Herr gewesen und dürfte heute nicht mehr leben. Im Gasthaus Roderich wurde auch einmal eine Weihnachtsfeier für die Belegschaft abgehalten, das müsste also 1944 gewesen sein. Anfang April 1945 seien dann alle Beschäftigten Richtung Westen abgezogen, angeblich hätten auch sie verschiedene Sachen mitgenommen.

Etwa zehn Tage vorher war die Anlage von feindlichen Flugzeugen bombardiert worden, der Angriff richtete jedoch keinen größeren Schaden an.

Dafür wurde die Küche des Gasthauses Roderich vollkommen zerstört, für die restlichen Kriegstage war die Verpflegung der Arbeiter nur mehr sehr eingeschränkt möglich. Neben den einheimischen Arbeitskräften, die zum Teil in Privatquartieren wohnten, waren in dem unterirdischen Werk auch noch Zwangsarbeiter beschäftigt, die in Baracken am Tennis- bzw. Sportplatz untergebracht waren.

Neue Fragen und neue Informationen tauchen auf. Da ist etwa der Bericht des Zeitzeugen Franz H., geboren 1937 in Langenzersdorf: Franz H. gibt an, dass auch im Lanerberg, also im Hügel östlich der Oberen Kirchengasse, Stollen errichtet worden wären: „Am Lanerberg war 1943 mit dem Bau von zwei Stollen durch Kriegsgefangene begonnen worden. Diese Stollen hätten – soweit damals geredet wurde – im Berg vereinigt und zur Unterbringung einer Produktionsstätte für kriegswichtige Güter genützt werden sollen. Es war ein recht aufwändiges Projekt mit Schienen und Hunten zum Abtransport des Aushubmaterials, das den Hang hinunter zur Kellergasse gekippt wurde.“ *(Josef Germ/Erich Gusel, Kriegsende 1945 in Langenzersdorf)* Die Details, die er erwähnt – der Einsatz von Kriegsgefangenen und der Bau einer Feldbahn –, verweisen tatsächlich auf ein „aufwändiges“ Projekt. Was ging in Langenzersdorf vor sich?

Wir vereinbaren einen Termin zur Besichtigung des Champagnerkellers, bei dem auch Erich Gusel noch einmal dabei ist, schließlich ist er mit der Geschichte von Langenzersdorf sehr vertraut. Weiters mit dabei ist Frau Elli Janoschek. Sie ist zertifizierte Kellergassenführerin und Ansprechperson für die beliebten Touren in Langenzersdorf. Als uns der Keller mit freund-

Eines der großen Rätsel: der verschüttete Gangabschnitt hinter der Abmauerung. Wir versuchen uns im schmalen Raum zwischen Decke und Verfüllmaterial weiter vorzuarbeiten.

licher Genehmigung der Gemeinde Langenzersdorf geöffnet wird, staunen wir nicht schlecht. Es sieht hier unten nun etwas anders aus als 2012. Viele der Gerätschaften sind entfernt worden. Gestützt auf den Bericht von Alexander Jirges, beginnen wir uns den Keller viel genauer anzusehen. Wir vermessen das gesamte Objekt und erstellen einen Grundrissplan, von der Gemeinde Langenzersdorf bekommen wir die Genehmigung, uns auch den benachbarten Schießkeller anzusehen und zu vermessen, der mit Sicherheit einst mit dem Champagnerkeller eine Einheit bildete.
Wie stimmt dieser Keller mit dem überein, was uns Alexander Jirges erzählt hat? Rasch stehen wir vor einem nächsten Rätsel: Eines Tages, so erzählt uns Frau Elli Janoschek, sei sie in den Champagnerkeller gekommen und musste feststellen, dass im letzten, dem Schießkeller am nächsten gelegenen Quergang die Rückwand aufgebrochen worden war. Durch das Loch ist seitdem ein dahinterliegender Gangabschnitt zu sehen. Ein Gewölbeteil, der bis an die Decke verfüllt ist. Hier geht es tatsächlich weiter! Warum aber und wann ist dieser Kellerbereich so massiv verfüllt worden? Geht es hinter der Verschüttung noch weiter in das Bergesinnere, in einen Bereich, den niemand mehr kennt? Fragen über Fragen!
Unsere ganze Aufmerksamkeit gilt nun dem aufgebrochenen Quergang. Wir sehen, dass sich das Verfüllungsmaterial gesenkt hat, zwischen der Decke und dem Schüttgut hat sich ein schmaler Zwischenraum gebildet, der es uns ermöglicht, mit der fahrbaren Kamera „ROBO Lander 5“ ein Stück nach hinten zu fahren. Leider verengt sich der Zwischenraum und das fahrbare Gerät bleibt mit seinen beiden Frontkameras an der Gewölbedecke hängen.
Wir lassen uns jedoch dadurch nicht entmutigen und beschließen mit dem etwas flacheren „ROBO Lander 4“ noch einmal zu kommen und eine weitere Fahrt zu wagen.
In der Zwischenzeit haben wir von Herrn Andreas Arbesser, dem Bürgermeister der Marktgemeinde Langenzersdorf, die Erlaubnis erhalten, in die auf dem Gemeindeamt liegenden Unterlagen über den Champagnerkeller Einblick zu nehmen. Wir staunen nicht schlecht. Die Gemeinde ist im Besitz eines Planes aus dem Jahre 1942, der offenbar die Situation vor der Verwendung durch die Nazis zeigt, also ohne große Kellereinfahrt und ohne den heute verfüllten Gangabschnitt.
Ein weiteres Detail erfahren wir von Herrn Alfred Strauch, der zur Langenzersdorfer „Urgestein“-Runde gehört: Er erzählt uns, dass der ganze Keller angeblich in lichter Bauweise errichtet worden ist. Es wurde eine große Baugrube ausgehoben. Dann wurde das Kellergewölbe aufgemauert, anschließend überdeckte man den gesamten Keller mit Erde.

ROBO Lander 4 und 3 im Einsatz

Nach dem missglückten ersten Versuch starten wir zwei weitere Versuche mit einem selbstfahrenden Kamerafahrzeug: Nach ROBO Lander 4, der an einem großen Stein scheitert, setzen wir auch noch den von Robert neu

Die von Unbekannten aufgebrochene Abmauerung, hinter der sich der unerforschte Teil des Champagnerkellers verbirgt. Was befindet sich unter dem Verfüllmaterial und wie weit führt dieser Gang? Mit den selbstfahrenden Kamerafahrzeugen ROBO Lander 4 (unten) und ROBO Lander 3 wollen wir dem Geheimnis ein Stück näherkommen.

gebauten ROBO Lander 3 ein, ein einachsiges Fahrzeug, das, ausgestattet mit drei Kameras und einer starken Lichtquelle, die Reise in den verfüllten Gang beginnt. Seine besondere Eigenschaft besteht darin, dass seine maximale Höhe nur 14 Zentimeter beträgt. Es sollte möglich sein, mit diesem einfachen Gerät sehr weit nach hinten zu gelangen. Zentimeter für Zentmeter bahnen sich die beiden breiten Reifen den Weg in die finstere Nacht. Alle drei Kameras sind eingeschaltet und arbeiten tadellos. Nach dem dritten Meter beginnen die Steine auf dem Boden immer größer zu werden, bei der Fünfmetermarke sind die Steine bereits so groß, dass das Fahrzeug beim Überfahren fasst umkippt. Doch es geht Zentimeter für Zentimeter weiter. Bei einer Einfahrtstiefe von 6,5 Metern ist jedoch Schluss. Schluss für ROBO Lander 3. Der Gang selbst setzt sich weiter fort und wir sehen noch immer kein Ende! Wieder blockiert ein großer Stein die Weiterfahrt. Der befahrbare Zwischenraum ist bereits so niedrig, dass beim Überfahren kleinster Hindernisse die Kameras und der Bordscheinwerfer gegen das Deckengewölbe gedrückt werden.

Das Rätsel um den verfüllten Gang muss noch ungelöst bleiben, neue Hinweise von der Langenzersdorfer „Urgestein"-Runde um Josef Germ verdichten jedoch unsere Vermutung: Mit dem Zuschütten des Gangabschnittes wollte man wohl etwas verbergen. So sollen am Ende des Krieges angeblich einige Zwangsarbeiter im Champagnerkeller erschossen worden und ihrer Leichname in den heute verfüllten Raum hineingeworfen worden sein. Und gab es die große Halle, von der Alexander Jirges erzählt, wirklich? Was versteckt sich hinter „Leo"?

Vergessenes Geschenk an den „Führer“: Erst aus der Luft wird das große Quadrat aus Fichtenbäumen sichtbar, das einst ein Hakenkreuz gewesen ist.

Hakenkreuz wird Quadrat. **Ein Gruß für den „Führer“ auf dem Scheibenberg**

Eine der fast unglaublichen Geschichten, die das Leben schreibt, hat sich im Waldgebiet um Manhartsbrunn im schönen Weinviertel zugetragen. Der im Jahre 1928 geborene Michael Stich, der den Ort in seiner Entwicklung erleben durfte, lässt uns in die Jahre vor dem Zweiten Weltkrieg eintauchen.

Manhartsbrunn, im Volksmund kurz „Matzbrunn“ genannt, ist ein sehr kleiner Ort und die Leute leben in einfachen Verhältnissen. Besiedelt ist er durch eine Anzahl an Kleinlandwirten. Es gibt im ganzen Ort, so haben wir uns sagen lassen, nur drei Fahrräder, kein Telefon, der nächste Arzt ist erst in Großebersdorf zu finden. Und dennoch scheint es hier an nichts zu fehlen. Im Ort gibt es 35 Pferde und auch Kühe. Jede Familie hält sich ein Schwein als Haustier. Auf den umliegenden Feldern wird der Anbau in Mischkulturen betrieben. Roggen, Weizen, Hafer, Gerste, Kukuruz, Erdäpfel, Rüben und Fisolen. Man konnte sich sehr gut selbst versorgen. Salz, Zucker und Pfeffer waren die Güter, die man zukaufen musste. Ansonsten war alles da. Es gibt hier auch viele Kirschen-, Zwetkschen- und Apfelbäume. Geld hatten die Leute wenig. Um 6 Uhr am Morgen stehen die Menschen bereits mit der Haue auf der Straße, um sich mit harter Handarbeit etwas dazu zu verdienen. Geld zu besitzen, ist hier auf dem Lande etwas Besonderes. Unter diesen einfachen Umständen leben die Menschen in Manhartsbrunn.

In den Jahren der Dollfuß- und Schuschnigg-Herrschaft ist „Matzbrunn" politisch tief schwarz und „vaterländisch" gesinnt. Quasi über Nacht ist dann der Hitler gekommen, weiß Michael Stich zu erzählen. Sofort wird eine Hakenkreuzfahne gehisst. Zum ersten Mal sieht Michael dieses Symbol der Nationalsozialisten. Die Menschen hegen die Hoffnung auf mehr Wohlstand, das Hakenkreuz wird für sie zum Zeichen des Aufbruchs. Einige Bürgermeister der umliegenden Orte sind bemüht, ihre Zugehörigkeit zur Partei des „Führers" offen zur Schau zu stellen. Auch in Manhartsbrunn ist das so! Nahe des Dorfes befindet sich ein kleiner Hügel, der als Scheibenberg bezeichnet wird. Er ist bedeckt von einem kleinen Mischwald aus Eichen, Buchen und Birken.

Der Bürgermeister, der sich hier profilieren möchte, lässt auf dem Gipfel des Scheibenberges den gesamten Laubwald entfernen – eine Fläche in der Form eines Quadrates wird abgeholzt. Nun beginnt die Pflanzung. Nach genau vorgegebenen Linien werden die jungen Fichten Stück für Stück gesetzt. Es muss exakt sein. Nichts wird hier dem Zufall überlassen. Sie sollten zur Ehre des „Führers" ein ganz besonderes Bild ergeben. Es tut auch nichts zur Sache, dass der steinige Boden für diese Nadelbäume nicht gerade optimal ist. Die Fichten werden in den Boden eingepflanzt. Mit einem Pferdefuhrwerk wird in regelmäßigen Abständen das Wasser auf den Gipfel des Berges gebracht, um die Jungbäume mit genügend Feuchtigkeit zu versorgen. Sie sollen sich ja gut entwickeln und mächtige Bäume werden.

Das Ziel dieses Unterfangens, für das keine Anstrengung zu groß war und das diesen täglichen Einsatz der Wasserfuhrwerke rechtfertigte, war nur aus der Vogelperspektive oder aus einem Flugzeug zu erkennen. Ein aus Fichtenholz gebildetes, gewaltig großes Hakenkreuz sollte dem möglicherweise vorbeifliegenden „Führer" zeigen, dass in Manhartsbrunn die Richtung verstanden und die „Ostmark" dem großen Deutschen Reich alle Ehre machen wird.

Weit über 70 Jahre später, als wir bei unserem ersten Lokalaugenschein auf den Gipfel des Scheibenberges gelangen, erkennen wir sofort den nur aus Nadelhölzern bestehenden Gipfelbereich. Die Fichten überragen den Laubwald, der sie umgibt, nach fast 70 Jahren bereits weit an Höhe. Wochen später fliegen wir hier mit unserem Drachen und fotografieren den Scheibenberg aus der Luft. Tatsächlich: Bis heute ist das große Quadrat aus der Luft gut zu erkennen, das einstige Hakenkreuz lässt sich nur mehr erahnen.

Die Luftbildkamera zeigt uns das ganze Ausmaß des Geschenks an den „Führer". Die vielen nachgewachsenen Bäume haben aus dem einstigen Hakenkreuz ein Fichtenquadrat geformt – die Natur, so erkennen wir, hält sich an keine politische und keine ideologische Vorgabe. Und das ist gut so!

LITERATUR & QUELLEN

Quellen

Johann Bernoulli's Sammlung kurzer Reisebeschreibungen und anderer zur Erweiterung der Länder- und Menschenkenntnis dienender Nachrichten. 10. Band. Berlin 1783

Joseph Johann Knolz, Darstellung der Verfassung und Einrichtung der Baumwoll-Spinnerei-Fabriken in Niederösterreich. Wien 1843

Hans Leopold, Menschen, Zeiten, Erlebnisse. Erinnerungen von Bürgerinnen und Bürgern der Großgemeinde Pottendorf aufgeschrieben und ergänzt von Hans Leopold. 2 Bände. Ebreichsdorf 2009

Oskar Rumpler, Erinnerungen an alte Zeiten. Neckenmarkt 2009

Marie Toth, Schwere Zeiten. Aus dem Leben einer Ziegelarbeiterin. Bearbeitet von Hans Salvesberger. Wien 1992

Adolf Schmidl, Wien wie es ist. Die Kaiserstadt und ihre nächsten Umgebungen nach authentischen Quellen mit besonderer Berücksichtigung wissenschaftlicher Anstalten und Sammlungen. Wien 1837

Wien's Umgebungen auf zwanzig Stunden im Umkreise. Nach eigenen Wanderungen geschildert von Adolf Schmidl. 3 Bände. 1835–1839

Christian Ferdinand Ramml, Ziegelöfen und Lehmabbaue der politischen Bezirke Mistelbach und Gänserndorf (Niederösterreich). Mit einem Beitrag von Thomas Hofmann und Ingeborg Wimmer-Frey. Wien, 2014 (Geschichte und Geologie – Archiv für Lagerstättenforschung, Band 27)

Ausgewählte Literatur

Daniela Angetter/Ewald Angetter, Gunther Burstyn (1879–1945). Sein „Panzer" – eine bahnbrechende Erfindung zur falschen Zeit am falschen Ort. Wien 2008 (= Österreichisches biographisches Lexikon, Schriftenreihe Band 11)

Marie-Theres Arnbom, Friedmann, Gutmann, Lieben, Mandl und Strakosch. Fünf Familienporträts aus Wien vor 1938. Wien 2003

Hiltrud Ast, Die Kalkbrenner am Ostrand der Alpen. Beiträge zur Volkskunde, Wirtschafts- und Sozialgeschichte Niederösterreichs. Herausgegeben von der Gesellschaft der Freunde Gutensteins. Augsburg 1977

Marc Augé, Orte und Nicht-Orte. Vorüberlegungen zu einer Ethnologie der Einsamkeit. Frankfurt am Main 1994

Stefan Bader/Johann Bartl u. a., Die Garnison Korneuburg. Ein Stück österreichische Militärgeschichte. Wien 2011

Dieter A. Binder, Der Skandal zur „rechten" Zeit. Die Hirtenberger Waffenaffäre 1933 an der Nahtstelle zwischen Innen- und Außenpolitik. In: Michael Gehler/Hubert Sickinger (Hrsg.): Politische Affären und Skandale in Österreich. Von Mayerling bis Waldheim. Thaur 1995

Anton Blaha, Erwin Breyner, Heinrich Jeitler, Robert Kollouch und Karl Schlehsl, Bewegte Zeiten. 100 Jahre Enzesfeld-Caro Metallwerke AG 1905–2005. Enzesfeld 2005

Rudolf Büttner, Burgen und Schlösser zwischen Greifenstein und St. Pölten. Niederösterreich Band II/1. Wien 1969
Georg Clam Martinic, Österreichisches Burgenlexikon. Burgen und Ruinen, Ansitze, Schlösser und Palais. Linz 1991
Mike Crang und Nigel Thrift (Hrsg.), Thinking Space. London und New York 2000 (= Critical Geographies, Bd. 9)
Michael Dippelreiter, Bad Vöslau 1136–1986. Ein historischer Streifzug. Bad Vöslau 1986
Erich und Christl Dorfner, Das Buch von Alland. Alland 2002
Franz Wilhelm Doschek, Beitrag zur Geschichte der Luftüberwachung an der nö. Ostgrenze in den Jahren 1939–1945. Asparn an der Zaya 1993 (= Historische Schriftenreihe, Band 11)
Tim Edensor, Industrial Ruins, Space, Aestethics and Materiality. Oxford –New York 2005
Franz Eppel, Kunst im Lande rings um Wien. Ein Kunstführer. Wien 1977
Bradley C. Garrett, Explore Everything. Place-Hacking the City. Brooklyn – London – Paris 2013
Josef Germ/Erich Gusel (Hrsg.), Kriegsende 1945 in Langenzersdorf. Langenzersdorf 2015
Claudia Ham, Die Gründung der K. K. privilegierten Pottendorfer Garnmanufaktur. In: Die Pottendorfer Spinnerei 1801–1976. Pottendorf 2001, S. 16 ff. (Kat.);
Robert Haininger, Die Geschichte des Flughafens Vöslau/Kottingbrunn. Wien 1995
Fritz Hanauska, Heimatbuch der Marktgemeinde Hirtenberg. Hirtenberg 1980
Rudolf Hertzka, Chronik der Großgemeinde Pottendorf. Pottendorf 1989
Friedrich Hödlmoser, Die projektierte Autobahnbrücke beim Stift Heiligenkreuz, 3. Teil der Dokumentation. In: Sancta Crux. Zeitschrift des Stiftes Heiligenkreuz, 38. Jahrgang (1976), S. 8–32
Kurt Janetschek, Wiener Neudorf im Wandel der Zeit. Wiener Neudorf o. J.
Franz Jordan, April 1945. Die Kämpfe im nordöstlichen Niederösterreich. Salzburg 2003
Robert M. Jurga, Befestigungsanlagen und Bunker im Dritten Reich. Königswinter 2013
Walter Kindermann, Flug nach Moskau. Wien 1955
Alfred Komarek, Rings um Wien. Gegenwelten zur Metropole. Wien 1996
Petra Kostroun, Ende Zweiter Weltkrieg und Besatzungszeit in Bad Vöslau. (Dipl.-Arb.) Wien 2002
Friedrich Kowall, 350 Jahre Tagbau Gumpoldskirchen. Wien 1970
Karl Kurka, Die Ziegelbrenner. Ein Streifzug durch die Geschichte der Ziegelei im Weinviertel. In: Korneuburger Kulturnachrichten, Heft 2, 1988
Eleonore Lappin, Ungarische Jüdinnen und Juden in Niederösterreich 1944/45. In: Eleonore Lappin, Susanne Uslu-Pauer und Manfred Wieninger, Ungarisch-jüdische Zwangsarbeiterinnen und Zwangsarbeiter in Niederösterreich. St. Pölten 2006, S. 7–102 (= Studien und Forschungen aus dem Niederösterreichischen Institut für Landeskunde, Band 45)
Konrad Paul Liessmann, Die Insel der Seligen. Österreichische Erinnerungen. Innsbruck 2005
Konrad Paul Liessmann, Zukunft kommt! Über säkularisierte Heilserwartungen und ihre Enttäuschung. Wien – Graz – Klagenfurt 2007 (= Bibliothek der Unruhe und des Bewahrens, Bd. 11)
Maria Theresia Litschauer, Architekturen des Nationalsozialismus. Wien 2012

Endre Marosi, Burgen im österreichisch-ungarischen Grenzraum. Eisenstadt 1990

Herbert Matis, Die Ansätze der Industrialisierung im Wiener Becken. In: Helmuth Feigl/Andreas Kusternig (Hrsg.), Die Anfänge der Industrialisierung Niederösterreichs. Wien 1982 (= Studien und Forschungen aus dem Niederösterreichischen Institut für Landeskunde 4), S. 82–224

Michael Matzke, „Die Straßen Adolf Hitlers" – Reichsautobahnen 1933–1941. (Dipl.-Arb.) Wien 2008

Josef Mentschl/Gustav Otruba: Österreichische Industrielle und Bankiers. Wien 1965 (= Österreich-Reihe, 279/281)

Josef Mentschl, „Mandl, Fritz". In: Neue Deutsche Biographie 16 (1990), S. 16–17

Grete Merk, Zwei Pioniere der österreichischen Industrie. Alois Miesbach und Heinrich Drasche. Graz–Wien 1966 (= Wiener Forschungen zur Wirtschafts- und Sozialgeschichte, Bd. 1)

Georg Mödlhammer, Unter dem Weingebirge. Von Mödling bis Wien. Volks-Chronik 1319–1942. o. O. 1978

Heinz Moser, Die „Tritol" – Wahrzeichen des Steinfeldes. Zur Geschichte des Filialwerks der k. u. k. Pulverfabrik bei Theresienfeld. In: Klaus-Dieter Mulley/Hans Leopold (Hrsg.), Österreichs Pulverschmiede. Die Rüstungsindustrie am Steinfeld/Groß Mittel. 125 Jahre Pottendorfer Linie. Ebenfurth 1996, S. 75–83

Josef Mötz, Hirtenberger AG. Die ersten 150 Jahre. The First 150 Years. Hirtenberg 2010

Klaus-Dieter Mulley/Hans Leopold (Hrsg.), Österreichs Pulverschmiede. Die Rüstungsindustrie am Steinfeld/Groß Mittel. 125 Jahre Pottendorfer Linie. Ebenfurth 1996

Klaus-Dieter Mulley (Hrsg.), Geschoße – Skandale – Stacheldraht. Arbeiterschaft und Rüstungsindustrie in Wöllersdorf, Enzesfeld und Hirtenberg. Ebenfurth 1999

P. Paulus Niemetz, Die projektierte Autobahnbrücke beim Stift Heiligenkreuz. In: Sancta Crux. Zeitschrift des Stiftes Heiligenkreuz, 30. Jahrgang (1968), S. 6–13

P. Paulus Niemetz, Die projektierte Autobahnbrücke, II. Teil. In: Sancta Crux. Zeitschrift des Stiftes Heiligenkreuz, 32. Jahrgang (1970), S. 47–71

Ninjalicious (= Jeff Chapman), A User's Guide to the Art of Urban Exploration. Toronto 2005

Original Klinger. 111 Jahre Richard Klinger, Gumpoldskirchen. Herausgegeben von der Klinger Holding Austria GmbH. Gumpoldskirchen 2004

Bertrand Perz, Rüstungsindustrie in Wiener Neustadt 1938–1945. In: Sylvia Hahn, Karl Flanner (Hg.), „Die Wienerische Neustadt". Handwerk, Handel und Militär in der Steinfeldstadt, Wien–Köln–Weimar 1994, S. 47–90

André Rathammer, Politik und Verwaltung am Beispiel einer niederösterreichischen Gemeinde: Bad Vöslau 1985–2005. (Dipl.-Arb.) Wien 2008

Hermann Reining, Der Park des Schlosses Pottendorf – ein Naturdenkmal. In: Unsere Heimat. Zeitschrift des Vereines für Landeskunde von Niederösterreich und Wien, Jg. 51 (1980), S. 215–223

Georg Rosenberg, Der kalkalpine Wienerwald um Kaltenleutgeben (Nö. und Wien). In: Jahrbuch für Geologie B. A., Band 108 (Juni 1965), S. 115–153

Norbert Schausberger, Rüstung in Österreich 1938–1945. Wien 1970

Wilhelm Scheidl, Der Weg der Fliegerstaffel 3.(H)14 vom Anschluß Österreichs an Deutschland bis zum Ende des Zweiten Weltkrieges (1938–1945)

Elisabeth Schenk, Nachbarn und Grenzen, Begegnungen und Konflikte. Zwei niederösterreichische Gemeinden an der March. (Dipl.-Arb.) Wien 2008

Erhard Schütz/Eckhard Gruber, Mythos Reichsautobahn. Bau und Inszenierung der „Straßen des Führers" 1933–1941. Berlin 1996
Franz W. Seidler, Fritz Todt. Baumeister des Dritten Reiches. Frankfurt am Main; Berlin 1988
Alwin Seifert, Ein Leben für die Landschaft. Düsseldorf–Köln 1962
Peter Selb, Leobersdorf. Ein Ort im Wandel der Zeit. Leobersdorf 2009
Georg Simmel, Die Ruine. In: Georg Simmel, Philosophische Kultur. Frankfurt am Main 2008, S. 123–128
Johann Slokar, Geschichte der österreichischen Industrie und ihrer Förderung unter Kaiser Franz I. Mit besonderer Berücksichtigung der Großindustrie und unter Benützung archivalischer Quellen verfaßt. Wien 1914
Gerhard A. Stadler, Das industrielle Erbe Niederösterreichs. Geschichte – Technik – Architektur. Wien 2006
Gerhard Stenzel, Von Burg zu Burg in Österreich. Wien 1978
Rüdiger Stutz, Die Wilhelm-Gustloff-Stiftung in Weimar. Antijüdischer Gemeinschaftsmythos, Aufrüstung und Zwangsarbeit. In: Bill Niven (Hrsg.), Die Wilhelm Gustloff. Geschichte und Erinnerung eines Untergangs. Halle/Saale 2011, S. 143–170
Irene Suchy, Strasshof an der Nordbahn. Die NS-Geschichte eines Ortes und ihre Aufarbeitung. Mit einem Beitrag von Judith Eiblmayr. Wien 2012
Ernst Theuer, Tragödie der Magnaten. Die Verschwörung von Murany bis zum Ödenburger Reichstag. Ein historischer Bericht. Wien–Köln–Graz 1979
Paul Virilio, Bunkerarchäologie. Herausgegeben von Peter Engelmann. Aus dem Französischen von Bernd Wilczek. Wien 2011
Alexander Vojta/Lukas Mandl (Hrsg.), Das „Judenlager" Gerasdorf. Dokumentation eines Lagers, in dem Jüdinnen und Juden aus Ungarn 1944 zur Zwangsarbeit eingesetzt waren. Gerasdorf bei Wien 2016
Viktor Wallner, Russen, Bäder und Casinos. Baden von 1945–1995. Herausgegeben von der Gesellschaft der Freunde Badens. Baden 1995
Manfred Wehdorn/Ute Georgeacopol-Winischofer: Baudenkmäler der Technik und Industrie in Österreich: Wien, Niederösterreich, Burgenland. Wien 1984
Karl Zellhofer und Martin Zellhofer, Verschwundenes Weinviertel. Über Greißler und Wirtshäuser, Kinos und Schulen, Bahnhöfe und Ziegelwerke, die es nicht mehr gibt. Eine Spurensuche. Wien 2016
Walter Franz Ziehensack, Land zwischen Thaya und Zaya. Wien–München 1975

Bildnachweis

ÖNB-Bildarchiv/picturedesk.com: 78, 146
Privatbesitz: 106

Die Autoren
ROBERT BOUCHAL widmet sich seit über 30 Jahren der Erforschung und Dokumentation seiner Heimat Österreich, die Auseinandersetzung mit geschichtsträchtigen Orten ist dem Höhlenforscher, Fotografen und Autor ein besonderes Anliegen. Zahlreiche seiner Publikationen finden Sie auf *www.bouchal.com*.

JOHANNES SACHSLEHNER, geb. 1957 in Scheibbs, Dr. phil. Zahlreiche Publikationen. Gemeinsam mit Robert Bouchal veröffentlichte er im Pichler Verlag zuletzt den Band „WIEN streng geheim! Verborgene Orte · Vergessene Welten“

Ein herzliches Dankeschön
für tatkräftige Hilfe und Unterstützung an

Severin Althan · Andreas Arbesser · Horst Biegler · Herbert Blau, FF Kaltenleutgeben · Harald Dorner · Wilhelm Dullnig · Sabine Eberhardt · Gerhard Eidler · Alexander Freiler · Andreas Fröhlich · Wolfgang Frühwirth · Josef Germ · Norbert Glasl · Reinhard Graf · Museum Guntramsdorf · Erich Gusel (†) · Dagmar Händler · Ferdinand Hauser · Michael Hebesberger, FF Enzesfeld · Werner Heiden · Eleonora Janoschek · Alexander Jirges · Hannelore Jirges · Viktor Kabelka · Tanja Kaplan · Reinhard Keimel · Silvia Klose · Werner Koizar · Felix Krepler · Friedrich Kuda · Karl Kummerer · Lucky Kummerer · Landesverein für Höhlenkunde in Wien und NÖ · Friedrich Lichtblau · Christian Linhart · Georg Loidolt · Günther Mandat · Emanuel Mauthe · Helmut Mayer · Österreichisches Luftfahrt-Archiv · Wolfgang Pink · Franz Pöchlinger · Franz Pokorny · Andreas Ramharter · Werner Richter · Heinz Rosezky · Thomas Rother · Oskar Rumpler · Reinhard Sattmann · Sabine Schabus · Alexander Schmid · Georg Schmid · Melanie Schmid · Sabine Schmid · Franz Schneider · Roland Schremser · Othmar Schweinberger · Pater Severin, Stift Heiligenkreuz · Andreas Simandl · Wilhelm Slawik · Renate Smida · Hannes Spess · Alfred Strauch · Dorothea Talaa · Rudolf Teufl · Familie Ullmann · Rudolf Vogl · Franz Vukovich · Gerhard Weber · Monika Weber · Bruno Wegscheider

Unser ganz besonderer Dank gilt Susanne und Kasia für ihre große Geduld bei unseren Recherchen und Forschungsarbeiten!

Für den Auftritt im *www* bedanken wir uns bei Andreas Hajek.

STYRIA
BUCHVERLAGE

Wien – Graz – Klagenfurt

in der Verlagsgruppe Styria GmbH & Co KG
Wien · Graz · Klagenfurt

ISBN: 978-3-222-13602-3

Bücher aus der Verlagsgruppe Styria gibt es in jeder Buchhandlung und im Online-Shop *www.styriabooks.at*

Covergestaltung: Emanuel Mauthe
Produktion und Gestaltung: Bruno Wegscheider

Druck und Bindung: Neografia, SK
7 6 5 4 3 2 1
Printed in EU